SCHAUM'S OUTINE OF

GERMAN
VOCABULARY

SCHAUM'S OUTINE OF

GERMAN VOCABULARY

•

EDDA WEISS

Foreign Language Instructor
Hackensack High School

and

CONRAD J. SCHMITT

Consultant and Former Editor in Chief
Foreign Language Department
McGraw-Hill Book Company

•

SCHAUM'S OUTLINE SERIES
McGRAW-HILL PUBLISHING COMPANY

New York   St. Louis   San Francisco   Auckland   Bogotá   Caracas
Hamburg   Lisbon   London   Madrid   Mexico   Milan   Montreal
New Delhi   Oklahoma City   Paris   San Juan   São Paulo
Singapore   Sydney   Tokyo   Toronto

EDDA WEISS has been teaching German at Hackensack High School, Hackensack, New Jersey, since 1964. In addition to *Schaum's Outline of German Vocabulary*, she is the author of *Deutsch: Entdecken Wir Es!* and *Deutsch: Erleben Wir Es!*

CONRAD J. SCHMITT was Editor in Chief of Foreign Language, ESL, and bilingual publishing with McGraw-Hill Book Company. Prior to joining McGraw-Hill, Mr. Schmitt taught languages at all levels of instruction, from elementary school through college. He also served as Coordinator of Foreign Languages for the Hackensack, New Jersey, Public Schools. In addition to *Schaum's Outline of Spanish Vocabulary*, Mr. Schmitt is the author of *Schaum's Outline of Spanish Grammar*, *Español: Comencemos, Español: Sigamos,* and the *Let's Speak Spanish* and *A Cada Paso* series. He is also coauthor of *Español: A Descubrirlo, Español: A Sentirlo, La Fuente Hispana, La Français: Commençons, Le Français: Continuons,* and *Schaum's Outline of Italian Grammar.*

Schaum's Outline of
GERMAN VOCABULARY

Copyright © 1986 by McGraw-Hill, Inc. All rights reserved. Printed in the United States of America. Except as permitted under the Copyright Act of 1976, no part of this publication may be reproduced or distributed in any form or by any means, or stored in a data base or retrieval system, without the prior written permission of the publisher.

4 5 6 7 8 9 10 11 12 13 14 15 16 17 18 19 20 SHP SHP 8 9

ISBN 0-07-069128-2

Sponsoring Editor, Elizabeth Zayatz
Production Manager, Nick Monti
Editing Supervisor, Marthe Grice

Library of Congress Cataloging in Publication Data

Weiss, Edda.
  Schaum's outline of German vocabulary.

  (Schaum's outline series)
  1. German language—Vocabulary—Outlines, syllabi,
etc. I. Schmitt, Conrad J. II. Title.
PF3445.W38 1986   438.1   85-7775
ISBN 0-07-069128-2

Preface

The purpose of this book is to provide the reader with the vocabulary needed to converse effectively in German about everyday topics. Although the book contains a review of common, basic words that the reader has probably encountered in his or her early study of German, the aim of *German Vocabulary* is to enrich a student's knowledge of the language by providing words that seldom appear in typical textbooks but that are essential for communicating comfortably about a given situation.

Unlike a bilingual dictionary, *German Vocabulary* provides the reader with a great deal of guidance in selecting the proper word(s) for expressing exactly what he or she wishes to say. Anyone not completely fluent in German often finds a bilingual dictionary frustrating.

The content of each chapter is focused on a real-life situation, such as making a telephone call, traveling by plane or train, staying at a hotel or shopping for food. In order to enable readers to build and retain the new vocabulary, the book affords many opportunities to use the new words. Each chapter is divided into subtopics. The student acquires a few new words about a specific topic and is immediately directed to practice them in a multitude of exercises. Answers are provided so the student can make prompt self-correction. Extensive footnotes furnish the reader with useful information.

In case the student should also wish to use this book as a reference tool, at the end of each chapter there is a German to English reference list that contains the key words presented in that chapter. A topical reference list from English to German appears immediately after the appendixes. In addition, at the very end of the book there is a German to English and English to German glossary that contains all key words introduced in the book. A special list of all foods appears in Appendix 6.

German Vocabulary can be used as a review text or an enriching companion to any basic text.

We wish to express our appreciation to Frank Dietmar Weiss for his inexhaustible knowledge and to Christine Sander for typing and correcting the manuscript.

EDDA WEISS

CONRAD J. SCHMITT

Contents

1 **At the airport**—*Am Flughafen*   **1**

Getting to the airport   1
Checking in   1
Speaking with the airline agent   2
Listening to announcements   5
Changing an airline ticket   6

2 **On the airplane**—*Im Flugzeug*   **10**

Welcome on board   10
Announcements on board   11
Safety on board   11
Services on board   14

3 **Passport control and customs**—*Passkontrolle und Zollabfertigung*   **18**

Passport control and immigration   18
At customs   18

4 **At the train station**—*Im Bahnhof*   **20**

Getting a ticket   20
Waiting for the train   22
Checking your luggage   22
Getting on the train   23
On the train   23

5 **The automobile**—*Das Auto*   **26**

Renting a car   26
Checking out the car   27
At the gas station   29
Some minor car problems   30

6 **Asking for directions**—*Nach dem Weg fragen*   **32**

Asking for directions while on foot   32
Asking for directions while in a car   34

7 **A telephone call**—*Ein Telefongespräch*   **37**

Making a local call   37
Making a long-distance call   38
Using a public telephone   38
Speaking on the telephone   39
Some things that may go wrong   40

8 **Public bathroom**—*Die Toilette*   **43**

CONTENTS

9   **At the hotel—*Im Hotel***   **44**
    Checking in   44
    Speaking with the maid   47
    Some problems you may have   49
    Checking out   50

10   **At the bank—*Auf der Bank***   **56**
    Exchanging money   56
    Making change   57
    A savings account   58
    A checking account   59
    Getting a loan   60

11   **At the post office—*Auf der Post***   **63**
    Sending a letter   63
    Sending a package   65
    Other words you may need   65

12   **At the hairdresser—*Beim Friseur***   **67**
    For men   67
    For women   68

13   **At the clothing store—*Im Kaufhaus***   **70**
    Buying shoes   70
    Buying men's clothing   72
    Buying women's clothing   74

14   **At the dry cleaner (laundry)—*In der Reinigung (Wäscherei)***   **77**

15   **At the restaurant—*Im Restaurant***   **79**
    Getting settled   79
    Looking at the menu   80
    Ordering meat or fowl   82
    Ordering fish or seafood   83
    Some problems you may have   84
    Getting the check   85

16   **Shopping for food—*Beim Lebensmitteleinkauf***   **88**
    Types of stores   88
    Speaking with the vendors   88

17   **At home—*Zu Hause***   **92**
    The kitchen   92
    Washing the dishes   92
    Cooking   93
    The bathroom   95
    The dining room   96
    The living room   99
    The bedroom   100
    Housework   102
    Some minor problems around the home   103

18 At the doctor's office—*Beim Arzt* 107

I have a cold   107
A physical examination   109
The vital organs   109
I had an accident   111

19 At the hospital—*Im Krankenhaus* 116

Admission to the hospital   116
In the emergency room   116
Surgery   117
In the recovery room   119
In the delivery room   119

20 At the theater and the movies—*Im Theater und im Kino*   122

Seeing a show   122
At the ticket window   123
At the movies   125

21 Sports—*Der Sport*   127

Alpine skiing   127
Cross-country skiing   127
Soccer   129
Tennis   131

22 The beach—*Am Strand*   134

Talking about the sea   134
Activities on the beach   134

23 Camping—*Wir campen*   138

Campsite facilities   138

24 The weather—*Das Wetter*   142

25 Education—*Das Bildungswesen*   146

Elementary school   146
Secondary school   147
University   148

26 The state and politics—*Staat und Politik*   152

Political organization   152
Rights of the people   152
Procedures   154

Appendixes—*Die Anhänge*

1 Days of the week—*Die Tage der Woche*   157
2 Months of the year and dates—*Die Monate des Jahres und Daten*   158
3 Time and expressions of time—*Die Zeit*   159
4 German-speaking countries and nationalities—*Deutschsprachige Länder und Nationalitäten*   161

CONTENTS

5 Numbers—*Die Zahlen*   162
6 Foods—*Lebensmittel*   164

Key words: English-German—*Wortschatz: Englisch-Deutsch*   167
Answers to exercises—*Die Lösungen zu den Übungen*   190
Glossary: German-English—*Wörterverzeichnis: Deutsch-Englisch*   205
Glossary: English-German—*Wörterverzeichnis: Englisch-Deutsch*   222

Chapter 1: At the airport
Kapitel 1: Am Flughafen

GETTING TO THE AIRPORT

Der Flughafen hat zwei *Hallen.*	terminals
Halle A ist für *Auslandsflüge.*	international flights
Halle B ist für *Inlandflüge.*	domestic, national
Man kann *eine Taxe* zum Flughafen *nehmen.*	take a taxi
Man kann *einen Bus nehmen.*	take a bus
Der Bus *fährt* vom *Hauptbahnhof* in der Stadt *ab.*	leaves from the main railroad station

1. Complete.

   Ich möchte nicht mit der Taxe zum Flughafen fahren. Das kostet zu viel. Ich fahre lieber

   mit dem _____₁. Die Busse fahren vom _____₂ in der Stadt ab. Diese Busse

   fahren oft. Sie _____₃ alle fünfzehn Minuten vom Hauptbahnhof ab.

2. Complete.

   —Zu welcher Halle wollen Sie, bitte?

   —Gibt es mehr als eine _____₁ am Flughafen?

   —Ja, es gibt zwei. Halle A ist für _____₂, und _____₃ B ist für

   _____₄.

   —Ich fliege nach New York. Es ist ein _____₅.

   Ich möchte nach _____₆ A, bitte.

CHECKING IN (Fig. 1-1)

Da ist *der Schalter der Fluggesellschaft.*	airline counter
Die Schlange ist *lang.*	line; long
Das Fräulein[1] möchte *den Flugschein* sehen.	ticket
Sie möchte auch *den Reisepass* und *das Visum* sehen.	passport; visa

3. Complete.

   Wenn man am Flughafen ankommt, muss man zum _____₁ der Fluggesellschaft

   gehen. Oft ist dort eine lange _____₂, weil so viele Passagiere am _____₃

   warten. Am Schalter muss man seinen _____₄ zeigen. Bei einem _____₅

   muss man dem Fräulein auch seinen _____₆ zeigen.

---

[1] Flight vocabulary in German in heavily anglicized. Since there is no word for "agent," one refers to the airline agent behind the counter as *das Fräulein*, etc.

Fig. 1-1

SPEAKING WITH THE AIRLINE AGENT (Fig. 1-2)

—Ihr Flugschein, bitte.

—*Bitte schön.*   please (here it is)

—Sie fliegen nach Frankfurt? Darf ich Ihren Reisepass
sehen? Danke schön. Möchten Sie in der
Nichtraucherzone sitzen?   no smoking section

—Ja, einen *Platz* in der Nichtraucherzone. *Am Gang, bitte.*   seat; on the aisle

—Sie haben Platz C *in Reihe* 22. Haben Sie *Gepäck?*   in row; luggage

—Ja. Ich habe einen *Koffer* und eine *Tasche.*   suitcase; bag

—Nehmen Sie *Handgepäck* an Bord?   hand luggage

—Nur eine *Aktentasche.*   briefcase

—Gut. Ihr Handgepäck muss *unter den Sitz passen.* Hier ist   fit under the seat
ein *Schild* für Ihren Koffer.   label, tag

—Danke schön.

—Alles klar. Hier ist Ihre *Bordkarte, Flug* Nummer 406   boarding card; flight
nach Frankfurt, Platz C, Reihe 22, Nichtraucher. Und hier
sind zwei *Fluggepäckscheine* für Ihr Gepäck. Ihr Koffer   baggage claim stubs
wird nach Frankfurt *durchgecheckt.²* Sie können ihn in   checked
Frankfurt *abholen.* Ihr Flug *wird* innerhalb einer halben   claim, pick up
Stunde *aufgerufen. Gute Reise!*   will be announced

---

² See footnote 1. *Eingecheckt, ausgecheckt, durchgecheckt* are commonly used words in flight language.

Fig. 1-2

4. Complete.
    1. Herr Bosch fliegt von New York nach Frankfurt. Es ist ein _____.
    2. Er ist am _____ der Fluggesellschaft.
    3. Er spricht mit dem Fräulein. Sie möchte seinen _____ sehen. Da es ein Auslandsflug ist, möchte sie auch seinen _____ sehen.
    4. Herr Bosch raucht nicht. Er möchte einen _____ in der _____.
    5. Platz C, _____ 22 ist in der _____.
    6. In den Flugzeugen muss das _____ unter den Sitz passen. Das ist kein Problem für Herrn Bosch. Er hat nur eine _____ bei sich.
    7. Das Fräulein gibt ihm einen _____ für seinen Koffer.
    8. Man braucht eine _____, um an Bord zu kommen.
    9. Herr Bosch fliegt mit _____ 406 nach Frankfurt. Er hat _____ C, _____ 22 in der _____.
    10. Sein Koffer wird nach Frankfurt durchgecheckt. Er hat seinen _____ und kann seinen Koffer in Frankfurt _____.

5. Answer on the basis of Figs. 1-3 and 1-4.
    1. Wo ist die Dame?
    2. Mit wem spricht sie?
    3. Was gibt sie dem Fräulein?
    4. Wo möchte die Dame sitzen?
    5. Wie viele Koffer hat die Dame?
    6. Hat sie Handgepäck?
    7. Was hat sie?
    8. Passt die Aktentasche unter den Sitz?

Fig. 1-3

9. Was gibt das Fräulein der Dame?
10. Mit welchem Flug fliegt sie?
11. Wohin fliegt sie?
12. Welchen Platz hat sie?
13. Wo ist der Platz?
14. Wie viele Koffer werden durchgecheckt?
15. Wo kann sie ihre Koffer abholen?

6. Choose the appropriate word.
1. Die Passagiere müssen dem Fräulein ihre Reisepässe zeigen, weil es ein _____ ist. (*a*) Auslandsflug (*b*) langer Flug (*c*) Inlandflug
2. Platz C ist _____. (*a*) am Fenster (*b*) am Gang (*c*) in der Mitte
3. Um mein Gepäck zu identifizieren, brauche ich diesen _____. (*a*) Platz (*b*) Koffer (*c*) Fluggepäckschein
4. Um an Bord zu kommen, braucht man _____. (*a*) eine Bordkarte (*b*) ein Schild (*c*) einen Fluggepäckschein
5. Mein Platz ist in der _____ 22. (*a*) Schalter (*b*) Reihe (*c*) Nichtraucherzone

Fig. 1-4

LISTENING TO ANNOUNCEMENTS³

Ein Flug *wird aufgerufen*. Lufthansa Flug 406 nach   is being announced
Hamburg ist zum *Abflug bereit*. Die Passagiere gehen durch   ready for departure
die *Sicherheitskontrolle* und dann zum *Ausgang* 18, Halle A. security check; gate

7. Complete.
    1. Flug 406 ist zum _____ bereit.
    2. Der _____ wird aufgerufen.
    3. Flug 406 _____ wird aufgerufen.
    4. Die Passagiere müssen durch die _____ gehen.
    5. Ihr Handgepäck wird von der _____ kontrolliert.
    6. Die Passagiere gehen zum _____ 18.

8. Complete.
    1. Die Maschine wird abfliegen. Der _____ wird aufgerufen.
    2. Der Flug geht _____ Frankfurt.
    3. Die Passagiere müssen durch die _____.
    4. Die Passagiere gehen zum _____ 18, _____ A.

Eine Ankunft *wird durchgesagt*. Die Fluggesellschaft   is being announced
gibt die Ankunft des Fluges 406 aus New York *bekannt*, in   makes known the arrival
Halle B, Ausgang 20.

³ Normal arrivals and departures are no longer announced at German airports. Only special circumstances
  such as a gate change or a delay are announced.

9. Complete.

—Ich habe die Durchsage nicht verstanden. Wurde unser Flug schon aufgerufen?

—Nein, ein anderer Flug wurde _____.
1

—Welcher Flug?

—_____ 306 _____ Hamburg _____ Paris.
2$$3$$4

CHANGING AN AIRLINE TICKET[4]

Ich habe den Flug von Frankfurt nach *Nizza verpasst.*	Nice (France); missed
Es gibt einen anderen Flug mit Air France.	
In der Maschine ist *noch Platz.*	seats available
Sie ist nicht voll *besetzt.*	occupied
Sind noch *Plätze frei?*	seats available
Es ist kein *Nonstopflug.*	nonstop flight
Es gibt einen Direktflug mit *Zwischenlandung* in Paris.	stop
Wir brauchen nicht *umzusteigen.*	change planes
Die *Tarife* sind identisch.	fare
Es gibt keinen *Preisunterschied.*	difference in price
Air France *bestätigt* Ihren Flugschein	endorses, will endorse

10. Complete.

—Ich habe mich wegen des Staus auf der Autobahn verspätet und meinen Flug nach Nizza

_____. Gibt es noch einen _____ nach Nizza?
1$$2

—Ja. Es gibt die Siebenuhrmaschine. Reisen Sie allein?

—Ja, ich reise allein.

—Mal sehen, ob die Maschine voll _____ ist, oder ob es noch _____ gibt.
$3$4

Nein, sie ist nicht _____.
5

—Da habe ich aber Glück gehabt. Gibt es einen Preisunterschied?

—Nein, die _____ der beiden Fluggesellschaften sind identisch.
6

—Nehmen Sie den Flugschein von der Lufthansa an, oder müssen Sie mir einen neuen

ausstellen?

—Wir müssen Ihren Flugschein _____.
7

—Ist es ein _____?
8

—Nein, es ist ein Direktflug mit _____ in Paris.
9

—In Ordnung. Es ist nicht so wichtig. Ich bin gleich zurück.

---

[4] Having another airline endorse a flight ticket is somewhat unusual for flights within Europe because most national airlines automatically accept each other's tickets. This does occur, however, in the case of charter flights, special holiday excursions, and some intercontinental airlines.

Frau Möller kommt am Flughafen an und sieht, dass es zwei Hallen gibt. Eine ist für Auslandsflüge und die andere für Inlandflüge. Da sie ins Ausland fliegt, geht sie zu der Halle für Auslandsflüge. Sie geht sofort zum Schalter der Fluggesellschaft, mit der sie fliegt. Sie zeigt dem Fräulein ihren Flugschein. Das Fräulein möchte auch ihren Reisepass sehen. Alles ist in Ordnung. Frau Möller gibt ihr Gepäck ab. Sie hat zwei Koffer. Das Fräulein klebt zwei Fluggepäckscheine auf die Flugscheinhülle und erklärt Frau Möller, dass sie ihre Koffer nach der Ankunft in New York abholen kann. Das Fräulein gibt ihr auch ein Schild für die Tasche, die sie mit an Bord nimmt. Das Handgepäck, also die Tasche, muss unter den Sitz passen. Frau Möller sagt dem Fräulein, dass sie einen Platz am Gang, Nichtraucher, gebucht hatte. Der Computer bestätigt aber diesen reservierten Platz nicht. Kein Problem! Der Flug ist nicht voll besetzt. Es gibt noch Plätze, sogar am Gang. Frau Möller bekommt ihre Bordkarte. Sie hat Platz C, Reihe 22 in der Nichtraucherzone. Flug 406 nach New York fliegt von Ausgang Nummer 28 ab. Frau Möller möchte wissen, ob es ein Nonstopflug ist. Nein, das ist es nicht. Zwischenlandung ist in Düsseldorf, aber die Transitpassagiere brauchen nicht umzusteigen. Die Maschine fliegt dann nach New York weiter.

Bald darauf hört Frau Möller diese Durchsage: "Lufthansa Flug 406 nach New York ist zum Abflug bereit. Bitte gehen Sie nicht zum Ausgang 28, sondern zum Ausgang 18."

11. Complete.
1. Es gibt zwei _____ im Flughafen. Eine ist für _____ und die andere für _____.
2. Das _____ arbeitet am _____ der _____.
3. Die Passagiere müssen dem Fräulein ihre _____ zeigen. Wenn sie ins Ausland fliegen, brauchen sie auch _____.
4. Die Dame gibt dem Fräulein ihr _____. Sie hat zwei Koffer.
5. Das Fräulein klebt die _____ auf die Flugscheinhülle. Die Dame wird die _____ brauchen, wenn sie ihr Gepäck in New York abholt.
6. Die Dame nimmt eine _____ an Bord. Das _____ muss unter den Sitz _____.
7. Frau Möller möchte am _____ sitzen, in der _____.
8. Der Computer zeigt keine Platzreservierung für die Dame. Das Flugzeug ist nicht voll _____. Es gibt _____ Plätze.
9. Die Dame sieht sich ihre _____ an. Sie hat _____ C, _____ 22.
10. Die Maschine macht eine _____ in Düsseldorf, aber Frau Möller muss nicht _____.
11. Der _____ von Flug 406 _____ New York mit Zwischenlandung in Düsseldorf wird durchgesagt.
12. Die Passagiere des Lufthansafluges Nummer 406 müssen zum _____ 18 gehen.

12. Answer.
1. Wo kommt Frau Möller an?
2. Wie viele Hallen gibt es?
3. Warum gibt es zwei?
4. Wohin geht Frau Möller sofort?
5. Was möchte das Fräulein sehen?
6. Wie viele Koffer hat Frau Möller?
7. Worauf klebt das Fräulein die Fluggepäckscheine?
8. Wo kann Frau Möller ihre Koffer abholen?
9. Was nimmt sie mit an Bord?
10. Wohin muss das Handgepäck passen?
11. Hat Frau Möller einen reservierten Platz?
12. Warum ist das kein Problem?

13.   Welchen Platz hat Frau Möller?
14.   Zu welchem Ausgang muss sie gehen?
15.   Ist es ein Nonstopflug?

13.   Complete.

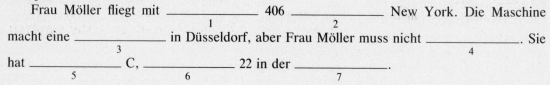

Frau Möller fliegt mit _____ 406 _____ New York. Die Maschine
                      1   2
macht eine _____ in Düsseldorf, aber Frau Möller muss nicht _____. Sie
               3   4
hat _____ C, _____ 22 in der _____.
        5   6   7

Key Words

abfahren   to leave (trains, buses)

abfliegen   to leave (airplanes)

der Abflug   departure (of planes)

abholen   to pick up

die Aktentasche   briefcase

ankommen   to arrive

die Ankunft   arrival

der Aufruf, die Durchsage   announcement

aufrufen, durchsagen   to announce

(einen Flug) aufrufen   to announce a flight as ready for departure

aus   from (arriving from)

auschecken   to check out

der Ausgang   gate

der Auslandsflug   international flight

(einen Flugschein) ausstellen   to issue (a ticket)

der Bahnhof   railroad station

bekanntgeben   to make known, announce

bereit   ready

(voll) besetzt   (fully) occupied

bestätigen   to endorse, confirm

an Bord   on board

die Bordkarte   boarding pass

der Bus   bus

durchchecken   to check through

die Durchsage   announcement

durchsagen   to announce

einchecken   to check in (*das Gepäck aufgeben*)

das Fenster   window

fliegen   to fly

der Flug   flight

der Fluggepäckschein   baggage claim check

die Fluggesellschaft (die Fluglinie)   airline

der Flughafen   airport

der Flugschein   airline ticket

die Flugscheinhülle   ticket envelope

das Flugzeug   plane

frei   available (free)

der Gang   aisle

am Gang   on the aisle

das Gepäck   baggage, luggage

das Gepäck aufgeben   check one's luggage

die Halle   terminal

das Handgepäck   hand luggage

der Hauptbahnhof   main railroad station

der Inlandflug   domestic flight

kleben   to paste, glue, attach

der Koffer   suitcase

die Maschine   plane

mitnehmen   to take along

nach   to (destination)

die Nichtraucherzone   no smoking section

der Nonstopflug   nonstop flight

der Passagier   passenger

passen   to fit

der Platz   seat, place

die Platzreservierung   seat reservation

der Preisunterschied   difference in price

rauchen   to smoke

die Raucherzone   smoking section

die Reihe   row

die Reise   trip

reisen   to travel

der Reisepass   passport

der Schalter   counter

das Schild   tag (identification)

die Schlange   line (queue)

die Sicherheitskontrolle   security check
der Sitz   seat
der Stau   traffic jam
der Tarif   fare
die Tasche   bag
die Taxe   taxi
eine Taxe (einen Bus) nehmen — take a taxi
(a bus)

der Transitpassagier   through passenger
umsteigen   to change (planes, trains, etc.)
unter   under, underneath
verpassen   to miss
sich verspäten   to be late
das Visum   visa
zeigen   to show
die Zwischenlandung   stop (airplane)

Chapter 2:   On the airplane
Kapitel 2:   Im Flugzeug

WELCOME ON BOARD (Fig. 2-1)

Fig. 2 -1

Der *Flugkapitän* (der Pilot) und das *Kabinenpersonal* (die Besatzung) *befassen sich* mit der *Sicherheit* der Passagiere.	pilot; crew occupy themselves; safety
Die *Flugbegleiter* arbeiten im Flugzeug.	flight attendants
Sie *begrüssen* die Passagiere und *betreuen* sie. Die Erste-Klasse-Kabine ist *vorne*.	greet; take care of in front
Die *grössere Kabine* ist für die Economy-Klasse.	main (larger) cabin
Während des Fluges dürfen die Passagiere nicht ins *Cockpit*.	cockpit
Das Betreten des Cockpits ist *verboten*.	no admittance
Das Flugzeug (die Maschine) ist *startbereit*.	ready for takeoff
Es startet.	
Die Maschine *landet* in München.	lands

10

1. Complete.
   1. Das Personal an Bord ist das _____.
   2. Die _____ betreuen die Passagiere.
   3. _____ ist immer die _____.
   4. Die Passagiere der Economy-Klasse reisen in der _____.
   5. Während des Fluges ist das Betreten des _____ verboten.
   6. Die _____ betreut die Passagiere.
   7. Zu Beginn des Fluges _____ die Maschine.
   8. Am Ende des Fluges _____ die Maschine.

ANNOUNCEMENTS ON BOARD

Unsere *Flugzeit beträgt* sieben Stunden und fünfzig Minuten.	flying time; amounts to
Wir befinden uns in einer *Flughöhe* von zwölftausend Metern. (Wir fliegen in einer Höhe von . . .)	altitude
Wir fliegen mit einer *Geschwindigkeit* von siebenhundert Kilometern *pro Stunde*.	speed per hour

2. Complete.

   Meine Damen und Herren! Flugkapitän Becker und seine _____ 1 _____ 2 Sie an Bord unseres Fluges nach New York. Wir _____ 3 in etwa fünf Minuten. Unsere _____ 4 von Düsseldorf nach New York _____ 5 sieben Stunden und fünfzig Minuten. Wir werden uns in einer _____ 6 von zwölftausend Metern befinden, und wir erreichen eine _____ 7 von siebenhundert Kilometern _____ 8 .

SAFETY ON BOARD (Fig. 2-2)

Im Notfall:	in case of emergency
Eine *Schwimmweste* ist unter Ihrem Sitz.	life jacket
Bei einem *Luftdruckabfall* fallen die *Sauerstoffmasken* automatisch herab.	reduction of air pressure; oxygen masks
Es befinden sich *jeweils* zwei *Notausgänge* im *vorderen* und *hinteren Teil* des Flugzeuges.	each; emergency exits; front back part
Es gibt *ausserdem* vier Notausgänge über den *Tragflächen*.	in addition; carrying surfaces (over the wings)

3. Answer.
   1. Wo sind die Schwimmwesten im Flugzeug?
   2. Was passiert bei einem Luftdruckabfall?
   3. Wo sind die Notausgänge?

Die Passagiere sollen *angeschnallt sitzen bleiben*.	remain seated with belts fastened
Während des *Starts* und der *Landung* müssen die Passagiere ihre *Sicherheitsgurte anlegen*.	takeoff; landing seat belts, safety belts; fasten

Fig. 2-2

Auch während des Fluges sollen die Passagiere *angeschnallt sitzen bleiben*.	remain seated with belts fastened
Während des Fluges kann das Flugzeug *unerwarteter Turbulenz begegnen*.	to encounter unexpected turbulence
Bei Turbulenz *schaukelt* das Flugzeug.	bounces, bumps

4. Complete.

Während des _____ und auch während der _____ müssen die Passagiere
$\quad\quad\quad\quad\quad\quad\quad$ 1 $\quad\quad\quad\quad\quad\quad\quad\quad\quad\quad$ 2

_____ sitzen bleiben. Sie dürfen nicht im Gang auf- und ablaufen. Sie sollen nicht
$\quad\quad$ 3

nur sitzen bleiben, sondern sie sollen auch die _____ anlegen. Es ist empfehlenswert,
$\quad\quad\quad\quad\quad\quad\quad\quad\quad\quad\quad\quad\quad\quad\quad\quad\quad\quad\quad$ 4

während des ganzen Fluges _____ sitzenzubleiben. Man weiss nie, wann das Flugzeug
$\quad\quad\quad\quad\quad\quad\quad\quad\quad\quad\quad$ 5

unerwarteter _____ begegnen wird. Bei Turbulenz _____ das Flugzeug.
$\quad\quad\quad\quad\quad$ 6 $\quad\quad\quad\quad\quad\quad\quad\quad\quad\quad\quad\quad\quad\quad\quad$ 7

Der Kapitän hat das *Schild "Nicht rauchen" eingeschaltet*.	no smoking light (sign); lit (turn on)
Das Schild "Nicht rauchen" *leuchtet* während des Starts und der Landung.	shines, is lit up
Während das Schild "Nicht rauchen" eingeschaltet ist, dürfen die Passagiere nicht rauchen.	

Auch in der *Raucherzone* ist das Rauchen *verboten*.   smoking section; forbidden
Im Gang ist das Rauchen verboten.
In den Toiletten ist das Rauchen verboten.

5. Complete.
    1. An Bord dürfen die Passagiere nicht in der _____, im _____ und in
        den _____ rauchen.
    2. Auch dürfen sie nicht rauchen, wenn das _____ _____ ist.
    3. Das _____ leuchtet während des Starts und der _____.

Fig. 2-3

Das Handgepäck darf nicht im Gang stehen.   carry-on luggage
Das Handgepäck muss *unter den Sitz passen*.   fit under the seat
Falls es nicht unter den Sitz passt, muss es in die *Ablage*
    (Gepäckablage) *über Ihrem Sitz* passen.   overhead compartment
Während des Starts und der Landung muss die *Rückenlehne*   backrest of seat
    senkrecht gestellt werden.   in the vertical position

6. Complete.
        Viele Passagiere bringen Handgepäck an Bord. Aber sie dürfen es nicht in den

    _____ stellen. Das Handgepäck muss unter den _____ oder in die

_____ über den Sitzen _____. Es ist eine Sicherheitsvorschrift.
3   4
Während des _____ und der _____ muss die _____
5   6   7
_____ gestellt werden.
8

die Decke   das Kopfkissen

der Kopfhörer

Fig. 2-4

SERVICES ON BOARD (Fig. 2-4)

Während des Fluges:

Wir servieren *Getränke*.	drinks
Es gibt *Zeitungen* und *Zeitschriften*.	newspapers; magazines
Wir servieren Ihnen eine warme/kalte *Mahlzeit*.	meal
Vor der Landung servieren wir *ein Frühstück*.	breakfast
Es gibt fünf *Kanäle in Stereo*.	stereo channels
Möchten Sie *Kopfhörer*?	headphones, headset
Wir *zeigen* Ihnen einen Film.	show
Für den Kopfhörer muss man eine *Gebühr* von $3.50 zahlen.	charge, fee
Es gibt auch *Decken* und *Kopfkissen*.	blankets; pillows
In der *Tasche am Sitz vor Ihnen* befindet sich *eine Spucktüte*.	seat pocket; in front of you airsickness bag

7. Complete.

Während des Fluges servieren die Flugbegleiter eine warme _____. Vor der
                                                                        1

Landung wird ein _____ serviert. Während des Fluges kann man Musik
                            2

_____ hören. Es gibt fünf _____, und die Passagiere können unter
          3   4

klassischer Musik, Popmusik usw. wählen. Nach der Mahlzeit wird ein _____
                                                                                        5

gezeigt. Wenn man Musik hören oder den Film sehen will, muss man eine _____
                                                                                          6

von $3.50 für den _____ zahlen. Wenn man schlafen möchte, bringen die
                              7

Flugbegleiter _____ und _____.
                        8   9

8. Complete.

Ich bin sehr müde. Ich möchte nichts essen, keine Musik hören und keinen Film sehen.

Ich möchte nur schlafen. Bitte, bringen Sie mir eine _____ und ein _____.
                                                                1   2

Täglich umfliegen Tausende von Flugzeugen die Erde. Während die Passagiere an Bord kommen,
begrüssen die Flugbegleiter und die Besatzung ihre Passagiere und zeigen ihnen ihre Plätze. Vorne
ist meistens die Kabine für Erste-Klasse-Passagiere, und im hinteren Teil sitzen die Economy-
Passagiere.

Während des Fluges gibt es viele Durchsagen. Die Flugbegleiter müssen an den Komfort und
an die Sicherheit der Passagiere denken. Sie erklären ihnen, wie die Sauerstoffmaske und die
Schwimmweste benutzt werden. Sie zeigen ihnen, wo sich die Notausgänge und die Toiletten
befinden. Es gibt einige wichtige Vorschriften, die die Passagiere befolgen müssen. Das Handgepäck
muss unter den Sitz oder in die Gepäckablage passen. Das Rauchen ist währen des Starts und der
Landung, in der Nichtraucherzone, in den Gängen und in den Toiletten verboten. Auch wenn der
Flugkapitän das Schild ''Nicht rauchen'' einschaltet, darf man nicht rauchen. Während des Starts
und der Landung müssen die Passagiere die Sicherheitsgurte anlegen und ihre Rückenlehnen
senkrecht stellen. Die Besatzung empfiehlt den Passagieren, auch während des Fluges angeschnallt
zu bleiben. Man weiss nie, wann das Flugzeug einer Turbulenz begegnet und schaukelt.

Während des Fluges servieren die Flugbegleiter Getränke und eine Mahlzeit. Sie bringen den
Passagieren, die schlafen möchten, Decken und Kopfkissen. Auf vielen Langstreckenflügen bietet
die Fluggesellschaft den Passagieren verschiedene Stereokanäle und einen Film. Die Flugbegleiter
verteilen Kopfhörer an die Passagiere, die Musik hören möchten. In der Economy-Klasse muss
man eine Gebühr für die Kopfhörer zahlen.

Während des gesamten Fluges ist das Betreten des Cockpits verboten. Oft teilt der Flugkapitän
den Passagieren die wahrscheinliche Flugzeit, die Flughöhe, die Flugroute und die Geschwindigkeit
mit. Im Namen der gesamten Besatzung wünscht der Flugkapitän den Passagieren einen angenehmen
Flug.

9. Complete.

1. In den meisten Flugzeugen gibt es zwei _____. Die vordere Kabine ist für
    _____-Passagiere. Die grössere _____ ist für _____-Klasse-
    Passagiere.

2. Die _____ begrüssen die Passagiere, wenn sie an Bord kommen.

3. Bei einem Luftdruckabfall fallen die _____ herab.

4. Das _____ muss unter den Sitz oder in die _____ passen.

5. Während des _____ und der _____ darf nicht geraucht werden.

6. Man darf nicht rauchen, wenn das _____ eingeschaltet ist.

7. Die Passagiere müssen ihre _____ während des Starts und der Landung senkrecht stellen.

8. Die Besatzung empfiehlt den Passagieren, auch während des Fluges ihre _____ anzulegen.

9. Auf Langstreckenflügen servieren die Flugbegleiter immer _____ und eine _____.

10. Wenn ein Passagier Musik hören oder den Film sehen möchte, bringt der Flugbegleiter einen _____. In der Economy-Klasse muss der Passagier dafür eine _____ zahlen.

10. Match.

1. das gesamte Personal an Bord	(a) die Sicherkeitsgurte
2. was bei einem Luftdruckabfall automatisch herabfällt	(b) die Rückenlehne
3. was die Passagiere brauchen, um an Bord zu kommen	(c) die Notausgänge
	(d) die Tasche am Sitz
4. was bei Start und Landung senkrecht gestellt werden muss	(e) die Besatzung
5. was die Passagiere anlegen	(f) eine Bordkarte
6. das Personal, das die Passagiere betreut	(g) die Flughöhe
7. wo man im Notfall das Flugzeug verlässt	(h) die Gepäckablage
	(i) die Sauerstoffmaske
8. was man zahlen muss	(j) die Flugbegleiter
9. für das Handgepäck	(k) die Flugroute
10. was dem Flugzeug begegnen kann	(l) eine Gebühr
	(m) die Turbulenz

11. Answer.

1. Wer begrüsst die Passagiere?
2. Wie viele Kabinen gibt es in vielen Flugzeugen?
3. Was müssen die Passagiere benutzen können?
4. Wohin müssen die Passagiere ihr Handgepäck stellen (legen)?
5. Wo darf man im Flugzeug nicht rauchen?
6. Was müssen die Passagiere während des Starts und der Landung tun?
7. Warum empfiehlt die Besatzung den Passagieren, auch während des Fluges angeschnallt zu bleiben?
8. Was servieren die Flugbegleiter während des Fluges?
9. Was bringen sie den Passagieren auch?
10. Was sagt der Flugkapitän durch?

Key Words

angenehm pleasant	*sich anschnallen* to fasten (seat belts)
angeschnallt sitzen bleiben to remain seated with seat belts fastened	*arbeiten* to work
	sich befassen to occupy oneself with
(die Sicherheitsgurte) anlegen to fasten the seat belts	*sich befinden* to be (to find oneself)
	befolgen to follow
	begegnen to encounter, meet

begrüssen   to greet, welcome
benutzen   to use
die Besatzung   crew
betragen   to amount to
Betreten verboten   no admittance
betreuen   to take care of
das Cockpit   cockpit
die Decke   blanket
die Durchsage   announcement
durchsagen   to announce
die Economy-Klasse   economy class
eingeschaltet   lit, turned on
empfehlen   to recommend, advise, suggest
erreichen   to reach
die Erste Klasse   first class
im Falle   in case
der Film   film
fliegen   to fly
der Flug   flight
der (die) Flugbegleiter(in)   flight attendant
der Flügel   wing
die Flughöhe   altitude
der Flugkapitän   captain, pilot
die Flugroute   flight plan
die Flugzeit   flying time
das Frühstück   breakfast
der Gang   aisle
die Gebühr   fee, charge
die Gepäckablage   overhead compartment
gesamt   entire, all of
die Geschwindigkeit   speed
die Getränke   drinks
der Gurt   belt
das Handgepäck   carry-on luggage
herabfallen   to fall down
im hinteren Teil   in the rear
die Kabine   cabin
das Kabinenpersonal   flight personnel
der Kanal   channel
die Kopfhörer   headphones
das Kopfkissen   pillow
landen   to land
die Landung   landing
die Langstreckenflüge   long-distance flights
leuchten   to be lit up
der Luftdruck   air pressure
der Luftdruckabfall   reduction in air pressure

die Luftkrankheit   airsickness
die Mahlzeit   meal
mitteilen   to tell, inform
die Musik in Stereo   stereophonic music
der Notausgang   emergency exit
der Notfall   emergency
passen   to fit
passieren   to happen
der Pilot   pilot
rauchen   to smoke
die Rückenlehne   backrest (of seat)
die Sauerstoffmaske   oxygen mask
schaukeln   to bounce
das Schild   sign
das Schild "Nicht rauchen"   no smoking sign
die Schwimmweste   life jacket
senkrecht   vertical(ly)
die Sicherheit   security
der Sicherheitsgurt   seat belt
die Sicherheitsvorschrift   safety regulation
die Spucktüte   airsickness bag
der Start   start
startbereit   ready for takeoff
starten   to start
stehen   to stand
stellen   to place
in Stereo   stereophonically
die Stereomusik   stereophonic music
pro Stunde   per hour
die Tasche am Sitz   seat pocket
im hinteren Teil   in the rear compartment
im vorderen Teil   in the forward compartment
die Toilette   toilet
die Tragfläche   wing (carrying surface)
die Turbulenz   turbulence
die unerwartete Turbulenz   unexpected turbulence
unter   under, underneath
verboten   forbidden
verlassen   to leave
im vorderen Teil   in the front
vorne   in front
wählen   to choose
zahlen   to pay
die Zeitschriften   magazines
die Zeitungen   newspapers
die Zone   zone

Chapter 3: Passport control and customs
Kapitel 3: Passkontrolle und Zollabfertigung

PASSPORT CONTROL AND IMMIGRATION

Hier ist mein *Reisepass*.[1]	passport
mein *Visum*.	visa
Wie lange bleiben Sie?	how long; stay
Nur ein paar Tage.	only a few days
eine Woche.	a week
einen Monat.	a month
Reisen Sie *geschäftlich*?	on business
Reisen Sie *zum Vergnügen*?	for pleasure
Ich bin *auf der Durchreise*.	passing through
Wo werden Sie *übernachten*?	stay overnight

1. Complete.
   Bei der Passkontrolle

   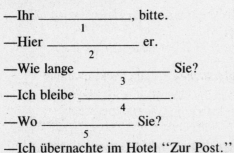

   —Ihr _____, bitte.
   ₁

   —Hier _____ er.
   ₂

   —Wie lange _____ Sie?
   ₃

   —Ich bleibe _____.
   ₄

   —Wo _____ Sie?
   ₅

   —Ich übernachte im Hotel "Zur Post."

   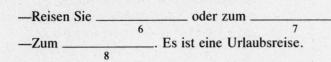

   —Reisen Sie _____ oder zum _____?
   ₆ ₇

   —Zum _____. Es ist eine Urlaubsreise.
   ₈

AT CUSTOMS

Ich habe *nichts zu verzollen*.	nothing to declare
etwas zu verzollen.	something to declare
Wenn Sie nichts zu verzollen haben, folgen Sie den *grünen Zeichen*.	green signs
(Dort steht: *"Zollfreie Waren"*.)	nothing to declare
Wenn Sie etwas zu verzollen haben, folgen Sie den *roten Zeichen*.	red signs
(Dort steht: *"Zollpflichtige Waren"*.)	goods to declare
Der *Zöllner* fragt:	customs agent
Haben Sie *Zigaretten* (*Tabak*) bei sich?	cigarettes, tobacco
Whisky?	
Obst (Früchte) oder *Gemüse*[2]?	fruits; vegetables

---

[1] Nationals of European Community member states only need their identity cards (not a passport or tourist card) when traveling within the European Community.

[2] Importation of fruits and vegetables within Europe is not generally prohibited.

Ich habe nur meine *persönlichen Sachen* bei mir.	personal effects
(Ich habe *nichts weiter dabei*.)	nothing more with me
Darf ich Ihre *Zollerklärung* sehen?	customs declaration
Ich habe eine *Flasche* Whisky zu verzollen.	bottle
Bitte *öffnen* Sie *diese Tasche*.	open this bag
diesen Koffer.	this suitcase
Falls Sie mehr als einen Liter Whisky bei sich haben,	
müssen Sie durch den Zoll.	
Der Whisky muss *verzollt werden*.	pay duty

2. Complete.

    1. In diesem Flughafen wird nicht das gesamte Gepäck untersucht. Die Passagiere, die nichts
       zu _____ haben, können den _____ folgen. Diejenigen, die _____zu
       verzollen haben, können den _____ folgen.

    2. Dieses Land erlaubt die zollfreie Einfuhr von zwei Litern Whisky. Wenn man drei Liter
       bei sich hat, muss der dritte Liter _____ werden.

    3. Der Zöllner will meine _____ sehen.

    4. Ich habe nichts zu verzollen, weil ich nur meine _____ bei mir habe.

Key Words

auf der Durchreise sein	to be passing through	*untersuchen*	to check, examine
		die Urlaubsreise	vacation trip
die Frucht	fruit	*zum Vergnügen*	for pleasure
das Gemüse	vegetables	*verzollen*	to declare, to pay duty
geschäftlich	on business	*das Visum*	visa
das Obst	fruit	*der Whisky*	whiskey
öffnen	to open	*wie lange?*	how long?
die Passkontrolle	passport control	*das Zeichen*	sign
der Personalausweis	personal identification	*die Zigaretten*	cigarettes
		der Zoll	duty (customs)
die persönlichen Sachen	personal effects	*die Zollabfertigung*	customs
der Reisepass	passport	*die Zollerklärung*	customs declaration
der Tabak	tobacco	*der Zöllner*	customs agent
übernachten	to lodge, stay overnight (short time)		

Chapter 4: At the train station
Kapitel 4: Im Bahnhof

GETTING A TICKET (Fig. 4-1)

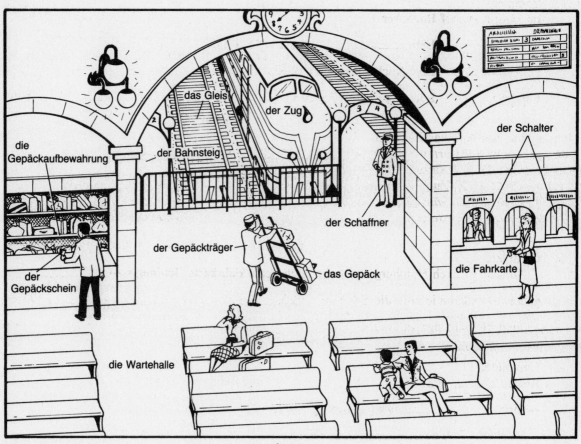

Fig. 4-1

die *Fahrkarte*[1]	ticket
die *Rückfahrkarte*	round trip ticket
Von Kiel nach Hamburg, *einfach*, bitte.	one-way
Kiel-Hamburg, eine Rückfahrkarte, bitte.	
Ich fahre von Köln nach München.	
Ich *fahre* nicht nach Köln *zurück*.	return
Ich brauche keine Rückfahrkarte.	
Ich brauche eine *einfache Fahrkarte*.	one-way ticket

---

[1] There are first-class and second-class cars on most German trains. If one does not specify the class, one will receive a second-class ticket. A first-class ticket will cost 50 percent more than a second-class ticket. The train conductor also sells tickets. A supplement has to be paid. This does not apply to metropolitan lines, e.g., airport transportation.

1. Complete.
    Im Haupbahnhof Hamburg[2]

    Fahrgast: Eine _____ nach Kiel, bitte.
                                         1
    Schalterbeamte: Einfach oder eine _____?
                                                        2
    Fahrgast: Eine _____, bitte. Ich fahre nicht nach Hamburg zurück.
                                         3

2. Complete.
    Im Hauptbahnhof Hannover

    Fahrgast: Eine _____ nach Köln, bitte.
                                         1
    Schalterbeamte: Eine Rückfahrkarte oder eine _____?
                                                                  2
    Fahrgast: Ich fahre in zwei Tagen nach Hannover zurück. Eine _____, bitte.
                                                                                            3

Ich möchte eine Fahrkarte kaufen.
Man geht zum *Fahrkartenschalter* (Schalter).   ticket window
Dort werden die Fahrkarten *verkauft*.   sold
Im *Intercity-Zug* (IC-Zug)[3] muss man einen *Zuschlag* zahlen. express; supplement
Der *Nahverkehrszug hält öfter*.   local; stops more often
Wir müssen nicht *umsteigen*.   change trains

3. Complete.
    Ich fahre nach Hamburg und habe noch keine Fahrkarte. Ich muss zum _____

    gehen. Dort kann ich mir die Fahrkarte kaufen. Aber wo ist denn der _____? Da ist
                                                                                        2
    er, und die Schlange ist kurz.

4. Complete.
    Am _____
              1
    —Eine _____ nach Hamburg, bitte.
                    2
    —Möchten Sie eine _____ oder eine _____?
                                    3   4
    —Ich fahre nicht zurück. Eine _____, bitte. Was kostet sie?
                                                 5
    —Nehmen Sie einen Intercity-Zug oder einen D-Zug?

    —Nicht den D-Zug. Einen _____, bitte.
                                          6
    —Die _____ für den Intercity-Zug kostet zwanzig Mark.
                 7

---

[2] Larger cities generally have a *Hauptbahnhof* (main train station) as well as a number of smaller stations named after their location in the city. For example, *Hamburg-Altona* is a station in Hamburg.

[3] There are four types of trains in Germany: *der IC-Zug* (intercity-train), *der D-Zug, der E-Zug* (*Eilzug*), and *der Nahverkehrszug* (local). The *IC-Zug* is an express train between major cities. The *D-Zug* is also an express train. The *E-Zug* falls between the *D-Zug* and the *Nahverkehrszug* in speed and number of stops.

WAITING FOR THE TRAIN

der *Fahrplan*	timetable, schedule
nach	to (destination)
die *Abfahrt*	departure
die *Ankunft*	arrival
die *Verspätung*	delay
Der D-Zug nach Braunschweig soll um 14.10 Uhr *abfahren*.	leave
Er wird nicht *pünktlich* abfahren.	on time
Er wird mit Verspätung abfahren.	
Er wird um 15.00 Uhr abfahren.	
Der Zug hat fünfzig Minuten *Verspätung*.	delay (is 50 minutes late)
Der Zug wird fünfzig Minuten Verspätung haben.	
Die Fahrgäste müssen warten.	
Sie warten in der *Wartehalle*.	waiting room

5. Answer.
1. Wann soll der Zug nach Braunschweig abfahren?
2. Wird er pünktlich abfahren?
3. Wann wird er abfahren?
4. Hat der Zug Verspätung?
5. Mit wieviel Verspätung fährt der Zug ab?
6. Wo warten die Fahrgäste auf den Zug?

6. Complete.

Der Zug fährt nicht pünktlich ab. Es gibt eine _____. Der Zug wird um 15.00
                                                    1

Uhr, nicht um 14.10 Uhr abfahren. Er wird mit _____ Minuten _____
                                                        2   3

abfahren. Die Fahrgäste können in der _____ auf den Zug warten.
                                              4

CHECKING YOUR LUGGAGE

Ich habe viel *Gepäck*.	luggage
Ich habe viele *Koffer*.	suitcases
Ich kann nicht alle Koffer *tragen*.	carry
Der *Gepäckträger* kann sie tragen.	porter
Ich *gebe* meine Koffer bei der *Gepäckaufbewahrung* ab.	check; baggage checkroom
Ich *lasse* sie bei der Gepäckaufbewahrung.	leave
Der Gepäckträger kann sie zur Gepäckaufbewahrung bringen.	
Bei der Gepäckaufbewahrung bekomme ich einen *Gepäckschein*.	check stub
Man kann sein Gepäck nur *zurückbekommen*, wenn man einen Gepäckschein hat.	get back
Ich *hole* das Gepäck später *ab*.	pick up

7. Complete.
1. Ich habe viele Koffer. Ich habe viel _____.
2. Ich kann die Koffer nicht tragen. Der _____ kann sie für mich tragen.
3. Ich muss noch eine Stunde warten. Ich werde die _____ abgeben.

4. Ich kann die Koffer bei der _____ abgeben.
5. Dort bekommt man einen _____ für das Gepäck.
6. Ehe ich in den Zug einsteige, muss ich mir mein Gepäck _____.

8. Complete.

Der Herr kommt am Hauptbahnhof an. Er hat viel _____ und kann nicht alles
1

tragen. Er ruft einen _____. Der _____ kann die Koffer tragen. Der Zug
2   3

fährt erst um fünfzehn Uhr ab. Der Herr muss noch eine Stunde warten. Deswegen gibt er

sein Gepäck bei der _____ ab. Der Gepäckträger bringt es zur _____. Der
4   5

Herr will sein Gepäck dort _____. Er bekommt einen _____. Er wird sein
6   7

Gepäck nur _____, wenn er den _____ bei sich hat.
8   9

GETTING ON THE TRAIN

Der Gepäckträger bringt das Gepäck zum *Bahnsteig*.	platform
Der D-Zug nach Köln fährt in fünf Minuten ab.	
Er fährt von *Gleis*[4] 7 ab.	track
Im Zug ist mein *Platz reserviert*.	reserved seat
Ich habe eine *Platzreservierung*.	seat reservation
Mein Platz ist in *Wagen* Nummer 13.	car
Meine *Platznummer* ist 117 im dritten *Abteil*.	seat number; compartment

9. Complete.
1. Der D-Zug nach Köln wird von _____ 7 abfahren.
2. Ich habe eine _____, aber ich weiss die Nummer nicht.
3. Meine Platznummer ist 117 im dritten _____, _____ Nummer 13.

10. Complete.
1. Der Zug fährt bald ab. Wir müssen zum _____ gehen.
2. In den _____ sind jeweils sechs Sitzplätze.

ON THE TRAIN

Da kommt der *Schaffner*.	conductor
Er will die Fahrkarten *kontrollieren*.	check
Die Fahrgäste essen im *Speisewagen*.	dining car
Die Fahrgäste schlafen im *Liegewagen*.[5]	sleeping car
im *Schlafwagen*.	sleeping car

---

[4] In German train stations, the tracks rather than the platforms are numbered.

[5] In the *Liegewagen*, six people sleep on bunks in each compartment. One cannot undress. In the *Schlafwagen* there are proper beds.

11.   Complete.
   1.   Der Mann, der die Fahrkarten kontrolliert, ist der _____.
   2.   In einem Nachtzug kann man im _____ schlafen.
   3.   Im _____ können die Fahrgäste etwas essen.

Frau Meyer macht eine Bahnfahrt. Vor dem Bahnhof steigt sie am Taxenstand aus der Taxe. Sie hat vier Koffer bei sich. Sie braucht Hilfe mit ihrem Gepäck und ruft einen Gepäckträger. Im Bahnhof erfährt sie, dass der Zug nicht pünktlich abfahren wird. Der Zug wird mit einer Verspätung von einer halben Stunde abfahren. Darum will sie ihr Gepäck bei der Gepäckaufbewahrung abgeben. Dann geht sie zum Schalter und kauft ihre Fahrkarte. Sie kauft eine Rückfahrkarte erster Klasse nach Frankfurt. Dann setzt sie sich in den Warteraum. Nach einer Stunde geht sie zur Gepäckaufbewahrung und holt ihr Gepäck ab. Sie ruft wieder einen Gepäckträger. Der Gepäckträger bringt ihr Gepäck zum Bahnsteig. Der Zug ist schon in Gleis 10 eingefahren. Frau Meyer und der Gepäckträger suchen Wagen 7. Sie bezahlt den Gepäckträger, gibt ihm ein kleines Trinkgeld, und steigt in den Zug ein. Dann sucht Frau Meyer ihren Platz. Ihr reservierter Platz ist 113 in einem Erster-Klasse-Abteil in Wagen 7.

Da es kein Nachtzug ist, hatte sie kein Bett im Schlafwagen reservieren lassen. Nach der Abfahrt des Zuges kommt der Schaffner und kontrolliert die Fahrkarten. Alles ist in Ordnung. Dann fragt sie ihn, wo der Speisewagen ist. Der Speisewagen ist der dritte Wagen des Zuges.

12.   Based on the story, decide whether each statement is *true* or *false*.
   1.   Frau Meyer macht eine Bahnfahrt.
   2.   Sie kommt mit dem Autobus zum Bahnhof.
   3.   Mit ihrem Gepäck braucht sie keine Hilfe, weil sie nur einen Koffer bei sich hat.
   4.   Der Zug fährt pünktlich ab.
   5.   Sie kauft eine einfache Fahrkarte.
   6.   Sie hat eine Bettkarte für den Schlafwagen.
   7.   Frau Meyer gibt ihr Gepäck bei der Gepäckaufbewahrung ab.
   8.   Frau Meyer zeigt dem Schaffner ihren Gepäckschein.

13.   Answer.
   1.   Wie kommt Frau Meyer zum Bahnhof?
   2.   Wie viele Koffer hat sie bei sich?
   3.   Wen ruft Frau Meyer?
   4.   Fährt der Zug pünktlich ab?
   5.   Mit wieviel Verspätung fährt der Zug ab?
   6.   Wo gibt sie ihr Gepäck ab?
   7.   Wo kauft sie die Fahrkarte?
   8.   Will sie eine einfache Fahrkarte kaufen?
   9.   Fährt sie Erster Klasse oder Zweiter Klasse?
   10. Wie bekommt sie ihr Gepäck zurück?
   11. Wohin bringt der Gepäckträger das Gepäck?
   12. Welchen Wagen suchen sie?
   13. Welchen Platz hat Frau Meyer?
   14. Warum hat sie kein Bett reservieren lassen?
   15. Was fragt Frau Meyer den Schaffner?

14. Match.

1. das Gepäck	(a) wo die Fahrgäste ihr Gepäck abgeben
2. das Gleis	können
3. der Schalter	(b) alle Koffer und Taschen, die ein Fahr-
4. der Gepäckträger	gast bei sich hat
5. die Gepäckaufbewahrung	(c) nicht pünktlich
6. mit Verspätung	(d) wo die Züge abfahren
	(e) wo man die Fahrkarten kauft
	(f) die Person, die mit dem Gepäck hilft

Key Words

abfahren to leave
die Abfahrt departure
abgeben to check (baggage)
abholen to pick up, call for
das Abteil compartment
ankommen to arrive
die Ankunft arrival
aussteigen to get off
die Bahnfahrt train trip
der Bahnhof railroad station
der Bahnsteig platform
bekommen to get, receive
bezahlen to pay
die einfache Fahrkarte one-way ticket
einsteigen to get on
erfahren to find out
die Fahrkarte ticket
der Fahrplan schedule, timetable
das Gepäck luggage
die Gepäckaufbewahrung luggage
         checkroom
der Gepäckschein ticket stub (luggage),
        baggage claim check
der Gepäckträger porter
das Gleis track
der Hauptbahnhof main train station
der Koffer suitcase
kontrollieren to check (as tickets)
lassen to leave

der Liegewagen sleeping car
nach to (a destination)
der Nachtzug night train
der Nahverkehrszug local train
in Ordnung all right, OK
der Platz seat
die Platznummer seat number
die Platzreservierung seat reservation
pünktlich on time
reserviert reserved
die Rückfahrkarte round-trip ticket
rufen to call
der Schaffner conductor
der Schalter ticket window
der Schalterbeamte ticket agent
der Schlafwagen sleeping car
der Sitzplatz seat
der Speisewagen dining car
tragen to carry
das Trinkgeld tip
umsteigen to change trains
verspätet late
die Verspätung delay
der Wagen car
die Wartehalle waiting room
der Zug train
zurückbekommen to get back
der Zuschlag supplement

Chapter 5:   The automobile

Kapitel 5:   Das Auto

RENTING A CAR

Ich möchte ein Auto *mieten*.	rent
Ich möchte ein Auto *zum Tagestarif* mieten.	by the day
Muss man auch *Kilometergeld* zahlen?	mileage (in kilometers) charge
Was kostet es pro Kilometer?	
Ist *Benzin* im Preis *inbegriffen?*	gasoline; included
Haben Sie ein Auto mit *Automatikgetriebe?*	automatic transmission
Muss ich *eine Anzahlung leisten?*	leave a deposit
Ich möchte eine *Vollkaskoversicherung*.	full coverage insurance
Hier ist mein *Führerschein*.	driver's license
Ich möchte mit einer *Kreditkarte bezahlen*.	credit card; pay
Unterschreiben Sie bitte *den Vertrag* (Mietvertrag).	sign the contract

1. Complete.
   1. Ich möchte nicht mit der Bahn fahren. Darum _____ ich mir ein Auto.
   2. Man kann das Auto zum _____ oder zum _____ mieten.
   3. Es _____ 50,— DM pro Tag. Der _____ ist 300,— DM.
   4. Manchmal muss man dazu ein _____ zahlen.
   5. Das _____ ist nicht im Preis inbegriffen.
   6. In manchen Ländern braucht man einen internationalen _____, um sich ein Auto mieten zu können.
   7. Da ein Unfall möglich ist, ist eine _____ eine gute Idee.

2. Complete.
   —Ich möchte gern ein Auto _____.
   $\quad\quad\quad\quad\quad\quad\quad\quad\quad$ 1
   —Was für ein Auto möchten Sie?

   —Ein kleines _____, bitte.
   $\quad\quad\quad\quad\quad$ 2
   —Wie lange möchten Sie es mieten?

   —Wieviel nehmen Sie pro _____ und wieviel pro _____?
   $\quad\quad\quad\quad\quad\quad\quad\quad\quad$ 3 $\quad\quad\quad\quad\quad\quad\quad\quad\quad$ 4
   —Der _____ ist 50,— DM und der _____ 300,— DM. Und die _____
   $\quad\quad\quad$ 5 $\quad\quad\quad\quad\quad\quad\quad\quad$ 6 $\quad\quad\quad\quad\quad\quad\quad\quad$ 7
   gehen extra.

   —Und wieviel kostet der _____?
   $\quad\quad\quad\quad\quad\quad\quad\quad\quad$ 8
   —0,50 DM, und das Benzin ist nicht _____.
   $\quad\quad\quad\quad\quad\quad\quad\quad\quad$ 9
   —Gut. Ich möchte das Auto für eine Woche.

   —Ich empfehle Ihnen eine _____, im Falle eines Unfalls.
   $\quad\quad\quad\quad\quad\quad\quad\quad\quad$ 10
   —Warum nicht. . . .

   —Darf ich Ihren _____ sehen, bitte?
   $\quad\quad\quad\quad$ 11

—Hier ist er. Muss ich eine _____ leisten?
                                                12

—Falls Sie mit einer _____ zahlen, nein. Aber wenn Sie nicht mit einer Kreditkarte
                                        13

zahlen, dann müssen Sie eine Anzahlung leisten.

—Schön. Ich zahle mit der _____.
                                                 14

—Hier ist Ihr Führerschein. Bitte _____Sie den Mietvertrag hier.
                                                           15

CHECKING OUT THE CAR (Figs. 5-1 and 5-2)

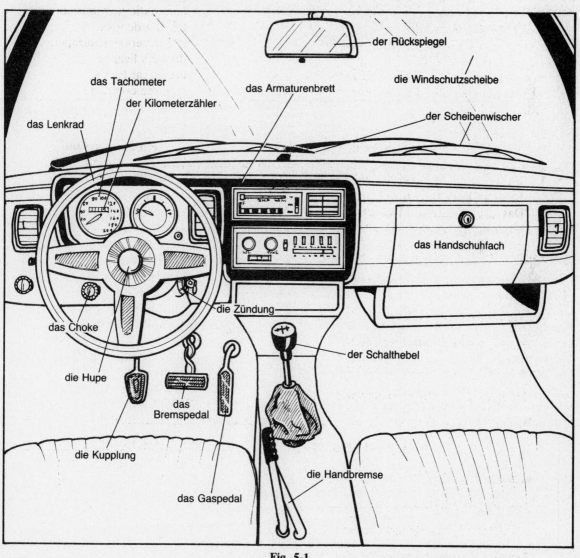

der Rückspiegel

die Windschutzscheibe

das Tachometer

der Kilometerzähler

das Armaturenbrett

das Lenkrad

der Scheibenwischer

das Handschuhfach

die Zündung

das Choke

der Schalthebel

die Hupe

das Bremspedal

die Kupplung

die Handbremse

das Gaspedal

Fig. 5-1

Ich kann *bremsen.*   brake
     kuppeln.   (engage the) clutch
     schalten.   shift gears
     einen Gang einlegen.   shift gears

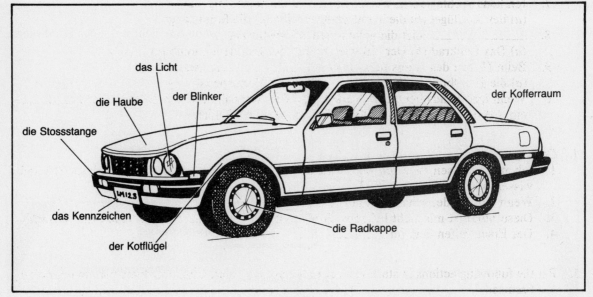

die Haube
das Licht
der Blinker
die Stossstange
der Kofferraum
das Kennzeichen
die Radkappe
der Kotflügel

Fig. 5-2

Ich kann *in einen anderen Gang schalten.*	shift gears
halten.	stop
den Motor anlassen.	start the car
Wie *betätigt* man den *Blinker?*	operate; directional signal
Wie funktioniert das *Abblendlicht?*	low beams
das *Licht?*	headlights
das *Fernlicht?*	high beams
Wie funktionieren *die Scheibenwischer?*	windshield wipers
Die *Windschutzscheibe* ist *schmutzig.*	windshield; dirty
Wie muss ich *den ersten Gang einlegen?*	shift into first gear
den *Rückwärtsgang einlegen?*	go into reverse
in den *Leerlauf* schalten?	neutral
Ist im *Handschuhfach* eine Landkarte?	glove compartment
Ist ein *Wagenheber* da?	jack
Ist er im *Kofferraum?*	trunk
Ist ein *Ersatzreifen* im Kofferraum?	spare tire
Die *Radkappe fehlt.*	hubcap (wheel covering) is missing

3. Choose the appropriate word(s).
   1. Ehe ich schalte, muss ich mit dem Fuss auf _____ treten.
      (*a*) die Bremse (*b*) die Kupplung (*c*) das Gaspedal
   2. Um zu halten, muss man _____.
      (*a*) bremsen (*b*) den Motor anlassen (*c*) auf die Kupplung treten
   3. Beim Wenden muss man _____ betätigen.
      (*a*) das Armaturenbrett (*b*) den Blinker (*c*) die Hupe
   4. Nachts muss man _____.
      (*a*) das Licht einschalten (*b*) den Blinker betätigen (*c*) die Scheibenwischer betätigen
   5. Dort ist jemand auf der Strasse. Ich muss _____.
      (*a*) schalten (*b*) bremsen (*c*) hupen
   6. Ehe ich den Motor anlasse, stecke ich den Zündschlüssel in _____.
      (*a*) den Choke (*b*) die Zündung (*c*) das Lenkrad

7. Ich kann nichts sehen, weil ＿＿＿＿＿ schmutzig ist.
   (*a*) der Kotflügel (*b*) die Windschutzscheibe (*c*) die Stossstange
8. ＿＿＿＿＿ zeigt die gefahrenen Kilometer an.
   (*a*) Das Lenkrad (*b*) Der Kilometerzähler (*c*) Das Armaturenbrett
9. Beim Halten des Autos muss man auf ＿＿＿＿＿ treten.
   (*a*) die Handbremse (*b*) das Gaspedal (*c*) das Bremspedal
10. Wenn ich abends bei wenig Verkehr auf der Autobahn fahre, schalte ich ＿＿＿＿＿
    ein. (*a*) das Abblendlicht (*b*) das Fernlicht (*c*) den Blinker

4. Complete.
1. Ich muss wissen, wie ich den ersten Gang oder den Rückwärtsgang einlege. Ich muss
   wissen, wie man ＿＿＿＿＿.
2. Wenn ich wende, schalte ich den ＿＿＿＿＿ ein.
3. Diese Stadt ist mir nicht bekannt. Hoffentlich ist im ＿＿＿＿＿ eine Strassenkarte.
4. Der Ersatzreifen liegt im ＿＿＿＿＿.

5. Put the following actions in starting a car in the proper order. Omit any items that do not belong.
1. bremsen
2. den Motor anlassen, indem man auf das Gaspedal tritt
3. hupen
4. den Zündschlüssel in die Zündung stecken
5. den Blinker einschalten
6. den ersten Gang einlegen

AT THE GAS STATION

Da ist eine *Tankstelle*.	gas station
Das Auto braucht *Benzin*.	gasoline
Der *Tank* ist fast *leer*.	tank; empty
Für zwanzig Mark Benzin, bitte.	twenty marks' worth
Zwanzig Liter Benzin.[1]	twenty liters
Füllen Sie den Tank, bitte.	fill the tank, fill it up
Kontrollieren Sie das *Kühlwasser* im *Kühler*.	check; water in the radiator
die *Batterie*.	battery
die *Bremsflüssigkeit*.	brake fluid
den *Ölstand*.	oil level
die *Zündkerzen*.	spark plugs
Kontrollieren Sie den *Reifendruck*.	tire pressure
Können Sie *diesen Reifen wechseln*?	change this tire
Können Sie *die Windschutzscheibe waschen*?	clean the windshield
Können Sie *die Zündung einstellen*?[2]	adjust the ignition system
die Bremsanlage erneuern?	replace the brake system
die Auspuffanlage erneuern?	replace the exhaust system
den Vergaser einstellen?	adjust the carburetor
die Radlager schmieren? ölen?	grease (oil) the wheel bearings

---

[1] Twenty liters is a little over 5 gallons. All gasoline in Germany is still leaded. Plans exist to introduce unleaded gasoline in 1986.

[2] There are no expressions for a grease job or tune-up in German. One asks for specific work to be done on the car. *Die Zündung einstellen* is closest to a tune-up. An *Inspektion* is standard for each car make at fixed intervals.

6. Complete.
1. Der _____ ist fast leer. Ich muss zur _____.
2. Ich werde den _____ nicht ganz auffüllen. Ich brauche nur zwanzig _____ Benzin.
3. Kontrollieren Sie bitte das _____.
4. Kontrollieren Sie auch den _____.
5. Ich muss die _____ waschen. Ich kann nichts sehen, weil sie so schmutzig ist.
6. Nach ein paar hundert Kilometern ist es eine gute Idee, die _____ und die _____ zu kontrollieren.

SOME MINOR CAR PROBLEMS

Ich hatte eine *Panne*.	breakdown
Der Wagen *bleibt liegen*.	has stalled
streikt.	doesn't start
springt nicht an.	doesn't start
Das *Kühlwasser* ist zu *heiss*.	radiator water; hot
Der Motor ist *überhitzt*.	overheated
Der Motor *klopft*.	knocks
vibriert.	vibrates
Der *Ersatzreifen fehlt*.	spare; is missing
Der Tank *leckt*.	leaking, dripping
Beim Bremsen macht es *vielen Lärm*.	a lot of noise
Ich habe einen *Platten*.	flat tire
Können Sie einen *Abschleppwagen schicken*?	tow truck; send
Der Abschleppwagen wird das Auto *abschleppen*.	tow
Können Sie das Auto *sofort reparieren*?	immediately; repair
Können Sie die *Ersatzteile* sofort *beschaffen*?	spare parts; get
Können Sie die *Reparaturen ausführen*?	make repairs

7. Complete.

Wir fuhren auf der Autobahn und hatten eine _____. Das Auto ist _____
                                              1   2
geblieben. Es sprang nicht wieder an. Ich musste einen _____ rufen, der das Auto
                                                        3
zur nächsten Tankstelle _____ konnte.
                         4

8. Complete.
1. Wenn ein Auto _____, macht es Lärm.
2. Der Kühler hat viel _____ verloren, und ich glaube, dass der Motor überhitzt ist.
3. Weil der Motor nicht anspringt, muss ich einen _____ rufen.
4. Wenn ich einige _____ brauche, hoffe ich, dass man sie sofort beschaffen kann.
5. Der Mechaniker sagt, dass er das Auto sofort _____ kann.

Key Words

das Abblendlicht	low beams	*abwürgen*	to stall
abschleppen	to tow	*anlassen*	to start (a car)
der Abschleppwagen	tow truck	*der Anlasser*	starter

anspringen   to start (a car)
die Anzahlung   deposit
das Armaturenbrett   dashboard
das Auto   car
das Automatikgetriebe   automatic
                              transmission
die Batterie   battery
das Benzin   gasoline
beschaffen   to get, procure
betätigen   to operate
der Blinker   directional signal
bremsen   to brake
die Bremsflüssigkeit   brake fluid
das Bremspedal   brake pedal
der Choke   choke
(einen Gang) einlegen   to shift into (a
                              gear)
einschalten   to turn on (light)
einstellen   to adjust
erneuern   to replace
der Ersatzreifen   spare tire
die Ersatzteile   spare parts
fehlen   to be missing
das Fernlicht   high beams
der Führerschein   driver's license
füllen   to fill
der Gang   gear
im ersten Gang   in first gear
das Gaspedal   gas pedal, accelerator
halten   to stop
die Handbremse   hand brake
das Handschuhfach   glove compartment
die Haube   hood
die Hupe   horn
hupen   to blow the horn
inbegriffen   included
das Kennzeichen   license plate
das Kilometergeld   mileage (kilometer)
                              charge
der Kilometerzähler   odometer (reading in
                              kilometers)
klopfen   to knock
der Kofferraum   trunk
kontrollieren   to check
der Kotflügel   fender
die Kreditkarte   credit card
der Kühler   radiator
das Kühlwasser   water in radiator
kuppeln   to (disengage the) clutch
die Kupplung   clutch
der Lärm   noise

lecken   to leak, drip out
leer   empty
der Leerlauf   neutral
das Lenkrad   steering wheel
das Licht   headlights
liegen bleiben   to stall
mieten   to rent
der Mietvertrag   rental contract
das Nummernschild   license plate
das Öl   oil
ölen   to lubricate
der Ölstand   oil level
die Panne   breakdown
der Platten   flat tire
die Radkappe   hubcap, wheel covering
die Radlager   wheel bearings
der Reifen   tire
der Reifendruck   tire pressure
die Reparaturen   repairs
reparieren   repair
der Rückspiegel   rearview mirror
der Rückwärtsgang   reverse gear
schalten   to shift (gears)
der Schalthebel   gearshift lever
die Scheibenwischer   windshield wipers
schicken   to send
schmieren   to grease, lubricate
stecken   to put
die Stossstange   bumper
das Tachometer   tachometer
der Tagestarif   daily charge
die Tankstelle   gas station
treten   to step on
überhitzen   to overheat
der Unfall   accident
unterschreiben   to sign
der Verkehr   traffic
der Vertrag   contract
vibrieren   to vibrate
die Vollkaskoversicherung   full insurance
                              coverage
der Wagen   car
der Wagenheber   jack
das Wenden   turning
die Windschutzscheibe   windshield
der Wochentarif   weekly charge (by the
                              week)
die Zündkerzen   spark plugs
der Zündschlüssel   ignition key
die Zündung   ignition

Chapter 6:   Asking for directions
Kapitel 6:   Nach dem Weg fragen

ASKING FOR DIRECTIONS WHILE ON FOOT (Fig. 6-1)

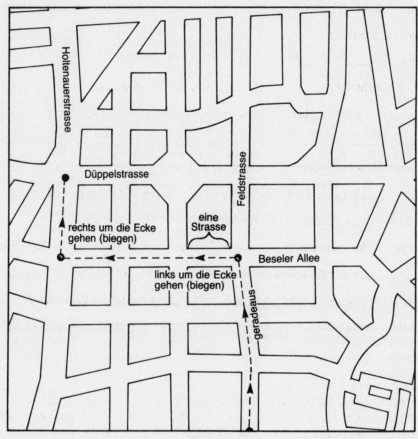

Fig. 6-1

Entschuldigung. Ich *habe mich verirrt*.	lost my way
Können Sie mir sagen, wo die Holtenauer*strasse* ist?	street
Welche *Kreuzung* suchen Sie?	intersection
Die Kreuzung Holtenauerstrasse-Beseler *Allee*	avenue
Ist es *weit von hier* oder *in der Nähe?*	far from here; near
Kann ich *zu Fuss gehen?*	walk
Sie müssen eine *Strasse zurückgehen*.	turn around, walk back a block
Sie müssen *rechts um die Ecke biegen*.	turn to the right (around the corner)
Sie müssen *links* um die Ecke biegen.	to the left
Sie müssen *einige Strassen geradeaus gehen*.	continue straight for a few blocks
einige Strassen weiter gehen.	continue a few blocks

1. Complete.

—Entschuldigung. Ich weiss nicht, wo ich bin. Ich habe mich _____.

          1

—Vielleicht kann ich Ihnen helfen. Welche _____ suchen Sie?

          2

—Die Holtenauerstrasse.

—Aber die Holtenauerstrasse ist sehr lang. Sie geht durch die ganze Stadt. Welche Hausnummer

suchen Sie?

—Ich weiss es nicht. Ich möchte zur _____ Holtenauerstrasse-Düppelstrasse.

          3

—Ja, ich weiss, wo das ist.

—Ist es sehr _____?

      4

—Nein. Es ist nicht sehr _____ von hier. Es ist in der _____. Sie können

          5   6

_____ gehen. Aber es ist in der entgegengesetzten Richtung. Sie müssen auf der

      7

Feldstrasse _____. Drei Strassen weiter _____ Sie links um die Ecke.

          8   9

Das ist die Beseler Allee. Dann gehen Sie drei Strassen _____. Die dritte

                                                10

_____ ist die Holtenauerstrasse. Hier gehen Sie rechts um die Ecke. Die nächste

      11

Strasse ist die _____ Holtenauerstrasse-Düppelstrasse.

          12

—Danke schön. Darf ich das wiederholen? Ich gehe _____. Drei Strassen weiter

                                                13

_____ ich links um die _____. Dann muss ich _____ Strassen

      14   15   16

geradeaus gehen. An der Kreuzung Beseler Allee-Holtenauerstrasse biege ich _____

                                                              17

um die Ecke. Die nächste Strasse ist die _____ Holtenauerstrasse-Düppelstrasse.

                                      18

—Genau.

—Wo ist die Feldstrasse, bitte?

—Sie ist weit von hier. Sie müssen *den Bus nehmen*. Die   take the bus

  Bushaltestelle ist an der *nächsten Ecke*. An der sechsten   bus stop; next corner

  Haltestelle müssen Sie *aussteigen*. Das ist die Feldstrasse.   get off

2. Complete.

—Entschuldigung. Wissen Sie, wo die Feldstrasse ist?

—Ja, aber das ist ziemlich _____. Sie können nicht _____. Sie müssen den

                                    1   2

_____.

      3

—Wie komme ich zum Bus?

—Die _____ ist an der nächsten _____.

          4   5

—An der _____ halten zwei Buslinien. Sie müssen die Zehn _____. An der

          6   7

sechsten Haltestelle müssen Sie _____. Das ist die Feldstrasse.

                                    8

—Danke schön.

—Bitte sehr.

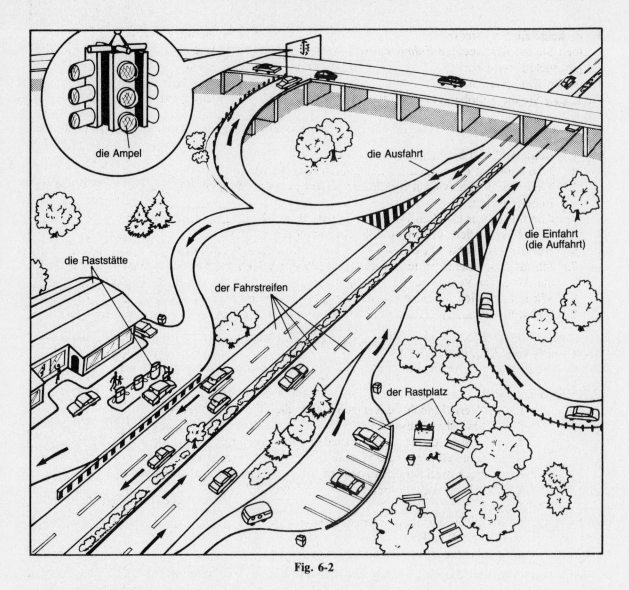

Fig. 6-2

ASKING FOR DIRECTIONS WHILE IN A CAR (Fig. 6-2)

Wie *kommt man* nach Achterwehr?	does one get
Achterwehr ist ein *Vorort* von Kiel.	suburb
Sie müssen auf der *Bundesstrasse*[1] *nach* Kiel fahren.	highway; to
Das ist die B4.	
Sie können auch auf der *Autobahn*[1] nach Kiel fahren.	turnpike
Wie komme ich zur Autobahn?	
Fahren Sie bis zur zweiten *Ampel*.	traffic light
An der zweiten Ampel müssen Sie links *abbiegen* und dann	turn off
geradeaus fahren.	straight

---

[1] There are no tolls on the *Autobahn* and generally no speed limits. On the *Autobahn* there are usually two lanes in each direction, as on American turnpikes or interstate highways. The *Bundesstrasse* is also a highway but not a superhighway. There are speed limits, generally 100 km/h (62 mi/h). There is generally one lane in each direction. The *Landstrasse* is a country road, usually well paved, with one lane in each direction (100 km/h speed limit).

Es ist keine *Einbahnstrasse*.   one-way street
Bleiben Sie auf dem rechten *Fahrstreifen*.   lane
Es gibt vielen *Verkehr*.   traffic
Es ist die *Hauptverkehrszeit*.   rush hour
Verlassen Sie die Autobahn bei der zweiten *Ausfahrt*.   leave; exit

3. Complete.
    1. Achterwehr ist ein _____ von Kiel.
    2. Man kann auf der _____ nach Kiel fahren.
    3. Viele Autos, Lastwagen und Busse sind unterwegs. Es gibt viel _____ auf der Bundesstrasse.
    4. Alle fahren zur gleichen Zeit nach Hause. Es ist die _____.
    5. Es geht schneller, wenn man statt der Bundesstrasse die _____ nimmt.
    6. Auf der Autobahn gibt es zwei _____ in jeder Richtung.
    7. Ich muss auf dem rechten _____ bleiben, weil wir bei der nächsten _____ die Autobahn verlassen.
    8. Wir können nicht in diese Strasse hineinfahren. Es ist eine _____.
    9. Siehst du die _____ nicht? Es ist rot, und wir müssen halten.

4. Identify each item in Fig. 6-3.

5. Match.
    1. ein Verkehrslicht, das anzeigt, dass die   (a) Vorort
       Autos halten müssen   (b) Kreuzung
    2. eine Strasse, die nicht in beiden Rich-   (c) Hauptverkehrszeit
       tungen befahren werden kann   (d) Ampel
    3. wo sich zwei Strassen kreuzen   (e) geradeaus
    4. der Zeitraum, in dem es viel Verkehr   (f) Einbahnstrasse
       gibt
    5. weder in der Stadt, noch sehr weit von
       der Stadt entfernt
    6. weder rechts noch links

6. Complete.
    1. Ich möchte zur _____ Holtenauerstrasse-Beseler Allee.
    2. Die Beseler Allee ist drei Strassen _____.
    3. Achterwehr ist drei Kilometer _____.
    4. Fahren Sie auf der Bundesstrasse _____ Kiel.
    5. Achterwehr liegt an der Landstrasse _____ Rendsburg.

Key Words

abbiegen	to turn off	*(rechts um die Ecke) biegen*	to turn to the right
die Ampel	traffic light		
die Auffahrt (Autobahn)	entrance	*die Bundesstrasse*	highway
die Ausfahrt (Autobahn)	exit	*die Bushaltestelle*	bus stop
aussteigen	to get off	*die Ecke*	corner
die Autobahn	turnpike	*die Einbahnstrasse*	one-way street

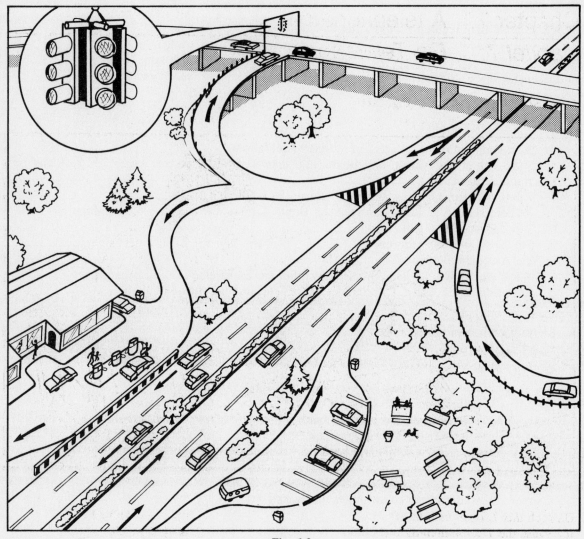

Fig. 6-3

entfernt   far
entgegengesetzt   opposite
erreichen   to reach
der Fahrstreifen   lane
folgen   to follow
zu Fuss gehen   to walk
geradeaus   straight ahead
die Haltestelle   stop (bus, etc.)
die Hauptverkehrszeit   rush hour
die Kreuzung   intersection
links   left
links um die Ecke   left around the corner
nach links fahren (gehen)   turn left
in der Nähe   near, in the vicinity
der Rastplatz   rest (or picnic) area
die Raststätte   rest stop (with snack bar and gas)

rechts   right
rechts um die Ecke   right (around the corner)
nach rechts fahren (gehen)   turn right
die Richtung   direction
die Strasse   street, block
verirrt   lost (one's way)
der Verkehr   traffic
das Verkehrslicht   traffic light
verlassen   to leave, get off
der Vorort   outskirts
weder . . . noch   neither . . . nor
weit   far
weiter   farther on
wenden   (to make a) U turn
zurückgehen   to go back, walk back

Chapter 7:   A telephone call
Kapitel 7:   Ein Telefongespräch

MAKING A LOCAL CALL (Fig. 7-1)

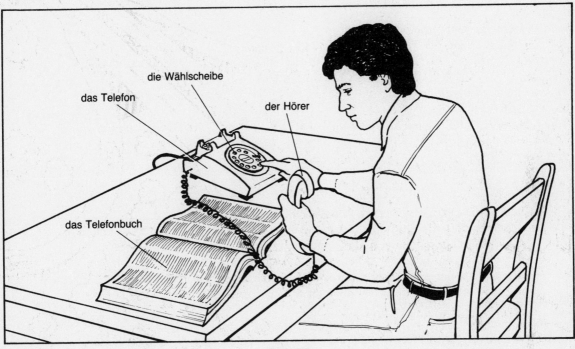

die Wählscheibe
das Telefon
der Hörer
das Telefonbuch

Fig. 7-1

Darf ich *das Telefon benutzen?*	use the telephone
Ich weiss die *Telefonnummer* nicht.	telephone number
Ich muss ins *Telefonbuch schauen.*	telephone book; look
Kann ich *durchwählen?*	dial directly
Ich *führe ein Ortsgespräch.*	make a local call
Beim Ortsgespräch kann ich durchwählen.	when making a local call
Ich *nehme den Hörer ab.*	pick up the receiver
Ich *hebe ab.*	pick up the receiver
Dann warte ich auf das *Amtszeichen.*	dial tone
Ich *wähle* die Telefonnummer mit der *Wählscheibe.*	dial; dial
Es *klingelt.*	is ringing

1. Complete.

   Herr Neumann möchte _____. Er will einen Freund anrufen, aber er weiss seine

   $\underline{}_{2}$ nicht. Er muss ins $\underline{}_{3}$ schauen. Da ist die Nummer. Sie ist 825

   03. Da der Freund im selben Ort wohnt, ist es ein $\underline{}_{4}$. Er kann $\underline{}_{5}$.

   Herr Neumann hebt den Hörer $\underline{}_{6}$. Er wartet auf das $\underline{}_{7}$. Dann wählt

   er die Nummer mit der $\underline{}_{8}$. Er hat Glück. Es klingelt.

MAKING A LONG-DISTANCE CALL

Ich *führe* ein *Ferngespräch.*	make; long-distance call
Bei einem Ferngespräch kann man auch durchwählen.[1]	
Aber wenn man Hilfe braucht, ruft man die *Vermittlung*[2] an.	telephone office, switchboard
Ich möchte ein *Personengespräch* führen.	person-to-person call
Ich will nicht bezahlen.	
Ich möchte ein *R-Gespräch* führen.	collect call
—Weiss![3]	
—Ich möchte in Kiel *anrufen.*	to call
Können Sie mich mit der Telefonnumer 8 12 01 *verbinden?*	connect
Rufnummer 8 12 01 verbinden?	telephone number
Nummer 8 12 01 verbinden?	
Haben Sie die *Vorwahl?*	area code
Ja. Sie ist 0431.	
Einen Moment, bitte. *Legen Sie nicht auf!*	Don't hang up!
Bleiben Sie am Apparat!	Don't hang up!
Auf Wiederhören!	

2. Complete.
1. Ich werde kein Ortsgespräch führen. Ich führe ein _____.
2. Ich kann nicht durchwählen. Ich muss die _____ anrufen.
3. Um ein Ferngespräch zu führen, muss man die _____ wissen.
4. Ich will das Gespräch nicht bezahlen. Ich werde ein _____ führen.
5. Ich möchte nur mit Frau Gruber sprechen. Ich werde ein _____ führen.
6. Können Sie mich mit der Rufnummer 8 12 01 _____?

USING A PUBLIC TELEPHONE (Fig. 7-2)

Wo ist eine *Telefonzelle?*	telephone booth
Sie brauchen *Kleingeld.*	change
Man muss *Folgendes tun:*	do the following
1. *den Hörer abnehmen*	pick up the receiver
2. die *Münze einwerfen*	deposit coin
3. auf das *Amtszeichen* warten	dial tone
4. *die Rufnummer wählen*	dial the number
5. *auf den Anschluss warten*	wait for the connection
die Verbindung *warten*	wait for the connection
Jetzt kann man sprechen.	

3. Complete.

Ich bin in einer _____. Es ist das erste Mal, dass ich aus einer öffentlichen

               1

_____ telefoniere. Was mache ich? Ach ja. Hier ist mein _____. Zuerst

  2   3

---

[1] Most phone calls out of Germany and within Germany are dialed directly. Exceptions are person-to-person calls and collect calls. When the aid of the *Vermittlung* is necessary, one registers the call (*meldet* den Anruf *an*).

[2] The *Vermittlung* is not a person, but rather an office that serves the same function. The person, i.e., the "operator," is anonymous. A title such as "operator" does not exist.

[3] When picking up the phone, one identifies oneself with one's last name.

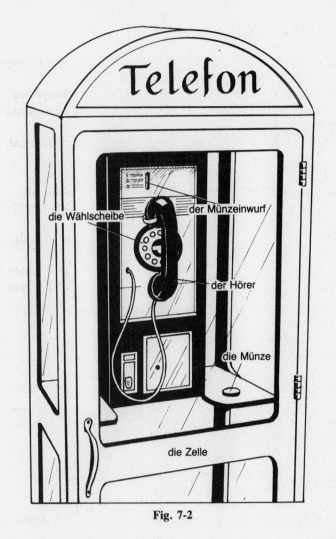

die Wählscheibe　　　　der Münzeinwurf

der Hörer

die Münze

die Zelle

Fig. 7-2

muss ich den Hörer _____. Na gut, ich _____ den Hörer ab, _____
　　　　　　　　　　　　　4　　　　　　　　　　　　5　　　　　　　　　　　　6
die Münzen ein und warte auf das _____. Da ist es. Dann wähle ich die _____
　　　　　　　　　　　　　　　　　7　　　　　　　　　　　　　　　　　　　8
mit der _____. Wenn jemand antwortet, weiss ich, dass ich sprechen kann.
　　　　　9

SPEAKING ON THE TELEPHONE

Weiss!
Guten Tag. Hier ist Schmidt. Ich möchte mit Herrn Möller
　sprechen.
Einen Moment, bitte. Herr Möller ist nicht hier.
Darf ich eine *Nachricht hinterlassen?*　　　　　　　　message; leave
Selbstverständlich.　　　　　　　　　　　　　　　　of course

4. Use the following as a guide to make up your own telephone conversation.
　　—Schultz!

　　—Guten Tag. Hier ist _____. Ich möchte mit _____ sprechen.
　　　　　　　　　　　　　1　　　　　　　　　　　　　　2

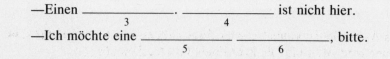

—Einen _____. _____ ist nicht hier.
            3   4

—Ich möchte eine _____ _____, bitte.
                5   6

SOME THINGS THAT MAY GO WRONG

Kein Amtszeichen. — There's no dial tone.

Das Telefon ist *kaputt.* — broken

       ist *ausser Betrieb.* — out of order

       funktioniert nicht. — doesn't work

Ich *habe mich verwählt.*[4] — have a wrong number (misdialed)

Die *Leitung* ist *besetzt.* — line; busy

Wir sind *unterbrochen* worden. — cut off

Ich versuche *später durchzukommen.* — to call back later (to get through)

Wie ist die *Durchwahlnummer?* — extension

Ich brauche Hilfe. Ich will mit dem Fräulein vom *Amt* (von der *Vermittlung*) sprechen. — telephone office / switchboard (office)

5. Complete.

1. Ich kann die Nummer nicht wählen. Ich höre kein _____.
2. Ich glaube, dass das Telefon nicht _____.
3. Ich höre ein Besetztzeichen. Die Leitung ist _____.
4. —Nein, Frau Krüger wohnt nicht hier.
   —Entschuldigen Sie, bitte. Ich habe mich _____.
5. Niemand nimmt den Hörer ab. Ich versuche _____ _____.
6. Wir hatten gesprochen, und dann war die Leitung tot. Wir sind _____ worden.
7. Fräulein Bosch? Ja, sie arbeitet hier. Hier ist die _____. Haben Sie die _____?

Frau Siebuhr führt ein Ferngespräch. Sie braucht nicht ins Telefonbuch zu schauen, weil sie die Telefonnummer ihrer Freundin weiss. Sie weiss auch die Vorwahl. Sie nimmt den Hörer ab, wartet auf das Amtszeichen, und wählt ihre Nummer. Die Vermittlung antwortet, nicht ihre Freundin.

—Institut für Meereskunde.

—Können Sie mich mit Apparat 325 verbinden?

—Einen Moment, bitte. Legen Sie nicht auf. Es tut mir leid. Die Leitung ist besetzt.

—Ja, ich weiss. Ich hörte das Besetztzeichen. Danke schön. Ich versuche später durchzukommen.

Fünf Minuten später versucht Frau Siebuhr es noch einmal. Sie nimmt wieder den Hörer ab, wartet auf das Amtszeichen, und wählt dann. Gut. Es klingelt.

—Es tut mir leid. (Wieder die Vermittlung.) Niemand hebt ab.

—Die Leitung war fünf Minuten besetzt, und jetzt nimmt niemand den Hörer ab.

Eine Stunde später versucht Frau Siebuhr es noch einmal über die Vermittlung. Frau Siebuhr beginnt zu sprechen. Es ist kaum zu glauben. Die Vermittlung hat sie falsch verbunden. Frau Siebuhr wählt noch einmal und erklärt das Problem. Die Vermittlung verbindet Frau Siebuhr dann mit der gewünschten Nummer. Es klingelt, jemand nimmt den Hörer ab und meldet sich:

—Böhme.

---

[4] If you make a mistake in dialing, a tape is played: *"Kein Anschluss unter dieser Nummer"*. (No connection with this number.)

—Hallo, Karla, Hier ist Giesela.

—Gisela! Wie geht's denn?

Und dann ist die Leitung tot. Das Amtszeichen kommt wieder. Frau Böhme und Frau Siebuhr sind unterbrochen worden. Frau Siebuhr wird wohl nie mit ihrer Freundin sprechen können.

6. Write in German. Mrs. Siebuhr had four problems with her phone call. What were they?
1.
2.
3.
4.

7. Put the following in the proper order for making a phone call.
1. Den Hörer abnehmen.
2. Den Hörer auflegen.
3. Die Rufnummer mit der Wählscheibe wählen.
4. Die gewünschte Nummer im Telefonbuch suchen.
5. Auf das Amtszeichen warten.
6. Auf eine Antwort warten.
7. Ein Gespräch führen.

8. Complete.
1. Ich höre kein Amtszeichen. Das Telefon ist ausser _____.
2. Ich höre das Besetztzeichen. Die _____ ist besetzt.
3. Ich muss dem Fräulein vom Amt die Durchwahlnummer geben. Ich spreche mit der
   _____.
4. Der Herr, mit dem ich sprechen möchte, ist abwesend. Ich kann eine _____
   _____.
5. Die Frau, mit der ich sprechen möchte, wohnt nicht da. Ich habe mich _____.

9. Answer on the basis of the story.
1. Welche Art Gespräch führt Frau Siebuhr?
2. Warum braucht sie nicht ins Telefonbuch zu schauen?
3. Welche Information hat sie noch?
4. Was nimmt sie ab?
5. Wer hebt ab?
6. Warum kann Frau Siebuhr nicht mit ihrer Freundin sprechen?
7. Warum kann sie beim zweiten Telefonanruf nicht durchkommen?
8. Hebt jemand beim dritten Anruf ab?
9. Ist es ihre Freundin?
10. Warum ist es nicht ihre Freundin?
11. Nimmt die Freundin beim vierten Mal den Hörer ab?
12. Sprechen die beiden miteinander?
13. Warum können sie ihr Gespräch nicht zu Ende führen?

Key Words

abheben	to pick up (receiver)	*das Amtszeichen*	dial tone
abnehmen	to pick up	*der Anruf*	telephone call
das Amt	bureau, office	*anrufen*	to call up

der Anschluss   connection
auflegen   to hang up
Nicht auflegen!   Don't hang up!
ausser Betrieb   out of order
benutzen   to use
besetzt   busy
das Besetztzeichen   busy signal
durchkommen   to get through
durchwählen   to dial directly
die Durchwahlnummer   extension
falsch verbunden (sein)   be wrongly
                      connected
das Ferngespräch   long-distance call
der Hörer   receiver
das Kleingeld   change
klingeln   to ring
die Leitung   line
die Münze   coin
der Münzeinwurf   coin slot
die Nachricht   message
noch einmal   again
öffentlich   public
der Ort   town
das Ortsgespräch   local call

das Personengespräch   person-to-person
                      call
das R-Gespräch   collect call
die Rufnummer   telephone number
schauen   to look
später   later
der Telefonanruf   telephone call
das Telefonbuch   telephone book
telefonieren   to call up
die Telefonnummer   telephone number
die Telefonzelle   telephone booth
tot   dead
unterbrechen   to cut off
unterbrochen   cut off (past participle)
verbinden   to connect, put through
die Verbindung   connection
die Vermittlung   switchboard (office)
versuchen   to try
sich verwählen   to dial a wrong number
                      (to misdial)
die Vorwahl   area code
wählen   to dial
die Wählscheibe   dial (disk)
warten   to wait

Chapter 8:   Public bathroom

Kapitel 8:   *Die Toilette*

The question, "Where's the bathroom, please?" is always direct in Germany. One asks, *"Wo ist die Toilette, bitte?"* or *"Wo sind die Toiletten, bitte?"* The word *Badezimmer* (bathroom) is not used because a bathroom in Germany always contains a bathtub.

It is increasingly common in both new and renovated old buildings to have a separate W.C. and bathroom. One room will be the *Toilette* or *W.C.* and the other the *Bad* or *Badezimmer*.

On trains the same W.C. is for both men and women. It accommodates one person at a time. At train stations in the public *Toiletten,* there still are the *Toilettenfrauen* or *Toilettenmänner,* who collect a fee and dispense soap and towels.

It is acceptable to go into a *Kneipe* (pub) and ask permission to go to the *Toilette* without being obligated to buy anything.

Chapter 9: At the hotel
Kapitel 9: Im Hotel

CHECKING IN (Figs. 9-1 and 9-2)

Fig. 9-1

Der Herr steht an der *Rezeption*.	reception desk
am *Empfang*.	reception desk
Der *Gast* sagt:	guest
Ich möchte ein *Einzelzimmer*.	single room
Doppelzimmer mit *zwei Betten*.	double room; twin beds
Ich möchte ein Zimmer mit *Doppelbett*.	double bed
Ich möchte ein Zimmer mit *Seeblick*.	sea view
zum Hof.	facing the courtyard
zur Strasse hin.	facing the street
mit *Blick auf das Schwimmbad*.	view of the swimming pool
mit Blick auf die *Berge*.	mountains
Ist das Zimmer *geheizt?*[1]	heated

---

[1] Air conditioning is extremely uncommon anywhere in German hotels and restaurants.

44

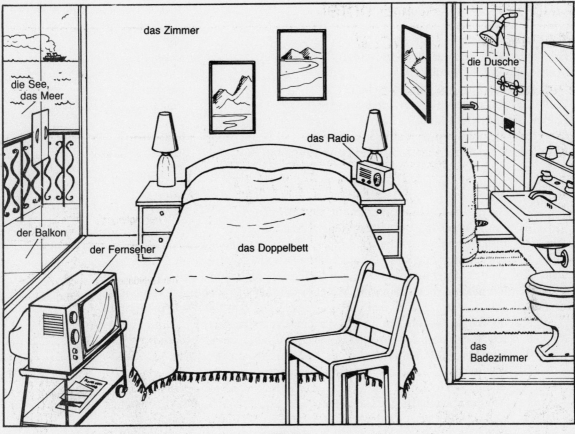

Fig. 9-2

Hat das Zimmer eine *Heizung?*	heat
ein Radio?	
einen Balkon?	
einen *Fernseher?*	television set
Ist das Zimmer mit *Bad?*	private bath
mit *Dusche?*	shower
Ich möchte keine *Vollpension.*[2]	room and board (lunch and dinner)
Halbpension.	room with lunch or dinner
Was kostet das Zimmer?	
Ist das *Frühstück inbegriffen?*[3]	breakfast; included
Ist die *Bedienung* inbegriffen?[4]	service
Muss man *Kurtaxe* zahlen?	special tax at resorts
Wir *bleiben* bis Donnerstag.	stay
Wir haben *reservieren lassen.*	made a reservation
ein Zimmer *bestellt.*	reserved
Wir haben *vorbestellt.*	made a reservation
Hier ist die *Bestätigung.*	confirmation

---

[2] Ordinarily breakfast is available but is billed separately. In resorts one can choose between full pension (lunch and dinner) and half pension (lunch or dinner).

[3] See footnote 2.

[4] Service and taxes (*Mehrwertsteuer*) are always included.

Der *Portier* sagt (die *Empfangsdame* sagt):	desk clerk (male); desk clerk (female)
Das Hotel ist nicht *voll belegt*.	full
Es *stehen* noch Zimmer *zur Verfügung*.	available
(Es gibt noch freie Zimmer.)	
Darf ich Ihren *Pass* (Reisepass) sehen?	passport
Wollen Sie bitte diesen *Meldeschein ausfüllen*?	registration form; fill out
Zahlen Sie mit Kreditkarte?	
Der *Hotelpage* bringt Ihre Koffer ins Zimmer.	bellhop
Bitte *lassen* Sie den *Zimmerschlüssel* beim Empfang.	leave; room key

1. Complete.
1. Ein _____ ist nur für eine Person.
2. Ein Zimmer für zwei Personen ist ein _____.
3. Im Doppelzimmer können ein _____ oder zwei _____ stehen.
4. Ein Zimmer zur Strasse hin ist lauter als ein Zimmer zum _____.
5. Da das Hotel am Strand liegt, möchte ich ein Zimmer mit _____.
6. Ich möchte nicht immer im Hotel essen. Daher möchte ich keine _____.
7. Die _____ und die _____ sind im Preis inbegriffen.
8. Im Winter möchte ich immer ein Zimmer mit _____.
9. Ich weiss, dass es teurer ist, aber ich verlange immer ein Zimmer mit _____.
10. Ich habe das Zimmer _____. Hier ist die _____.
11. Der _____ arbeitet am Empfang.
12. Wenn das Hotel voll _____ ist, stehen keine Zimmer mehr zur _____.
13. Am Empfang muss der Gast einen _____ ausfüllen. Wenn es ein fremdes Land ist, muss der Gast dem Portier seinen _____ zeigen.
14. Der _____ bringt die Koffer ins Zimmer.
15. Viele Leute zahlen lieber mit _____.

2. Complete.
An der Rezeption

—Guten Tag.

—Guten Tag. Haben Sie noch ein _____ für zwei Personen?
                                    1

—Haben Sie _____?
            2

—Nein, leider nicht.

—Das Hotel ist fast voll _____. Drei Doppelzimmer stehen noch zur _____.
                          3   4

  Hätten Sie lieber ein Zimmer mit _____ oder ein Zimmer mit _____?
                                    5   6

—Ein Zimmer mit _____, bitte. Ist das Zimmer mit _____ oder zur
                 7   8

_____ hin?
      9

—Die einzigen Zimmer, die noch zu haben sind, sind zur _____ hin.
                                                          10

—In Ordnung. Was kostet das _____?
                              11

—85,— DM am Tag.

—Ist die _____ inbegriffen?
          12

—Ja, die _____ und die _____ sind im Preis inbegriffen, aber nicht das
               13   14

Frühstück.

—In Ordnung.

—Wie lange bleiben Sie?

—Wir bleiben bis _____. Zur Zeit ist es sehr kalt. Sind die Zimmer _____?
                        15   16

—Ja, und das Zimmer ist mit _____.
                             17

—Sehr gut.

—Also, _____ Sie diesen Meldeschein aus und _____ Sie hier. Darf ich
            18   19

Ihren _____ sehen?
         20

—Hier ist er.

—Danke schön. Der _____ wird Ihre Koffer ins Zimmer bringen.
            21

—Danke schön.

—Bitte sehr.

SPEAKING WITH THE MAID (Fig. 9-3)

Fig. 9-3

Das *Zimmermädchen*[5]	maid
Herein!	Come in!
Kommen Sie herein!	Come in!
Kann ich meine Wäsche zum Waschen[6] *geben?*	Can I have my things washed? (Do you have laundry service?)
Können Sie diese *Sachen waschen* und *bügeln?*	things; wash; iron
Ich möchte *etwas reinigen lassen.*	have something cleaned
Wann ist es fertig?	When will it be done?
Wenn Sie es *heute zurückhaben* möchten, müssen Sie *einen Zuschlag zahlen.*	have it back today; pay a supplement
Können Sie das Zimmer jetzt *machen?*	make up, clean
Ich brauche *noch ein Kopfkissen.*	another pillow
noch eine *Decke.*	blanket
noch ein *Badetuch.*	bath towel
noch ein *Stück Seife.*	bar of soap
noch *Kleiderbügel.*	more hangers
noch *Toilettenpapier.*	more toilet paper
Wo ist die *Steckdose* für den *Rasierapparat?*	outlet; (electric) razor
für den *Fön?*	(electric) hair drier
Wie hoch ist die Spannung?	What is the voltage?

Fig. 9-4

---

[5] *Das Zimmermädchen* is the maid who actually cleans the room. The housekeeping manager is *die Hausdame.*

[6] The expression *Wäsche-Service* (laundry service) may be seen in writing. It is not spoken.

3. Complete.

1. Das Zimmer soll gemacht werden. Ich werde das _____ rufen.
2. Ich habe viele Wäsche. Mal sehen, ob es einen _____ gibt.
3. Können Sie diese Sachen _____ und _____?
4. Kann ich das Kleid _____ _____?
5. Ich kann meinen Rasierapparat nicht benutzen. Ich weiss nicht, wo die _____ ist.
6. In der letzten Nacht war es kalt. Ich möchte noch eine _____.
7. Ein grosses Handtuch ist ein _____.
8. Ich möchte duschen, aber es gibt keine _____.
9. Ich habe viel Kleidung bei mir. In den Hotels sind nie genug _____ in den Schränken.
10. Im allgemeinen gibt es eine extra Rolle _____ im Badezimmer.

4. Identify each item in Fig. 9-4.

SOME PROBLEMS YOU MAY HAVE (Fig. 9-5)

Der *Wasserhahn funktioniert nicht*.	faucet; doesn't work
Das *Licht* geht nicht an.	light
Die Toilette funktioniert nicht.	

Fig. 9-5

Der *Lichtschalter* funktioniert nicht.	light switch
Die *Glühbirne* ist *durchgebrannt*.	bulb; burned out
Das *Waschbecken* ist *verstopft*.	sink (wash basin); clogged
Es gibt kein *heisses Wasser*.	hot water

5. Complete.

1. Ich habe das Licht angeschaltet, aber nichts ist geschehen. Ich glaube, die _____ ist durchgebrannt, oder vielleicht funktioniert der _____ nicht.
2. Ich habe den _____ aufgedreht, aber es kommt kein Wasser.
3. Das Waschbecken läuft nicht ab. Es muss _____ sein.
4. Ich kann nicht duschen, wenn es kein _____ _____ gibt.

6. Identify each numbered item in Fig. 9-6.

Fig. 9-6

CHECKING OUT

An der Rezeption
Der Gast sagt:

Wann müssen wir das Zimmer *verlassen?*	vacate, leave
Ich möchte gern die *Rechnung* für Zimmer 21.	bill

Das haben Sie mir *falsch angerechnet*.   wrongly charged
Nehmen Sie *Kreditkarten?*   credit cards
Der Portier sagt:
Haben Sie heute morgen *noch etwas bestellt?*   ordered anything else
Haben Sie *telefoniert?*   made telephone calls
Hier ist die *Rechnung*.   total, bill

7. Complete.
   An der Rezeption

   —Ich möchte gern die _____ für Zimmer 21.
                              1
   —Wie ist Ihr Name, bitte? _____
                                    2
   —Haben Sie heute morgen _____ _____ _____?
                                              3
   —Ja, das Frühstück.

   —Haben Sie heute morgen _____?
                                   4
   —Nein.

   —Gut. Hier ist die _____. Die _____ beträgt 120,— DM.
                            5   6
   —Entschuldigen Sie. Aber ich habe nichts weiter _____. Den Wein haben Sie mir
                                                          7

   falsch _____.
               8
   —Entschuldigung. Das ist für Zimmer 22.

   —Nehmen Sie _____?
                     9
   —Ja, welche _____ haben Sie?
                    10

8. Complete.
   1. Wenn ein Gast in einem Hotel ankommt, geht er zuerst zum _____.
   2. Oft muss er einen Meldeschein _____ und der Empfangsdame seinen _____
      zeigen.
   3. Ein Gast, der allein ins Hotel geht, braucht ein _____. Zwei Gäste brauchen
      ein _____.
   4. In den Hotels sind die _____ und die _____ im Preis inbegriffen.
   5. Ein Zimmer zur _____ ist lauter als ein _____ zum _____.
   6. Viele Leute _____ ihre Zimmer, ehe sie in ein Hotel gehen. Wenn sie ankommen,
      zeigen sie dem Portier ihre _____.
   7. Wenn das Hotel keine freien Zimmer mehr hat, ist es _____ _____.
   8. Der _____ bringt die Koffer in die Zimmer.
   9. Das _____ macht die Zimmer.
   10. Einige Dinge, die ins Badezimmer gehören, sind _____, _____ und
       _____.
   11. Im Winter sind alle Zimmer _____.
   12. Wenn ein Gast friert, braucht er noch eine _____ auf dem _____.
   13. Man braucht _____, um die Kleidungsstücke aufzuhängen.
   14. Viele Hotels bieten ihren Gästen einen _____ für ihre Wäsche an.
   15. Wenn der Gast etwas _____ will, ruft er beim Zimmer-Service an.

16. Meistens müssen die Gäste das Zimmer um elf oder zwölf Uhr _____.

17. Wenn die Gäste ankommen oder das Hotel verlassen, gehen sie zur _____.

18. Heutzutage bezahlen viele Leute lieber mit einer _____.

9. Answer on the basis of Fig. 9-7.
   1. Geht das Zimmer zur Strasse?
   2. Gibt es einen Balkon?
   3. Was für ein Bett steht im Zimmer?
   4. Was für ein Zimmer ist es?
   5. Hat das Zimmer ein Bad?
   6. Was ist im Badezimmer?
   7. Wie ist das Zimmer im Winter?

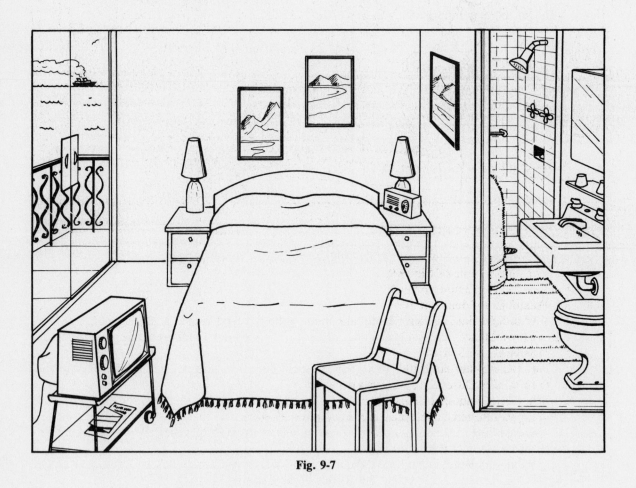

Fig. 9-7

10. Look at Fig. 9-8 and correct each false statement.
   1. Die Dame und der Herr stehen an der Rezeption.
   2. Sie verlassen das Hotel.
   3. Sie sprechen mit dem Hotelpagen.
   4. Die Dame füllt den Meldeschein aus.
   5. Der Portier hat den Schlüssel.
   6. Der Herr hat eine Kreditkarte in der Hand.

Fig. 9-8

11. Answer on the basis of Fig. 9-9.
    1. Was für ein Zimmer ist es?
    2. Was liegt auf dem Bett?
    3. Wer arbeitet im Zimmer?
    4. Was macht sie?
    5. Was hängt im Schrank?
    6. Hat das Zimmer ein Bad?
    7. Gibt es eine Dusche im Badezimmer?
    8. Wie viele Handtücher hängen da?
    9. Wie viele Rollen Toilettenpapier sind im Badezimmer?

Key Words

ankommen	to arrive	*ausfüllen*	to fill out
anrechnen	to charge	*das Badetuch*	bath towel
falsch anrechnen	to charge wrongly (to overcharge)	*das Badezimmer*	bathroom
		das Becken	basin
anschalten	to turn on (light)	*die Bedienung*	service
aufgedreht	turned on	*die Berge*	mountains

Fig. 9-9

die Bestätigung confirmation	*die Glühbirne* light bulb
bestellen to reserve, to order	*die Halbpension* room with lunch or dinner
betragen to amount to, to be	
das Bett bed	*das Handtuch* hand towel
bieten to offer	*heisses Wasser* hot water
bleiben to stay	*die Heizung* heat
mit Blick auf facing	*Herein!* Come in!
bügeln to iron	*zum Hof* facing the courtyard
die Decke blanket	*der Hotelpage* bellhop
das Doppelbett double bed	*(im Preis) inbegriffen* included (in the price)
das Doppelzimmer double room	
durchgebrannt burned out (light bulb)	*kalt* cold
die Dusche shower	*mir ist kalt* I'm cold
die Einzelbetten twin beds	*die Kasse* cashier's window
das Einzelzimmer single room	*der (die) Kassierer(in)* cashier
der Empfang reception desk	*der Kleiderbügel* hanger
die Empfangsdame receptionist (female)	*die Kleidungsstücke* individual pieces of clothing
der Fön electric hair drier	
frieren to be cold, freeze	*Kommen Sie herein!* Come in!
das Frühstück breakfast	*das Kopfkissen* pillow
funktionieren to work (function)	*die Kreditkarte* credit card
der Gast guest	*das Licht* light
geheizt heated	*der Lichtschalter* light switch

die Mehrwertsteuer   value added tax
der Meldeschein   registration form
der Portier   receptionist (male)
der Rasierapparat   (electric or safety)
                              razor
die Rechnung   bill, total
reinigen lassen   to have dry-cleaned
reservieren   to reserve
die Rezeption   reception (desk)
die Rolle   roll
die Sachen   things
der Schlüssel   key
das Schwimmbad   swimming pool
die See   sea
der Seeblick   sea view
die Seife   soap
der Service   service
der Wäsche-Service   laundry service
der Zimmer-Service   room service
die Spannung   voltage
die Steckdose   (electric) outlet
die Strasse   street
zur Strasse   facing the street
das Stück Seife   bar of soap
die Toilette   toilette
das Toilettenpapier   toilette paper

übernachten   to stay overnight
unterschreiben   to sign
verlangen   to ask for
verlassen   to leave, vacate
verstopft   clogged
voll belegt   filled up
die Vollpension   room and board
                              (includes lunch and
                              dinner)
vorbestellen   to reserve
was für ein (eine)   what kind of
das Waschbecken   sink (wash basin)
waschen   to wash
der Wäsche-Service   laundry service
heisses Wasser   hot water
der Wasserhahn   faucet
das Zimmer   room
ein Zimmer mit Einzelbetten   twin-bedded
                              room

Zimmer frei   rooms available
das Zimmer machen   to make up the
                              room
das Zimmermädchen   maid
der Zimmerschlüssel   room key
der Zimmer-Service   room service
der Zuschlag   supplement

Chapter 10: At the bank
Kapitel 10: *Auf der Bank*

EXCHANGING MONEY (Fig. 10-1)

die Bank

Fig. 10-1

Wo ist eine *Bank?*	bank
Wo ist eine *Wechselstube?*	exchange bureau
Ich brauche deutsches *Geld.*	money
Ich möchte hundert Dollar *wechseln.*	to exchange
Ich möchte hundert Dollar in D-Mark wechseln.	
Haben Sie *Reiseschecks* oder *Bargeld?*	traveler's checks; cash
Wie ist der *Wechselkurs?*	rate of exchange
Der Dollar steht bei 2,50 DM.	2.50 DM to the dollar
Es gibt 2,50 DM pro Dollar.	
Wieviel nehmen Sie an *Provision?*	commission, charge
Gehen Sie zur *Kasse.*	cashier's window

1. Complete.

Herr Jones ist in Deutschland und hat kein deutsches _____. Er will hundert

1

Dollar in _____ wechseln. Er will das Geld nicht im Hotel wechseln, weil sie dort

2

eine höhere _____ nehmen. Er möchte es auf der _____ wechseln. Er
			3						4

weiss, dass der _____ auf der Bank günstiger ist als im Hotel.
				5

2.	Complete.
	—Ich möchte hundert Dollar _____, bitte.
									1

	—Ja, bitte.

	—Wie hoch ist der Wechselkurs?

	—Haben Sie _____ oder Bargeld?
					2

	—Reiseschecks.

	—Heute _____ der Dollar bei 2,50 DM.
				3

	—Gut.

	—Haben Sie Ihren Reisepass?

	—Ja. Hier ist er.

	—Sie können zur _____ gehen. Dort erhalten Sie das Geld.
					4

MAKING CHANGE

Ich habe die *Rechnung in bar* bezahlt.	bill; in cash
mit Bargeld bezahlt.	in cash
Ich habe *kein Bargeld mehr.*	no more cash
Ich muss einen *Scheck einlösen.*	cash a check
Ich habe nur noch *grosse Scheine.*	large bills
Können Sie diesen *500-Mark-Schein* wechseln?	500-mark bill
Ich habe kein *Kleingeld.*	change
keine *Münzen.*	coins

3.	Complete.
	Frau Zucker hat ihre Rechnung nicht per Scheck bezahlt. Sie hat in _____
											1
	bezahlt. Jetzt hat sie kein _____ mehr. Sie muss zur Bank gehen und einen
							2
	_____ _____.
			3

4.	Complete.
	Hör mal! Ich habe kein _____. Kannst du mir diesen Hundert-_____-
							1									2
	_____ _____?
			3

5.	Complete.
	Auf der Bank

	—Ich möchte einen Reisescheck einlösen, bitte.

	—Ist es ein Dollar- oder ein DM-Reisescheck?

—Er ist in _____.
                    1
—Aber ich kann Ihnen keine Dollar geben.

—Ich weiss. Ich möchte den Reisescheck in DM wechseln. Wie ist der _____?
                                                                                2
—Der Dollar _____ _____ 2,50 DM.
                        3
—Gut.

—Sie können zur _____ gehen.
                        4

An der Kasse

—Es sind tausend Mark. Hier sind zehn Hundertmark _____.
                                                                5
—Entschuldigen Sie. Können Sie einen der Hundert _____ scheine in kleinere
                                                                6

   Scheine _____?
                    7
—Hier sind zehn Zehnmark _____.
                                    8
—Entschuldigen Sie nochmals. Ich habe überhaupt kein _____. Können Sie einen
                                                                        9

   der Zehnmark _____ wechseln, bitte?
                        10
—Hier sind ein Fünfmarkstück und fünf Einmarkstücke.

—Besten Dank.

A SAVINGS ACCOUNT

Ich möchte *ein Sparkonto eröffnen*.	open a savings account
Ich möchte *Geld einzahlen*.	make a deposit
Ich möchte hundert Dollar *einzahlen*.	to deposit
Ich will kein Geld von meinem *Konto abheben*.	account; take out, withdraw
Ich gehe zum *Bankschalter*.	bank window (counter)
Schalter.	
Ich gebe dem *Kassierer* mein *Sparbuch*.	teller, cashier; bankbook (passbook)
Bankangestellten mein Sparbuch.	teller (bank employee)
Ich *spare* Geld.	save
Meine *Ersparnisse wachsen*.	savings; grow

6. Complete.
     Ich spare Geld. Ich habe ein _____ auf der Bank. Morgen werde ich hundert
                                                1
Dollar auf mein Konto _____. Ich versuche, jeden Monat etwas _____
                                2   3
einzuzahlen. Ich gebe dem Bankangestellten mein _____. Wie Sie sehen, _____
                                                                4   5
ich gern Geld, aber ich _____ ungern etwas ab. Meine _____ sollen
                                6   7
wachsen.

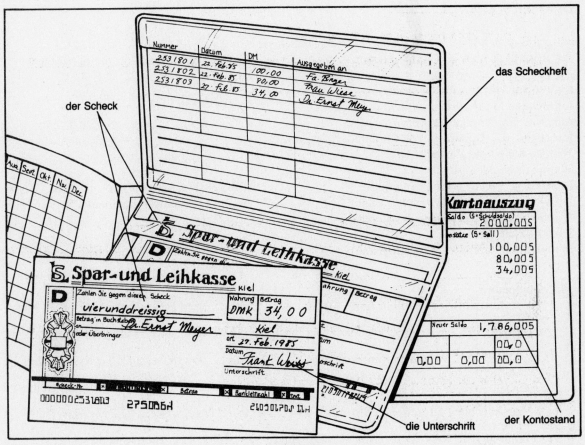

Fig. 10-2

A CHECKING ACCOUNT (Fig. 10-2)

Ich habe ein *Girokonto* bei der Bank.	checking account
Ich möchte einen Scheck *einlösen*.	to cash
Ich muss den Scheck *unterschreiben*.	to sign
Ich habe *keine Schecks mehr*.[1]	no more checks
Ich brauche *neue*.	new (checks)
Wie ist mein *Kontostand*?	balance

7. Complete.
    1. Ich habe noch zweihundert Dollar auf dem Konto. Der _____ ist zweihundert Dollar.
    2. Ich habe keine Schecks mehr. Ich brauche _____.
    3. Können Sie diesen Scheck _____? Ja, aber nur, wenn Sie auf dieser Bank ein _____ haben.
    4. Wenn ich einen Scheck einlösen will, muss ich ihn _____.
    5. Ich will nicht in bar zahlen. Ich werde per _____ bezahlen.

---

[1] There are no checkbooks in the American sense, but rather individual checks placed into a plastic folder called a *Scheckheft*. Eurochecks are used throughout Europe. Each check is guaranteed by the bank up to 300,— DM.

GETTING A LOAN

Ich kann jetzt nicht *die ganze Summe in bar* bezahlen.	the entire sum in cash
Ich möchte es nicht *auf Raten kaufen.*	purchase on the installment plan
Ich möchte nicht *in Raten bezahlen.*	pay in installments
Ich möchte *ein Darlehen aufnehmen.*	to take out a loan
Mir wird ein Darlehen gewährt.	I am being granted a loan
Ich *leiste eine Anzahlung* von fünfhundert Dollarn.	make a down payment
Wie *hoch* sind die *Zinsen?*	high; interest
Wie hoch ist der *Zinssatz?*	interest rate
Der Zinssatz *beträgt* elf *Prozent.*	is (amounts to); percent
Ich werde *in monatlichen Raten* zahlen.	monthly payments
Wann ist der *Fälligkeitstag* der Raten?	due day
Ich kaufe ein Haus.	
Ich möchte eine *Hypothek aufnehmen.*	mortgage; assume

8. Complete.

Fräulein Meyer kauft ein Auto. Das Auto wird neuntausend Dollar kosten. Fräulein Meyer

möchte es in _____ bezahlen. Sie hat nicht genug Geld, um sofort alles _____
                           1   2

_____ zu zahlen. Sie kann eine _____ von tausend Dollar leisten, aber sie
                                        3

muss zur Bank gehen und ein _____ _____, um die restlichen achttausend
                                            4

Dollar bezahlen zu können. Sie muss zwei wichtige Dinge wissen, ehe sie das Darlehen

aufnimmt. Sie will den _____ und die Höhe der monatlichen _____
                          5   6

wissen. Der Bankangestellte sagt ihr auch, dass der _____ am ersten des Monats
                                                        7

ist.

9. From the list, select the appropriate word(s) to complete each item.

(a) unterschreiben	(h) Anzahlung	(o) Schein
(b) Reiseschecks	(i) monatliche Rate	(p) Hypothek
(c) Scheckheft	(j) Fälligkeitstag	(q) Sparbuch
(d) Wechselkurs	(k) Bargeld	(r) Raten
(e) Zinssatz	(l) Kleingeld	(s) Kontostand
(f) Sparkonto	(m) Scheck	(t) in bar, mit Bargeld
(g) Darlehen	(n) Prozent	(u) Girokonto

1. Sie machen eine Reise und wollen nicht viel Bargeld mitnehmen. Sie kaufen sich
_____.

2. Sie wollen nicht in bar bezahlen. Sie bezahlen lieber mit einem _____.

3. Um mit einem Scheck bezahlen zu können, muss man ein _____ bei der Bank haben.

4. Wenn Sie kein _____ haben, müssen Sie einen Schein wechseln.

5. Ehe Sie den Scheck einlösen, müssen Sie ihn _____.

6. Ehe Sie Geld wechseln, müssen Sie den _____ wissen.

7. Wenn Sie nicht genug Geld haben, um etwas zu bezahlen, müssen Sie ein _____ aufnehmen.

8. Man muss die monatlichen Raten am _____ bezahlen.

9. Ich habe nicht die ganze Summe in bar bezahlt. Ich habe in _____ bezahlt.

10. Ich kann nicht mit einem Scheck bezahlen, weil ich mein _____ nicht bei mir habe.
11. Wenn man Geld einzahlt oder abhebt, gibt man dem Kassierer das _____.
12. Ich spare Geld. Ich habe ein _____.
13. Ich weiss nicht, wieviel Geld auf dem Konto ist. Ich weiss nicht, wie mein _____ ist.
14. Ein Darlehen beim Hauskauf ist eine _____.
15. Auch wenn sie mir ein Darlehen gewähren, muss ich genug Bargeld haben, um eine _____ zu leisten.

10. Complete each item with an appropriate verb.
1. Ich brauche deutsches Geld. Ich werde Dollar _____.
2. Ich habe Geld, das ich nicht brauche. Ich werde es auf mein Sparkonto _____.
3. Ich möchte einen Scheck _____.
4. Ehe ich den Scheck einlöse, muss ich ihn _____.
5. Um das Auto kaufen zu können, muss ich ein Darlehen _____.
6. Ich werde die Rechnung in bar _____.
7. Können Sie diesen Schein _____?
8. Ich mache eine Reise und muss Geld von meinem Konto _____.
9. Ich bezahle lieber in bar. Ich möchte nicht auf Raten _____.
10. Ich werde ein Sparkonto _____.

11. Complete.
1. Ich möchte hundert Dollar _____ D-Mark wechseln.
2. Dann gehen wir _____ Kasse.
3. Ich bezahle nicht immer _____ bar.
4. Kannst du _____ Bargeld bezahlen?
5. Ich kaufe nichts _____ Raten. Ich bezahle nichts _____ Raten.

Key Words

abheben to withdraw, take out money	*eröffnen* to open
die Anzahlung (leisten) (to make) the down payment	*die Ersparnisse* savings
	der Fälligkeitstag due date
die Bank bank	*das Geld* money
der (die) Bankangestellte teller, bank employee	*das Geldstück* coin
	gewähren to grant
der Bankschalter counter at the bank	*das Girokonto* checking acount
(alles) in bar bezahlen to pay cash (for everything)	*höher* higher
	die Hypothek mortgage
das Bargeld cash	*eine Hypothek aufnehmen* to assume a mortgage
bezahlen to pay for	
das Darlehen loan	*die Kasse* cashier's window
ein Darlehen (aufnehmen) to take out a loan	*der (die) Kassierer(in)* cashier, teller
	das Kleingeld change
einlösen to cash (a check)	*das Konto* account
einzahlen to deposit	*der Kontostand* balance
erhalten to receive	*die monatliche Rate* monthly payment

die Münze   coin (das Geldstück)
niedriger   lower
die Provision   charge for cashing
               traveler's checks
auf Raten kaufen   to purchase on the
               installment plan
in Raten zahlen   to pay off in installments
die monatliche Rate   monthly payment
die Rechnung   bill
der Reisescheck   traveler's check
das Scheckheft   checkbook
der Schein   bill (money)

das Sparbuch   bankbook, passbook
sparen   to save
das Sparkonto   savings account
unterschreiben   to endorse, sign
wachsen   to grow
der Wechselkurs   rate of exchange
wechseln   to exchange, change
die Wechselstube   exchange bureau
zahlen   to pay
die Zinsen   interest
der Zinssatz   interest rate

Chapter 11:   At the post office

Kapitel 11:   Auf der Post

SENDING A LETTER (Fig. 11-1)

Fig. 11-1

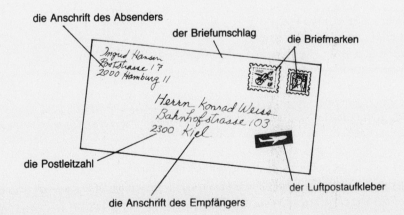

Ich möchte einen *Brief absenden*.	letter; send
eine *Postkarte* absenden.	postcard
Ich kann sie nicht in *den Briefkasten*[1] *einwerfen*.	mailbox; put into, throw into
Ich habe keine *Briefmarken*.	stamps
Ich muss zum *Postamt*.	post office
Da ist der *Schalter*.	window
Was kostet das *Porto* (*die Postgebühr*)?[2]	postage
Was kostet ein Brief nach X?	
Per Luftpost kostet es 1,40 DM.	by airmail
Ich möchte zwei 50-Pfennig- und eine 40-Pfennig- Briefmarke.	
Ich möchte es als *Einschreiben aufgeben*.	registered mail; send
Auf den *Briefumschlag* muss ich die *Adresse* (*die Anschrift*) *des Empfängers* schreiben.	envelope; address of the addressee
Ich schreibe auch die Adresse *des Absenders*.	of the sender
Ich schreibe auch die *Postleitzahl*.	zip code

1. Complete.

Ich möchte diese Karte absenden. Aber ich kann sie noch nicht in den _____

einwerfen. Aus zwei Gründen muss ich zum _____ gehen. Ich weiss nicht, wie hoch
                                                                2

die _____ ist,[2] und ich habe keine _____. Ich werde die _____
            3   4   5

auf der _____ kaufen.
            6

2. Complete.

Im _____.
        1

—Ich möchte diese Karte nach New York absenden. Was kostet das _____, bitte?
                                                                                        2

—Wollen Sie die Karte mit Schiffspost oder mit _____ senden?
                                                            3

—_____ _____ nach den Vereinigten Staaten kostet es neunzig Pfennig.
            4

—Gut. Geben Sie mir bitte eine 40-Pfennig- _____ und eine _____ Brief-
                                                            5   6

marke.

—Entschuldigen Sie. Soll die Postkarte als Einschreiben gesandt werden?

—Nein, ich brauche sie nicht als _____ aufzugeben.
                                            7

3. Answer on the basis of Fig. 11-2.
   1. Was ist die Gebühr für den Brief?
   2. Senden Sie den Brief per Luftpost oder Schiffspost?
   3. Wer ist der Empfänger?
   4. Was ist die Postleitzahl?
   5. Wer ist der Absender?
   6. Wie viele Briefmarken sind auf dem Briefumschlag?

---

[1] *Briefkasten* refers both to the public mailbox and to the box at home.

[2] In reference to postage, one may see the following expressions in writing: *Man frankiert mit einer Briefmarke. Man macht den Brief mit einer Briefmarke frei.*

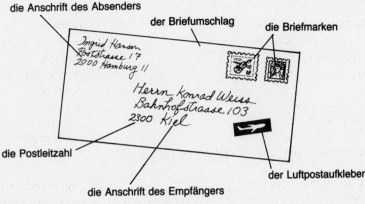

Fig. 11-2

SENDING A PACKAGE

Ich möchte *ein Paket abschicken.*	send a package
ein Päckchen absenden.	send a small package
Wieviel *wiegt es?* Wie *schwer* ist es?	does it weigh; heavy
Ich *weiss es nicht.*	don't know
Ich kann es *wiegen.*	weigh
Ich kann es auf die *Waage legen.*	balance, scale; place, put on
Möchten Sie es *versichern?*	insure
Ist der *Inhalt zerbrechlich?*	contents; fragile
Würden Sie eine *Zollerklärung ausfüllen?*	customs declaration; fill out
Wann *kommt es an?*	will it arrive
Per Flugzeug dauert es fünf Tage.	by plane; takes
Per Schiff dauert es sechs Wochen.	by boat

4. Complete.

Ich möchte dieses _____ nach England schicken. Aber ich weiss nicht, wieviel
                          1

es wiegt, weil ich keine _____ habe. Ich muss zum Postamt. Das Paket ist nicht viel
                              2

wert, weniger als zehn Dollar. Ich werde es nicht _____ lassen. Ich muss keine
                                                       3

_____ _____, weil es nur einen geringen Wert hat. Es ist nicht viel wert,
        4

aber es ist sehr _____. Es ist aus Kristall. Würde ich es per _____ schicken,
                      5   6

dauerte es nur fünf Tage. Aber die _____ ist bei Luftpost viel höher als bei Schiffspost.
                                        7

OTHER WORDS YOU MAY NEED

Ist *Post* für mich gekommen?	mail
Die Post wird *täglich ausser* Sonntags *ausgetragen.*	daily; except; delivered
Der *Briefträger* kommt morgens.	letter carrier
Gibt es hier *Postfächer?*	post office boxes
Wo gibt es *Zahlungsanweisungen?*	money orders

5. Complete.

Ich muss zum _____, um meine Briefe abzuholen. Der _____ wirft sie

in meinen Kasten. Der _____ kommt jeden Morgen um zehn Uhr. Sehen wir mal

nach, ob _____ da ist.

Key Words

abholen   to pick up
abschicken   to send off, mail
absenden   to send off, mail
der Absender   sender
die Adresse   address
die Anschrift   address
ausfüllen   to fill out
austragen   to deliver
der Brief   letter
der Briefkasten   mailbox
die Briefmarke   stamp
der Briefumschlag   envelope
dauern   to last, take (time)
das Einschreiben   registered mail
einwerfen   to throw into
der Empfänger   receiver, addressee
die Gebühr   (postage) fee
der Kasten   box
die Luftpost   airmail

per Luftpost   via airmail
das Päckchen   (small) package
das Paket   package
das Porto   postage
die Post   mail
das Postamt   post office
das Postfach   post office box
die Postgebühr   postage (fee)
die Postkarte   postcard
die Postleitzahl   zip code
schicken   to send
versichern   to insure
die Waage   scale
werfen   to throw
wiegen   to weigh
die Zahlungsanweisung   money order
zerbrechlich   fragile
die Zollerklärung   customs declaration

Chapter 12: At the hairdresser
Kapitel 12: Beim Friseur

FOR MEN[1]

Ich brauche einen *Haarschnitt*.	haircut
Der *Friseur* (*Frisör*) *schneidet* ihm das Haar mit einer *Schere*.	barber, hairdresser (m); cuts scissors
Die *Friseuse* (*Frisöse*)	barber, hairdresser (f)
Ein *Messerschnitt?* (Ein Schitt mit dem *Rasiermesser?*)	razor cut; razor
Können Sie bitte *nachschneiden?*	trim (hair)
Ich brauche einen *Nachschnitt*.	trim
Schneiden Sie es bitte nicht zu kurz.	don't cut it too short
Schneiden Sie bitte meinen *Bart*.	beard
Schneiden Sie bitte meinen *Schnurrbart*.	mustache
Schneiden Sie bitte die *Koteletten*.	sideburns
Schneiden Sie die Koteletten *kürzer*.	shorter
Rasieren Sie mich.	shave
Ich brauche *eine Rasur*.	a shave
Schneiden Sie bitte *hinten* ein bisschen mehr ab.	in the back
an den Seiten ein bisschen mehr ab.	at the sides
oben ein bisschen mehr ab.	on the top
im Nacken ein bisschen mehr ab.	in the (back of) neck
Ich brauche ein *Shampoo*.	shampoo
Waschen Sie mir bitte die Haare.	wash my hair
Ich möchte kein *Haaröl* und keinen *Haarspray*.	hair oil; hair spray

1. Complete.
1. Mein Haar ist zu lang. Ich brauche einen _____.
2. Mein Haar ist nicht sehr lang. Ich brauche nur einen _____.
3. Ich habe gerade mein Haar gewaschen. Ich brauche kein _____.
4. Der Friseur soll meinen _____ und die _____ schneiden.
5. Meine Koteletten sind zu lang. Können Sie sie _____?
6. Ich mag mein Haar nicht sehr kurz. _____ Sie bitte nicht zu viel ab!
7. Der Friseur schneidet das Haar mit einer _____ oder mit einem _____.
8. Ich _____ mich zu Hause. Der Friseur braucht mich nicht zu rasieren.

2. Match.
1. Mein Haar ist zu lang.
2. Ich brauche ein Shampoo.
3. Mein Haar ist noch nicht sehr lang.
4. Die Koteletten sind zu lang.
5. Ich brauche einen Haarschnitt.
6. Möchten Sie einen Messerschnitt?

(a) Ich brauche nur einen Nachschnitt.
(b) Bitte schneiden Sie sie kürzer
(c) Ich brauche einen Haarschnitt.
(d) Ich muss zum Friseur gehen.
(e) Der Friseur soll mir die Haare waschen.
(f) Nein, mit der Schere, bitte.

---

[1] In Germany it is common for men's and women's haircutting shops to be located on the same premises. Women barbers exist.

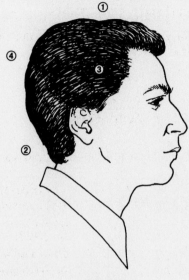

Fig. 12-1

3. Complete this exercise on the basis of Fig. 12-1.
   Bitte schneiden Sie ein bisschen mehr . . . ab.
   1.
   2.
   3.
   4.

FOR WOMEN[2]

Schneiden Sie mir die *Haare.*	cut; hair
Waschen und legen Sie es mir.	wash and set
Ich möchte eine *Dauerwelle.*	permanent wave
Kämmen Sie es *aus.*	comb out
Ich möchte es nur nachschneiden lassen.	I'd like it only trimmed
Färben Sie mir das Haar.	dye
Ich möchte einen *Messerformschnitt.*	razor cut
Ich möchte keinen *Haarspray.*	hair spray
Ich möchte keine *Nagelpflege.*	manicure
Ich möchte eine *Fusspflege.*	pedicure
Keinen *Nagellack* auf den *Fingernägeln.*	nail polish; fingernails
Lackieren Sie meine Fingernägel.	polish

4. Complete.
   —Guten Tag. Möchten Sie eine Dauerwelle?

   —Nein, danke. _____ und _____ Sie mir nur das Haar.
   $\qquad\qquad\quad$ 1 $\qquad\qquad\quad$ 2

   —Ihr Haar ist ziemlich lang. Möchten Sie keinen _____?
   $\qquad\qquad\qquad\qquad\qquad\qquad\qquad\qquad\qquad$ 3

   —Nein, danke, Mein Haar gefällt mir so. _____ Sie auch nicht die Haare, denn mir
   $\qquad\qquad\qquad\qquad\qquad\qquad\qquad\qquad$ 4

   gefällt die Farbe, wie sie ist.

---
[2] See footnote 1 on p. 66.

—Gut. Möchten Sie eine Nagelpflege?

—Ja, bitte. _____ Sie aber bitte nicht meine Fingernägel.
　　　　　　　　5

Key Words

abschneiden	to cut off	*kürzer schneiden*	to trim, raise
der Bart	beard	*legen*	to set (hair)
die Dauerwelle	permanent	*der Messerschnitt*	razor cut
die Farbe	color	*nachschneiden*	to trim
färben	to dye	*der Nachschnitt*	trim
der Fingernagel	fingernail	*der Nacken*	(back of the) neck
der Friseur	barber, hairdresser (m)	*der Nagellack*	nail polish
die Friseuse	barber, hairdresser (f)	*die Nagelpflege*	manicure
der Frisör	barber, hairdresser (m)	*oben*	on top
beim Frisör	at the hairdresser	*rasieren*	to shave
zum Frisör	to the hairdresser	*das Rasiermesser*	razor
die Frisöse	barber, hairdresser (f)	*die Rasur*	shave
das Haar, die Haare	hair	*die Schere*	scissors
das Haaröl	hair oil	*schneiden*	to cut
der Haarschnitt	haircut	*der Schnurrbart*	mustache
der Haarspray	hair spray	*die Seite*	side
hinten	in the back	*an den Seiten*	on the sides
kämmen	to comb	*tönen*	to color, tint
die Koteletten	sideburns	*waschen*	to wash
kurz	short		

Chapter 13:   At the clothing store
Kapitel 13:   Im Kaufhaus

BUYING SHOES (Fig. 13-1)

der Schuh   der Schnürsenkel

die Gummisohle

der Absatz

die Ledersohle

Fig. 13-1

Was möchten Sie?	What would you like?
Ich brauche *ein Paar Schuhe.*[1]	a pair of shoes
Stiefel.	boots
Sandalen.	sandals
Hausschuhe.	house slippers
Turnschuhe.	sneakers
Tennisschuhe.	tennis shoes
Welche *Grösse* haben Sie?	size
Ich habe 39.	
Ich möchte *Lederschuhe* in *beige (weiss, schwarz, braun).*	leather shoes; beige; white; black; brown
Der *Absatz* ist mir zu hoch.	heel

---

[1] *Pumps* are women's fine shoes and *Slipper* are women's and men's shoes without shoelaces.

70

Mir gefallen *hohe* (*flache*) *Absätze* nicht.	high (flat) heels
Ich mag keine *Gummisohlen*.	rubber soles
Diese *passen* mir nicht.	fit
Sie sind zu *schmal*.	narrow
weit.	wide
Die *Zehen tun mir weh*.	toes; hurt
Ich brauche auch ein Paar *Schnürsenkel* und *Schuhcreme*.	shoelaces; shoe polish

1. Answer on the basis of Fig. 13-2.
   1. Sind es Schuhe, Sandalen oder Stiefel?
   2. Haben sie Gummisohlen?
   3. Sind die Absätze hoch oder niedrig?
   4. Haben die Schuhe Schnürsenkel?

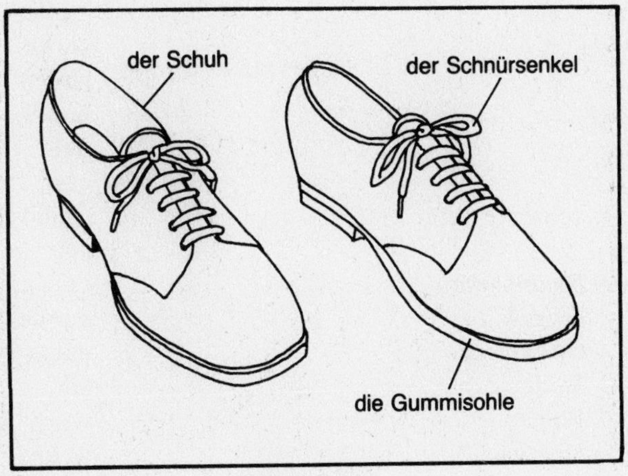

Fig. 13-1

2. Complete.
   —Was möchten Sie, bitte?

   —Ich möchte ein Paar _____, bitte.
                               1
   —Welche _____ haben Sie?
                2
   —Ich habe _____ 37.
                  3
   —Mögen Sie lieber hohe oder niedrige _____?
                                              4
   —Niedrige, bitte. Mir gefallen hohe _____ nicht.
                                            5
   —Schön. Welche Farbe möchten Sie?

   —Braun, bitte.

   —Gefallen Ihnen diese?

   —Sie gefallen mir, aber sie _____ mir nicht gut. Die _____ tun mir weh.
                                     6   7
   Sie sind zu _____. Haben Sie den gleichen Schuh eine Nummer _____?
                    8   9

BUYING MEN'S CLOTHING

Was möchten Sie?	What would you like?
Ich möchte ein *Paar Jeans.*	pair of jeans
einen *Mantel.*	overcoat
eine *Badehose.*	bathing trunks
Strümpfe.	socks
Unterhosen.	underpants
ein *Hemd.*	shirt
ein *Unterhemd.*	undershirt
einen *Gürtel.*	belt
eine *Krawatte.*	tie
ein *Sacko.*	(suit) jacket
ein *Jackett.*	(suit) jacket
eine *Jacke.*	(sports) jacket
einen *Regenmantel.*	raincoat
ein Paar *Handschuhe.*	gloves
eine *kurze Hose.*	shorts
Shorts.	shorts
Taschentücher.	handkerchiefs
einen *Hut.*	hat
eine *Mütze.*	cap
einen *Pullover* (einen *Pulli*).	(pullover) sweater
einen *Anzug.*	suit
Ich möchte ein Hemd aus *Baumwolle.*	cotton
Flanell.	flannel
Gabardine.	gabardine
Seide.	silk
Wolle.	wool
Nylon.	nylon
Mischgewebe.	blended fabric
Kunstfasern.	synthetic fabric
Ich möchte ein *bügelfreies* Hemd.	wrinke-resistant, no-iron
pflegeleichtes Gewebe.	easy-care fabric
Ich möchte ein Hemd mit *langen Ärmeln.*	long sleeves
Manschetten.	cuffs
Ich möchte eine *Kordjacke.*	corduroy jacket
ein *Kordjackett.*	corduroy jacket (blazer type)
eine *Jacke aus Manchester.*	corduroy jacket
eine *Jeansjacke.*	denim jacket
eine *Lederjacke.*	leather jacket
eine *Wildlederjacke.*	suede jacket
eine *Wolljacke.*	wool jacket
eine *Kammgarnjacke.*	worsted jacket
Mir gefällt dieses *gestreifte* Hemd.	striped
karierte Hemd.	checked
Dieses gestreifte Hemd *passt* nicht *zu* dieser karierten *Krawatte.*	match, go with / tie
Welche *Grösse* haben Sie?	size
Ich weiss nicht. *Nehmen* Sie bitte *Mass.*	Take my measurements
Es passt nicht. Es ist ein bisschen *eng.*	tight
Der *Reissverschluss* ist kaputt.	zipper

3. List the items in a complete outfit of clothing for a man.

4. Complete.
    —Was _____ Sie, bitte?
                  1
    —Ich möchte ein Hemd.

    —Möchten Sie eins aus Baumwolle?

    —Nicht aus Baumwolle. Ich mag _____ lieber.
                                            2
    —Da es Sommer ist, möchten Sie sicher kein Hemd aus _____ oder _____.
                                                      3   4

    Ich empfehle Ihnen ein _____ Hemd.
                                 5
    —Gut.

    —Welche _____ haben Sie?
                        6
    —Meine _____ ist 41.
                  7
    —Wollen Sie lange oder kurze _____?
                                8
    —Lange _____, bitte.
                  9
    —Möchten Sie ein kariertes oder ein _____Hemd?
                                    10
    —Nein. Ich möchte weder ein _____ noch ein _____ Hemd. Ich möchte
                                      11   12

    ein blaues oder weisses Hemd, da ich es zu einem blauen _____ tragen werde.
                                                              13

    Ich möchte auch eine _____ kaufen, die zu dem Hemd _____.
                                    14   15

5. Choose the one word that does not belong.
    1. Ich möchte ein Hemd aus _____.
        (*a*) Wolle (*b*) Baumwolle (*c*) Leder (*d*) Kunstfasern
    2. Ich möchte eine Hose aus _____.
        (*a*) Wolle (*b*) Kord (*c*) Gabardine (*d*) Seide
    3. Ich möchte eine Jacke aus _____.
        (*a*) Wolle (*b*) Kord (*c*) Flanell (*d*) Jeansstoff
    4. Ich möchte Handschuhe aus _____.
        (*a*) Leder (*b*) Wildleder (*c*) Wolle (*d*) Kord

6. Complete.
    1. Dieses gestreifte Hemd passt nicht zu meinem _____ Sacko.
    2. Der _____ der Hose, die ich gestern gekauft habe, ist kaputt.
    3. Ich trage ungern Schuhe ohne _____.
    4. Für diese Hose brauche ich keinen _____.
    5. Wenn es regnet, trage ich meinen _____.
    6. Ich brauche Unterwäsche. Ich werde mir sechs _____ und sechs _____
        kaufen.
    7. Ich weiss meine Grösse nicht. Der Verkäufer muss _____ _____.
    8. Baumwolle gefällt mir nicht. Mir gefällt ein _____ Gewebe oder ein Mischgewebe
        besser, weil es bügelfrei ist.
    9. Dieses Jackett _____ mir nicht.
    10. Dieses Jackett ist mir zu _____. Ich brauche es eine Nummer grösser.

BUYING WOMEN'S CLOTHING

Was möchten Sie, bitte?	What would you like?
Ich möchte einen *Schal.*	scarf
ein *Halstuch.*	scarf
einen *Mantel.*	coat
einen *Morgenmantel.*	dressing gown, house coat
einen *Bademantel.*	beach wrap
eine *Bluse.*	blouse
Jeans.	jeans
eine *Handtasche.*	handbag, pocketbook
Unterwäsche.	underclothes
einen *Slip.*	panties
einen *Unterrock.*	slip; half-slip
ein *T-Shirt.*	T-shirt
ein *Korsett.*	girdle
einen *Rock.*	skirt
ein Paar *Handschuhe.*	gloves
einen *Regenmantel.*	raincoat
Strümpfe.	stockings
Strumpfhosen.	panty hose
Taschentücher.	handkerchiefs
einen *Hut.*	hat
einen *Büstenhalter* (*BH*).	brassiere
einen *Pullover.*	sweater
einen *Badeanzug.*	bathing suit
einen *Hosenanzug.*	pantsuit
ein *Kostüm.*	suit
ein *Kleid.*	dress
Ich möchte eine Bluse aus *Baumwolle.*	cotton
Seide.	silk
Nylon.	nylon
Kunstfasern.	synthetic fabric
Sie ist *knitterfrei.*	wrinkle-resistant
Möchten Sie lange oder kurze *Ärmel?*	sleeves
Ich möchte eine *gestreifte* Bluse.	striped
karierte Bluse.	checked
gepunktete Bluse.	with polka dots
Bluse *ohne Spitzen.*	without lace
Ich möchte einen Rock aus *Kord.*	corduroy
Woole.	wool
Wildleder.	suede
Kammgarn.	worsted
Ich *ziehe Mischgewebe vor.*	prefer; blended fabric
Diese Bluse *passt* zu dem Rock.	goes well with, matches
Welche Grösse haben Sie?	What is your size?
Ich habe Grösse 40.	
Ich weiss nicht. Können Sie *Mass nehmen?*	take measurements

7. List the items in a complete outfit of clothing for a woman.

8. Choose the appropriate word.
    1. Ich möchte eine Handtasche aus _____.
        (*a*) Leder (*b*) Kunstfasern

2. Nein, ich möchte keinen Rock. Ich ziehe _____ vor.
   (*a*) einen Hosenanzug (*b*) einen Schal
3. Haben Sie _____ aus Nylon?
   (*a*) Schuhe (*b*) Strümpfe
4. Ich habe ein Halstuch aus _____ gekauft.
   (*a*) Leder (*b*) Seide
5. Es ist kalt. Ich möchte einen _____.
   (*a*) Pullover (*b*) Badeanzug

9. Complete.
   1. Ich brauche Unterwäsche. Ich werde ein paar _____, einen _____ und
      einen _____ kaufen.
   2. Ich möchte keine Bluse aus Baumwolle, weil das zu sehr knittert. Ich ziehe ein
      _____ aus Baumwolle und Kunstfasern vor.
   3. Eine gestreifte Bluse _____ nicht zu einem _____ Rock.
   4. Ich weiss meine Grösse nicht. Ich lasse _____ nehmen.

10. Answer on the basis of Fig. 13-3.
   1. Das ist eine _____ Bluse.
   2. Das ist ein _____ Hemd.
   3. Das ist ein _____ Halstuch.

Fig. 13-3

Key Words

der Absatz	heel (of a shoe)	*die Manschetten*	cuffs
der Anzug	suit (man's)	*die Manschettenknöpfe*	cuff links
der Ärmel	sleeve	*der Mantel*	coat
der Badeanzug	bathing suit	*die Masse*	measurements
die Baumwolle	cotton	*Mass nehmen*	to take measurements
die Bluse	blouse	*der Massschneider*	custom tailor
breit	wide	*das Mischgewebe*	blended fabric
bügelfrei	no-iron	*niedrig*	low
der Büstenhalter (BH)	brassiere	*das Nylon*	nylon
empfehlen	to recommend	*das Paar*	pair
eng	narrow, tight	*passen*	to go with, match
flach	flat	*pflegeleicht*	easy-care
der Flanell	flannel	*der Pulli*	sweater
die Gabardine	gabardine	*der Pullover*	pullover sweater
gepunktet	polka-dotted	*das Pünktchen*	polka dot
gestreift	striped	*der Regenmantel*	raincoat
das Gewebe	fabric	*der Reissverschluss*	zipper
die Grösse	size	*der Rock*	skirt
der Gummi	rubber	*der Sacko*	(man's) suit jacket
der Gürtel	belt	*die Sandalen*	sandals
das Halstuch	scarf	*der Schal*	scarf
die Handschuhe	gloves	*schmal*	narrow
die Handtasche	handbag, pocketbook	*der Schneider*	tailor
die Hausschuhe	house slippers	*der Schnürsenkel*	shoelace
das Hemd	shirt	*die Schuhe*	shoes
hoch	high	*die Seide*	silk
die Hose	pants	*die Shorts*	shorts
der Hosenanzug	pantsuit	*der Slip*	panties
der Hosenschlitz	fly (in pants)	*die Sohle*	sole (shoe)
die Jacke	jacket (sports)	*die Spitze*	lace
das Jackett	suit jacket	*die Stiefel*	boots
die Jeans	(blue) jeans	*die Strümpfe*	socks, stockings
der Jeansstoff	denim	*die Strumpfhose*	panty hose
das Kammgarn	worsted	*das Taschentuch*	handkerchief
kariert	checked	*die Turnschuhe*	sneakers
das Kleid	dress	*das Unterhemd*	undershirt
die Kniestrümpfe	knee socks	*die Unterhose*	underpants
knitterfrei	wrinkle-resistant	*der Unterrock*	slip; half-slip
knittern	to wrinkle	*die Unterwäsche*	underclothes
der Knopf	button	*vorziehen*	to prefer
der Kord	corduroy	*weder . . . noch*	neither . . . nor
das Korsett	girdle	*weit*	wide
das Kostüm	woman's suit	*das Wildleder*	suede
die Krawatte	tie	*die Wolle*	wool
die Kunstfasern	synthetic fabric	*die Wollstrümpfe*	wool socks
kurz	short	*der Zeh*	toe
lang	long	*die Zehe*	toe
das Leder	leather		

Chapter 14: At the dry cleaner (laundry)
Kapitel 14: In der Reinigung (Wäscherei)[1]

Ich habe viele *Wäsche*.	dirty laundry
Ich gehe zur *Reinigung*.[1]	dry cleaner's
Können Sie dieses Hemd *waschen* und *bügeln?*	wash; iron
Ich möchte keine *Stärke*.	starch
Es soll nicht gestärkt werden.	I don't want it starched.
Können Sie diesen Anzug *reinigen?*	dry-clean
Wann wird es *fertig* sein?	ready
Ich *brauche* es Montag.	need
Wird der Pullover beim Reinigen *einlaufen?*	shrink
In diesem Pullover ist ein *Loch*.	hole
Können Sie ihn *reparieren?*	mend
Können Sie den *Fleck entfernen?*	stain, spot; remove
Können Sie den *Knopf annähen?*	button; sew on
Können Sie es *stopfen?*	darn
Das *Futter* ist *lose*.	lining; loose, unstitched
Können Sie es *nähen?*	sew
Der *Schneider* ist heute nicht da.	tailor
Es ist *schmutzig*.	dirty

1. Complete.
    1. Dieser Pullover wird _____, wenn ich ihn mit Wasser wasche. Ich lasse ihn in der _____ _____.
    2. Dieses Hemd ist _____. Ich muss es waschen. Hinterher muss ich es _____.
    3. Ich möchte meine Hemden nicht _____ haben.
    4. Der _____ an dem Sacko ist _____. Können Sie ihn _____?
    5. In diesem Rock ist ein Loch. Können Sie es _____?
    6. Können Sie diesen Knopf _____?
    7. Ich habe mein Hemd bekleckst (stained). Können Sie den _____ entfernen?

2. Complete.
    In der Reinigung

    —Guten Abend. Können Sie dieses Hemd _____ und _____?
                                           1   2

    —Ja. Möchten Sie es _____ haben?
                              3

    —Ja, ein bisschen, bitte. Und hier ist ein Fleck. Können Sie ihn _____?
                                                            4

    —Wissen Sie, was es ist?

    —Ja. Es ist ein Kaffeefleck.

---

[1] *Wäscherei* is a laundry where clothes and linens are washed with water and are also ironed. *Reinigung* is the dry cleaner where clothes are cleaned with chemicals; they are also ironed here.

—Wir können es versuchen, aber wir können nichts versprechen. Es ist sehr schwer, einen

_____ zu _____.
     5   6

—Ja, ich weiss. Können Sie den Pullover waschen?

—Nein, nicht waschen. Er ist aus Wolle, und er wird _____. Sie müssen den Pullover
                                             7

_____ _____.
            8

—Gut. Wann sind die Sachen fertig?

—Das Hemd können Sie morgen haben, aber nicht den Pullover. Die Reinigung dauert zwei

Tage.

—Gut. Danke.

Key Words

annähen	to sew on	*nähen*	to sew
beklecksen	to stain, spot	*reinigen*	to dry-clean
bügeln	to iron	*die Reinigung*	dry cleaner's shop; dry cleaning
einlaufen	to shrink		
entfernen	to remove	*reparieren*	to mend
fertig	ready	*schmutzig*	dirty
der Fleck	stain	*der Schneider*	tailor
das Futter	lining	*die Stärke*	starch
gestärkt	starched	*stopfen*	to darn
das Kleidungsstück	piece of clothing	*versprechen*	to promise
der Knopf	button	*die Wäsche*	wash, dirty wash
das Loch	hole	*waschen*	to wash
los	loose, unstitched		

Chapter 15: At the restaurant
Kapitel 15: Im Restaurant

GETTING SETTLED (Fig. 15-1)

Fig. 15-1

Dieses ist ein gutes Restaurant.[1]	
Dieses ist *gutbürgerlich*.	moderate-priced
Das ist eine *Kneipe*.	pub
Wir haben *einen Tisch* auf den Namen Weiss *bestellt*.	table; reserved
Wir haben für drei Personen reservieren lassen.	
Können Sie uns einen *Ecktisch* geben?	table in the corner
Einen Tisch *am Fenster?*	near the window
draussen im Garten?	outside
im *Biergarten?*[2]	beer garden

---

[1] There are roughly three classes of eating places in Germany: (1) *Restaurant;* (2) *Gaststätte, Gasthof;* (3) *Kneipe.* The first and second categories tend to overlap. In the *Kneipe* (pub) only an abbreviated menu is available. Strangers may come to sit at your table with the question: *Ist hier noch frei?*

[2] *Beer gardens* are found particularly in southern Germany.

79

Da kommt der *Kellner*.	waiter
der *Ober*.	(head) waiter
die *Kellnerin*.	waitress
Möchten Sie einen *Aperitif*?[3]	aperitif
Was wünschen Sie?	What would you like?

1. Complete.

1. Ich habe keinen Tisch _____. Ich hoffe, es ist noch ein _____ frei.
2. Dieses Restaurant ist teuer. Es ist ein _____ _____.
3. Die Preise in den guten Restaurants sind höher als in den _____.
4. Da es heute warm ist, möchte ich mich in den _____ setzen.

2. Complete.

Im Restaurant

—Guten Abend, die Herrschaften. Haben Sie _____?
                                                    1

—Ja, ich habe einen _____ für vier Personen _____.
                                  2   3

—Auf welchen Namen, bitte?

—Wittenberg.

—Wünschen Sie einen _____ oder einen Tisch am _____?
                                   4   5

—Wir möchten hier sitzen.

—Möchten Sie etwas trinken?

—Geben Sie uns die Weinkarte.

3. Complete.

Der _____ arbeitet in einem Restaurant. Wenn die Gäste sich gesetzt haben,
              1

fragt er sie, ob sie ein Getränk _____. Dann bringt er ihnen die _____.
                                            2   3

Die Gäste lesen die _____, um ihre Speisen auszuwählen.
                                4

LOOKING AT THE MENU

Vorspeisen	appetizers
Suppen, Salate	soups, salads
Fleischgerichte	meat dishes
Fischgerichte	fish dishes
Geflügel	fowl
Gemüse	vegetables
Käse	cheese
Desserts	desserts
Ich bin nicht *sehr hungrig*.	very hungry
Ich bin sehr hungrig.	

---

[3] One orders aperitifs only in the finest restaurants in Germany.

Ich werde mir eine Suppe *vorweg*[4] *bestellen*.	first (before); order
Als *Hauptgericht* nehme ich *Schweinebraten*.	main course; roast pork
Ich bestelle mir *nur ein Gericht*.	only one dish (course)
Haben Sie kein *Menü* heute?	fixed menu
Was ist die *Spezialität des Hauses?*[5]	specialty of the house
Der Ober (Kellner) fragt:	
Möchten Sie eine *Vorspeise* oder eine Suppe?	appetizer
Heute ist . . . *zu empfehlen*.	recommended
Ich wünsche *guten Appetit*.	Enjoy your meal!
Der Gast fragt:	
Haben Sie eine *Weinkarte?*[6]	wine list

Fig. 15-2

4. Answer on the basis of Fig. 15-2.
   1. Ist es ein gutbürgerliches Restaurant oder eine Kneipe?
   2. Wie viele Personen sitzen am Tisch?

---

[4] The nomenclature "first course," "second course" (*erster Gang, zweiter Gang*) is old-fashioned.

[5] German cuisine is regional cuisine. There are no national dishes, but there are countless regional specialties. The specialty of the house will often be a regional specialty. Wurst and cold cuts can be found in great variety everywhere.

[6] There are no house wines. If one does not wish to order a bottle of wine, one can order a glass or carafe from the *offene Weine* (open wines). However, when ordering champagne, one can order a *Hausmarke* (house brand).

3. Wo ist der Tisch?
4. Wer serviert?
5. Was hat der Kellner in der Hand?

5. Complete.
1. Auf den Tageskarten stehen auch die kompletten _____.
2. Wenn ich nicht sehr hungrig bin, bestelle ich mir nur ein _____.
3. Der Salat kommt in der Regel mit dem _____.
4. Ich weiss nicht, welchen Wein wir bestellen sollen. Ich muss die _____ sehen.
5. Ich weiss nicht, was ich essen soll. Vielleicht kann mir der Ober etwas _____.

ORDERING MEAT OR FOWL (Fig. 15-3)

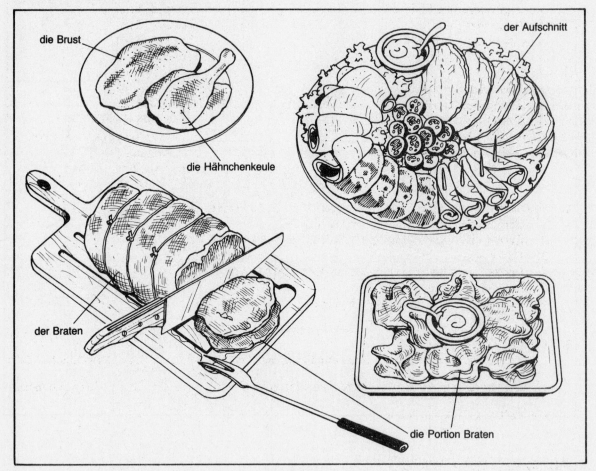

Fig. 15-3

Wie wünschen Sie das *Fleisch?*	meat
Ich möchte es *rosa.*	rare
englisch.	rare
rare.[7]	rare
medium.	medium
durchgebraten.	well done
gut durchgebraten.	

---

[7] Differentiating among degrees of doneness reflects American influence. "Medium rare" does not exist.

Ich möchte ein *Lammkotelett*.	lamb chop
ein *Kalbskotelett*.	veal cutlet, veal chop
ein *Schweinekotelett*.	pork chop
ein *Schnitzel*.	cutlet
Ich möchte eine Portion *Schweinebraten*.	roast pork
Kalbsbraten.	roast veal
Rinderbraten.	roast beef
Hackbraten.	meat loaf
Ich möchte ein Beefsteak.	
ein Rumpsteak.	
ein Filetsteak.	
ein *Hacksteak*.	hamburger, ground beef
geschwenktes Fleisch.	sautéed
geschmortes Fleisch.	sautéed, braised
Ich mag *gebratenes* Fleisch.	roasted, fried
gebackenes Fleisch.	baked
gegrilltes Fleisch.	grilled
Ich mag *Ragout*.	stewed meat
Schmorfleisch.	braised meat
Hackbraten.	chopped meat
Fleisch *im eigenen Saft*.	in its own juices
Ich bestelle einen *Eintopf*.	"meal in one pot," casserole
Ich esse gern *Brathähnchen*.[8]	roast chicken
Hähnchenkeulen.	drum sticks

6. Give the German terms for meat prepared in the following manners.
   1. Cooked on a grill
   2. Cooked in its natural juices
   3. Baked in the oven
   4. Cooked with liquid over low heat on top of the stove
   5. Cooked in a roasting pan
   6. Cooked lightly in butter in a frying pan

7. Complete.
   Die meisten Leute mögen Schweinefleisch am liebsten _____. Ich glaube, dass

                                                                         1
   die meisten Leute vom Brathähnchen am liebsten die _____ essen. Aber viele mögen

                                                         2
   auch gern _____.
              3

ORDERING FISH OR SEAFOOD

Ich mag *gedämpften* Fisch.	steamed
poschierten Fisch.	poached
gekochten Fisch.	boiled
gebackenen Fisch.	baked
gebratenen Fisch.	fried
fritierten Fisch.	deep-fried
geschwenkten Fisch.	sautéed

---

[8] *Hähnchen* is a young chicken and always roasted. *Huhn* is a chicken cooked for soup.

Ich mag *gegrillten* Fisch.	grilled, broiled
panierten Fisch.	breaded
geräucherten Fisch.	smoked
Einige Fische haben viele *Gräten*.	bones

8. Give the German terms for fish prepared in the following manners.
1. Boiled
2. Cooked on a rack over boiling water
3. Sautéed in butter
4. Fried in a frying pan
5. Breaded and fried
6. Fried in hot oil

SOME PROBLEMS YOU MAY HAVE

Ich brauche ein *Glas*.	glass
eine *Tasse*.	cup
eine *Untertasse*.	saucer
ein *Messer*.	knife
eine *Gabel*.	fork
einen *Suppenlöffel*.	soupspoon
einen *Teelöffel*.	teaspoon
eine *Serviette*.	napkin
einen *Salzstreuer*.	saltshaker
einen *Pfefferstreuer*.	pepper shaker
eine *Pfeffermühle*.	pepper mill
ein *Besteck*.	place setting
Pfeffer, bitte.	pepper
Salz	salt
Ein *Fläschchen Mineralwasser*.	small bottle of mineral water
Zucker	sugar
Die *Tischdecke* ist *schmutzig*.	tablecloth; dirty
Der *Teller*	plate
Das Fleisch ist *zu rot*.	to rare
zu gut durchgebraten.	too well done
zu zäh.	too tough
Das *Essen* ist *kalt*.	food; cold
Das Essen ist *versalzen*.	salty
salzig.	salty

9. Complete.
1. Das Salz ist in einem _____, und der Pfeffer ist in einer _____.
2. Der _____ ist in einer Zuckerdose.
3. Ein Besteck besteht aus einem _____, einer _____, einem _____ und einem _____.
4. In der Sosse ist zu viel Salz. Sie ist _____.
5. Ich kann das Fleisch nicht schneiden. Es ist _____.

10. Identify each item in Fig. 15-4.

Fig. 15-4

GETTING THE CHECK[9]

Zahlen, bitte.	check
Ist die *Bedienung inbegriffen?*	service; included
Ich gebe ein *kleines Trinkgeld.*	small tip
Nehmen Sie *Kreditkarten?*	credit cards
Kann ich eine *Quittung* bekommen?	receipt

11. Complete.

Als wir im Restaurant mit dem Essen fertig waren, wollten wir die Rechnung haben. Ich

sagte: ''_____, bitte!'' Der Kellner brachte die Rechnung und fragte uns, ob das
        1

Essen geschmeckt hätte. Ich wollte wissen, ob die _____ inbegriffen wäre. Der
                                            2

Kellner sagte ja, aber ich gab ihm doch noch ein kleines _____, weil die Bedienung
                                                            3

so freundlich war. Leider nahm das Restaurant keine _____ an. Deshalb musste ich
                                                                4

in bar bezahlen. Ich fragte nach einer _____.
                                                     5

---

[9] Service charge in restaurants is always included. If one was pleased with the service, one leaves a small additional tip, rounding off the bill.

Neulich ging ich mit einigen Freunden zu Mittag essen. Als wir im Restaurant ankamen, erklärte ich dem Kellner, dass ich einen Tisch für fünf Personen bestellt hatte. Er führte uns zu einem schönen Tisch in der Ecke. Dann brachte der Kellner die Speisekarten. Wir bestellten sofort Bier, zwei grosse, drei kleine. Als der Kellner das Bier brachte, sagten wir ihm, dass ein Besteck fehlte. Er kam sofort mit einem Suppenlöffel, einem Teelöffel, einem Messer, einer Gabel und einer Serviette zurück.

Die drei Menüs auf der Tageskarte gefielen uns nicht, und wir bestellten schliesslich vier verschiedene Hauptgerichte. Thomas hatte nicht viel Hunger und bestellte nur eine Platte mit kaltem Braten: ein paar Scheiben Schweinebraten, ein paar Scheiben Roastbeef, ein paar Scheiben Kasseler Braten [smoked pork from the back] und dazu ein paar Scheiben Roggenbrot. Alles schmeckte sehr gut: der Fisch, das Fleisch, das Geflügel und die kalte Platte.

Der Kellner fragte, ob wir ein Dessert wünschten. Wir hatten zwar genug gegessen, wollten aber das Vanilleeis mit heissen Himbeeren und die Erdbeeren mit Schlagsahne probieren.

Um vier Uhr waren wir im Café Wittmann. Jeder von uns bestellte ein Kännchen Kaffee und Kuchen: zwei Stücke Schwarzwälder Kirschtorte, ein Stück Obstkuchen mit Sahne, ein Stück Sachertorte und ein Stück Schokoladencremetorte.

Wir verlangten die Rechnung. Wir wussten, dass die Bedienung im Preis inbegriffen war. Aber wir gaben noch ein kleines Trinkgeld dazu, weil die Bedienung freundlich war.

12. Complete.
1. Die Freunde assen in einem _____.
2. Sie sassen in der _____.
3. Sie hatten einen Tisch für fünf Personen _____.
4. Jeder bestellte sofort _____.
5. Der _____ brachte die Speisekarten.
6. Die _____ gefielen ihnen nicht.
7. Jeder bestellte ein anderes _____.

13. Answer.
1. Was fehlte?
2. Was tranken alle?
3. Was bestellte Thomas?
4. Welches Dessert wollten die fünf Freunde probieren?
5. Wo waren die fünf um vier Uhr?
6. War die Bedienung im Preis inbegriffen?
7. Was gaben sie aber noch dazu? Warum?

Key Words

die Bedienung service	*der Durst* thirst
das Bedienungsgeld service charge	*durstig* thirsty
das Besteck place setting	*die Ecke* corner
bestehen aus to consist of	*der Ecktisch* corner table
bestellen to order, reserve	*der Eintopf* meal cooked in one pot
der Biergarten beer garden	*empfehlen* to recommend, suggest
braten to roast; to fry	*englisch* rare (meat)
der Braten roast	*die Erdbeeren* strawberries
das Dessert dessert	*fehlen* to be missing
draussen outside	*das Fenster* window
durchgebraten well done	*der Fisch* fish
gut durchgebraten well done	*das Fleisch* meat

fritiert   deep fried
die Frucht   fruit
die Gabel   fork
der Gang   course
der Garten   garden
die Gaststätte   restaurant
gebacken   baked
gebraten   fried
gedämpft   steamed
das Geflügel   poultry
gegrillt   grilled, roasted
gehackt   chopped
gekocht   cooked, boiled
das Gemüse   vegetables
geräuchert   smoked
das Gericht   dish, course
geschmort   sautéed, braised
geschwenkt   sautéed
das Getränk   drink
das Glas   glass
die Gräten   fish bones
gutbürgerlich   moderate-priced
          (restaurant classification)
das Hähnchen   roasting chicken
die Hähnchenkeulen   drum sticks
das Hauptgericht   main course
die Himbeeren   raspberries
das Huhn   cooking chicken
der Hunger   hunger
hungrig   hungry
inbegriffen   included
der Kaffee   coffee
das Kalbfleisch   veal
kalt   cold
das Kännchen   small coffee pot
die Karaffe   carafe
der Käse   cheese
der Kellner   waiter
die Kellnerin   waitress
die Kneipe   tavern, pub, bar
die Kreditkarte   credit card
medium   medium (meat)
das Menü   fixed menu, menu
das Messer   knife
die Nachspeise   dessert
der Ober   waiter
das Obst   fruit
offener Wein   carafe wine
paniert   breaded
der Pfeffer   pepper
die Pfeffermühle   pepper mill
der Pfefferstreuer   pepper shaker
pochiert, poschiert   poached
probieren   to try, to taste

die Quittung   receipt
das Ragout   stew
der Rahm   cream
rare   rare (meat)
die Rechnung   bill, check
reservieren (lassen)   to reserve
das Restaurant   restaurant
das Roggenbrot   rye bread
rosa   rare (meat)
der Rotwein   red wine
der Saft   juice
die Sahne   cream
der Salat   salad
das Salz   salt
salzig   salty
der Salzstreuer   saltshaker
die Scheibe   slice
die Schlagsahne   whipped cream
schmecken   to taste (good)
das Schmorfleisch   braised meat
schmutzig   dirty
schneiden   to cut
das Schnitzel   cutlet
das Schweinefleisch   pork
die Serviette   napkin
die Speise   food
die Speisekarte   menu
die Spezialität   specialty
das Steak   steak
das Stück   piece
die Suppe   soup
der Suppenlöffel   soupspoon
die Tageskarte   menu (of daily specials)
die Tasse   cup
der Teelöffel   teaspoon
der Teller   plate
teuer   expensive
der Tisch   table
die Tischdecke   tablecloth
das Trinkgeld   tip
die Untertasse   saucer
verlangen   to ask for
versalzen   too salty, oversalted
die Vorspeise   appetizer
der Wein   wine
offener Wein   open wine
die Weinkarte   wine list
der Weisswein   white wine
wünschen   to wish
zäh   tough
Zahlen, bitte!   Bill, please! (We'd like to
                    pay.)
der Zucker   sugar
die Zuckerdose   sugar bowl

Chapter 16: Shopping for food

Kapitel 16: *Beim Lebensmitteleinkauf*

TYPES OF STORES

Ich muss zum *Bäcker*.	baker
zur *Bäckerei*.	bakery
zur *Konditorei*.	pastry shop
ins *Milchgeschäft*.	dairy store
zum *Schlachter*.	butcher
zum *Metzger*.	butcher
zum *Fleischer*.	butcher
ins *Fischgeschäft*.	fish store
ins *Lebensmittelgeschäft*.	grocery store
Ich gehe ins *Kaufhaus*.[1]	department store
Ich gehe *Lebensmittel* einkaufen.	groceries
Ich gehe in die *Lebensmittelabteilung* des Kaufhauses.	grocery (food) department
Ich gehe in den *Supermarkt*.	supermarket
Ich *schiebe* den *Einkaufswagen* durch die *Gänge*.	push; shopping cart; aisles

1. Complete.
  1. Beim _____ werden Brot und Brötchen verkauft.
  2. Beim _____ werden Fleisch und Wurst verkauft.
  3. Im _____ werden Milch, Käse, Butter und Eier verkauft.
  4. Im _____ werden Fisch und Fischsalate verkauft.

2. Identify the stores where you would find the following.
  1. Brötchen
  2. Steak
  3. Heringssalat
  4. Milch
  5. Wurst
  6. Kuchen
  7. Äpfel
  8. Nudeln
  9. Torte
  10. Wein

SPEAKING WITH THE VENDORS

Was kostet das?	How much is that?
Das Kilo kostet 1,20 DM.[2]	
Es sieht gut aus.	It looks good

---

[1] Even though supermarkets exist, many people buy groceries in the food departments of the department stores.

[2] Say: *Eins zwanzig*.

Was kosten die Tomaten heute?	How much are
Heute kosten sie 2,80 DM.	
Sie sind sehr *frisch*.	fresh
Geben Sie mir *ein Pfund*, bitte.	pound
ein *halbes Kilo*.	half a kilo (about a pound)
Geben Sie mir *hundertfünfzig Gramm Speck*.	150 grams of bacon
Geben Sie mir *fünf Scheiben* Wurst.	five slices
Geben Sie mir eine *Weintraube*.	bunch of grapes
ein Pfund *Weintrauben*.	grapes
Geben Sie mir einen *Kopf Eisbergsalat*.	head; iceberg lettuce
Geben Sie mir ein *Dutzend Eier*.	dozen eggs
ein *halbes Dutzend*.³	half a dozen
Ich möchte eine *Dose Thunfisch*.	can of tuna fish
eine *Tüte Kartoffelchips*.	bag; potato chips
ein *Bund Karotten*.	bunch of carrots
einen *Strauss Blumen*.	bouquet of flowers
Ich möchte einen *Karton Waschpulver* für die	box; (powdered) detergent;
Waschmaschine.	washing machine
Waschmittel für die	detergent
Geschirrspülmaschine.	dish washer
Ich möchte ein *Paket gefrorenen Spinat*.	package; frozen spinach
Ich packe alles in eine *Tragetasche*⁴ (in eine *Plastiktüte*).	shopping bag; plastic shopping bag
Können Sie das *einwickeln?*	wrap
Ich kann alles im *Korb tragen*.	basket; carry
Wo bringe ich diese *leeren Pfandflaschen* hin?	empty; deposit bottles
Wo ist denn die *Tiefkühltruhe?*	freezer
Der Fisch war *tiefgekühlt*.	frozen

3. Complete.

Im Lebensmittelgeschäft oder in der Lebensmittelabteilung (eines Kaufhauses)

—Guten Tag.

—Was ＿＿＿＿＿＿ die Weintrauben heute?
         1

—1,50 DM das Kilo.

—Und die Tomaten? Sind es hiesige Tomaten?

—Ja, sie sind sehr ＿＿＿＿＿＿.
                  2

—Ja, sie sehen ＿＿＿＿＿ ＿＿＿＿＿＿. Was kosten sie?
                          3

—Sie kosten 3,80 DM das Kilo.

—＿＿＿＿＿ ＿＿＿＿＿ ＿＿＿＿＿ ein Pfund, bitte.
              4

—＿＿＿＿＿, bitte.
       5

—Danke schön. Haben Sie eine ＿＿＿＿＿?
                              6

---

³ Eggs are packed in tens and sixes. They can also be purchased individually.

⁴ Each customer packs his or her own groceries. If the person has no shopping bag, he or she may purchase one at the check-out counter.

4. Choose the appropriate word.
1. Geben Sie mir _____ Eier, bitte.
   (*a*) ein Dutzend (*b*) eine Dose (*c*) einen Kopf
2. Geben Sie mir _____ Karotten.
   (*a*) eine Flasche (*b*) ein Paket (*c*) ein Bund
3. Geben Sie mir _____ Mineralwasser.
   (*a*) ein Paket (*b*) eine Flasche (*c*) ein Bund
4. Geben Sie mir fünf _____ Braten.
   (*a*) Scheiben (*b*) Gramm (*c*) Strauss
5. Geben Sie mir _____ Tomatensosse.
   (*a*) ein Kilo (*b*) eine Dose (*c*) ein Bund
6. Geben Sie mir 250 _____ Wurst.
   (*a*) Kilo (*b*) Scheiben (*c*) Gramm

5. Complete.
1. Nein, der Fisch ist nicht frisch. Er war _____.
2. Es tut mir leid. Ich habe keine Tragetaschen. Aber ich kann es in Papier _____.
3. Ich kaufe mir eine _____ Kartoffelchips.
4. Wir brauchen einen Karton _____ für die Geschirrspülmaschine.

6. Complete.
1. ein _____ Eisbergsalat
2. ein _____ Tomaten
3. ein _____ gefrorene Karotten
4. eine _____ Thunfisch
5. ein _____ Karotten
6. eine _____ Wein
7. ein _____ Blumen
8. ein _____ Waschpulver
9. eine _____ Mineralwasser
10. fünf _____ Braten
11. ein halbes _____ Eier
12. eine _____ Kartoffelchips
13. zweihundert _____ Wurst

Key Words

der Bäcker	baker	*frisch*	fresh
die Bäckerei	bake shop	*der Gang*	aisle
das Brötchen	roll	*gefroren*	frozen
das Bund	bunch (carrots)	*das Gramm*	gram
die Dose	can	*hiesig*	local
das Dutzend	dozen	*der Karton*	carton, box
die Eier	eggs	*das Kaufhaus*	department store
der Einkaufswagen	shopping cart	*das Kilo*	kilogram
einwickeln	to wrap	*die Konditorei*	pastry shop
das Fischgeschäft	fish store	*der Kopf*	head
die Flasche	bottle	*der Kopfsalat*	lettuce
der Fleischer	butcher	*der Korb*	basket

die Lebensmittel   groceries
die Lebensmittelabteilung   food department (in de-
partment store)
das Lebensmittelgeschäft   grocery store
leer   empty
der Metzger   butcher
das Milchgeschäft   dairy store
das Paket   package
die Pfandflasche   deposit bottle
das Pfund   pound
die Plastiktüte   plastic bag
die Scheibe   slice
schieben   to push
der Speck   bacon
der Strauss   bouquet (flowers)
der Supermarkt   supermarket

tiefgekühlt   frozen
die Tiefkühltruhe   freezer
tragen   to carry
die Tragetasche   shopping bag
die Traube   bunch of grapes; (one) grape
die Tüte   bag
verkaufen   to sell
das Waschmittel   detergent or soap (for
dishwasher and
washing machine)
das Waschpulver   (powdered) detergent
or soap (for washing
machine)
die Weintraube   bunch of grapes
die Weintrauben   grapes
zurückbringen   to bring back, return

Chapter 17: At home
Kapitel 17: Zu Hause

THE KITCHEN (Fig. 17-1)

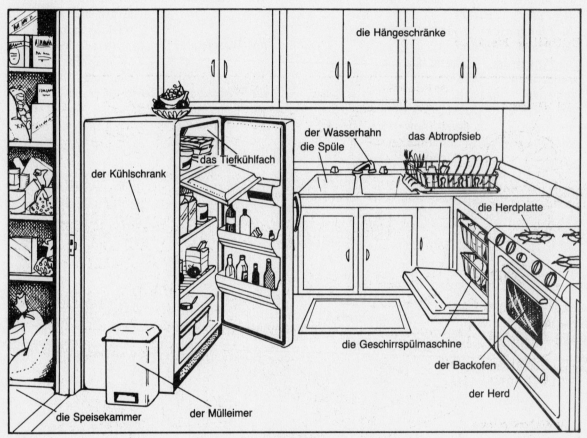

die Hängeschränke

der Wasserhahn
die Spüle

das Abtropfsieb

das Tiefkühlfach

der Kühlschrank

die Herdplatte

die Geschirrspülmaschine

der Backofen

der Herd

die Speisekammer

der Mülleimer

Fig. 17-1

WASHING THE DISHES

Ich wasche das *Geschirr* in der *Spüle* ab.	dishes; sink
Ich *drehe* den *Wasserhahn auf.*	turn on; faucet
Ich *schliesse* den *Abfluss* mit einem *Stöpsel*.	close; the drain plug; stopper
mit einem *Pfropfen*.	plug; stopper
Ich *gebe Spülmittel* ins *Spülwasser*.	add; liquid soap; dishwater
Ich wasche das Geschirr mit einem *Schwammtuch* ab.	sponge cloth
Dann *stelle* ich das Geschirr ins *Abtropfsieb*.	put; dish drainer
Ich *trockne* das Geschirr mit einem *Geschirrtuch ab*.	dry; dish towel

1. Complete.

   Ich habe einen Berg schmutzigen Geschirrs. Ich muss das Geschirr abwaschen. Zuerst

   schliesse ich den _____ mit einem _____. Ich drehe den _____

1   2   3

auf und lasse die _____ mit heissem Wasser vollaufen. Ins Spülwasser gebe ich ein
                              4

bisschen _____, und dann beginne ich mit der Arbeit. Ich wasche das Geschirr mit
                    5

einem _____ ab und stelle es in das _____. Dann _____ ich das
              6   7   8

Geschirr ab. Ich trockne es mit einem _____ ab. Wäre es nicht einfacher, wenn ich
                                                9

eine _____ hätte?
            10

COOKING (Fig. 17-2)

die Springform die Kasserolle der Kochtopf die Mixgeräte
die Bratpfanne
der Kochtopf
die Küchenmaschine das Handrührgerät
die Bratpfanne der Quirl, der Handmixer
der Flaschenöffner
der Dosenöffner der Korkenzieher
die Obsttortenbodenform

Fig. 17-2

Ich muss das Essen *vorbereiten*.	prepare
Ich werde *kochen*.	cook
Ich *koche* die Eier.	boil

Ich *brate* die Kartoffeln in einer *Bratpfanne*.	fry; frying pan
Ich *erhitze* das Wasser.	heat
erwärme das Wasser.	heat
Ich *brate* das Roastbeef im *Ofen*.	roast; oven
Ich werde das Gemüse *schwenken*.	sautée
Ich werde die Butter *auslassen*.	melt
Ich werde es *bei niedriger Hitze* kochen.	on a low flame
Ich *bringe* es *zum Kochen*.	bring to a boil
Ich werde die *Zwiebeln würfeln*.	onions; dice
Ich muss das Obst mit einem *Schälmesser schälen*.	paring knife; pare, peel
Ich werde den Braten mit einem *Tranchiermesser schneiden*.	carving knife; cut (carve)
Ich muss die *Nudeln* im *Durchschlag abtropfen lassen*.	noodles, pasta; strainer, colander; drain

2. Tell which pot you need.
  1. Ich werde Wasser kochen.
  2. Ich werde einen Braten und Gemüse im Ofen braten.
  3. Ich backe einen Kuchen.
  4. Ich werde Bratkartoffeln rösten.

3. Tell what utensil you need.
  1. Ich muss den Braten schneiden.
  2. Ich muss die Kartoffeln schälen.
  3. Ich muss die Eier schlagen.
  4. Ich muss die Nudeln abtropfen lassen.
  5. Ich ziehe den Korken aus einer Weinflasche.
  6. Ich öffne eine Dose Thunfisch.

4. Complete.
  1. Ich werde die Zwiebeln _____, und dann werde ich sie in Öl in der Pfanne _____.
  2. Ich werde weichgekochte Eier zubereiten. Ich werde sie jetzt _____.
  3. Ich werde das Lammfleisch im Backofen _____.
  4. Bevor ich den Reis koche, muss ich das Wasser zum _____ bringen.

5. Give the German verb for:
  1. to bake something in the oven
  2. to fry something in the frying pan
  3. to sautée something in butter
  4. to boil something such as potatoes
  5. to roast pork in the oven
  6. to melt butter

6. Answer on the basis of Fig. 17-3.
  1. Ist in der Küche eine Geschirrspülmaschine?
  2. Wie viele Wasserhähne gibt es?
  3. Liegt Geschirr im Abtropfsieb?
  4. Gibt es eine Speisekammer in der Küche?
  5. Sind in der Speisekammer Lebensmittel?
  6. Ist in der Küche ein elektrischer Herd oder ein Gasherd?
  7. Wie viele Brenner hat der Herd?
  8. Sind im Tiefkühlfach Eiswürfel?

Fig. 17-3

THE BATHROOM (Fig. 17-4)

Morgens tue ich folgendes:
Ich *bade* oder *dusche* mich.   bathe; shower
Ich *wasche mir das Haar*.   wash; my hair
Ich *trockne mich* mit einem Handtuch *ab*.   dry myself
Ich *putze meine Zähne* mit *Zahnpaste*.   brush my teeth; toothpaste
Ich rasiere mich mit *Rasierschaum* oder *Rasierseife*.   shaving cream; shaving soap
Ich rasiere mich mit einem *Rasierapparat*.   razor (electric or safety razor)
Ich *schminke mich*.   put on makeup
Ich *kämme mich*.   comb my hair

7. Complete.
    1. Ich wasche mir die Hände im _____. Wenn ich mir die Hände waschen will,
        brauche ich _____ und ein _____.
    2. Wenn ich fertig bin, lege ich die Seife in die _____.
    3. Ich bade in der _____, oder ich dusche unter der _____.
    4. Nachdem ich gebadet (geduscht) habe, trockne ich mich mit einem _____ ab.
    5. Die Handtücher hängen am _____.
    6. Während ich mich kämme, schaue ich in den _____.
    7. Ich putze mir die Zähne, und dann lege ich die _____ in den _____.
    8. Wenn mein Haar nicht nass werden soll, muss ich eine _____ aufsetzen.

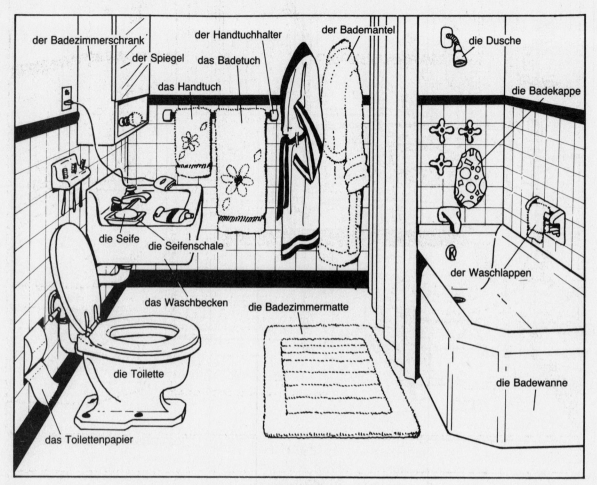

der Badezimmerschrank
der Spiegel
der Handtuchhalter
das Badetuch
der Bademantel
die Dusche
das Handtuch
die Badekappe
die Seife
die Seifenschale
das Waschbecken
die Badezimmermatte
der Waschlappen
die Toilette
die Badewanne
das Toilettenpapier

Fig. 17-4

9. Neben dem Waschbecken ist die _____.
10. Nachdem ich geduscht und mich abgetrocknet habe, ziehe ich den _____ an.

8. Label each item in Fig. 17-5.

THE DINING ROOM (Figs. 17-6 and 17-7)

Die Dame *deckt den Tisch.*	sets the table
Die *Gäste nehmen* am Tisch *Platz.*	guests; sit down, take their seats
Es wird serviert.	dinner is served
Nach der *Mahlzeit stehen* die Gäste *auf.*	meal; get up
Der Herr *räumt den Tisch ab.*	clears the table
Er *stellt* alles auf ein *Tablett.*	puts; tray

9. Complete.
1. Ich möchte Zucker. Würden Sie mir die _____ reichen, bitte?
2. Ich möchte Butter. Würden Sie mir die _____ reichen, bitte?
3. Ich möchte Salz. Würden Sie mir den _____ reichen, bitte?

Fig. 17-5

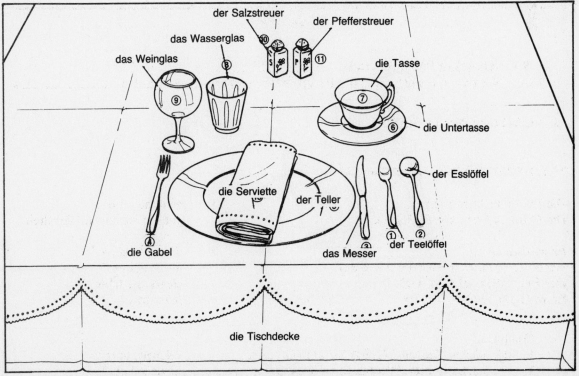

der Salzstreuer

der Pfefferstreuer

das Wasserglas

das Weinglas

die Tasse

die Untertasse

der Esslöffel

die Serviette

der Teller

die Gabel

das Messer

der Teelöffel

die Tischdecke

Fig. 17-6

97

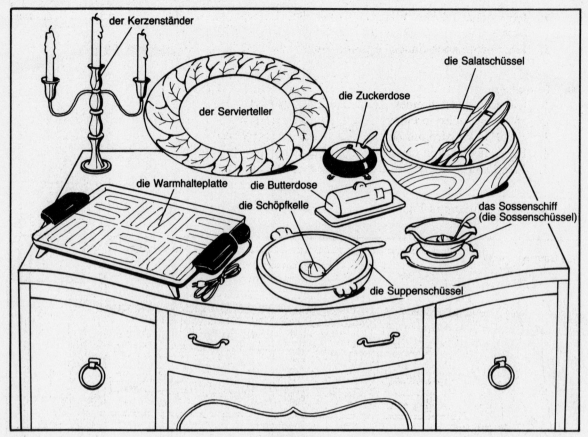

Fig. 17-7

Fig. 17-8

4. Ich möchte Pfeffer. Würden Sie mir den _____ (die _____) reichen, bitte?

5. Ich möchte noch Sauce. Würden Sie mir die _____ reichen, bitte?

10. Complete.
    1. Der Salat wird in einer _____ serviert.
    2. Die Suppe wird in einer _____ serviert.
    3. Das Fleisch wird auf einem _____ serviert.
    4. Die Sauce wird in einer _____ serviert.
    5. Man kann die Teller im _____ vorwärmen.

11. Identify each item in Fig. 17-8.

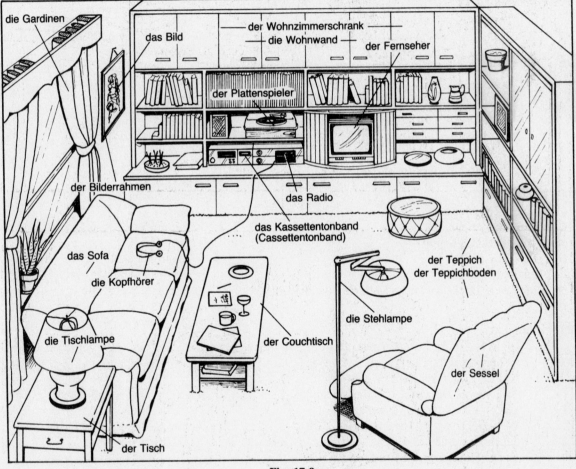

Fig. 17-9

THE LIVING ROOM (Fig. 17-9)

Die Familie sitzt im Wohnzimmer.
Sie *unterhalten sich (plaudern, sprechen miteinander).*   chat
Sie *sehen fern.*   watch television
Sie *hören eine Radiosendung.*   listen to the radio
Sie spielen (hören) *Schallplatten.*   records

Sie spielen eine *Kassette* ab.   tapes
Sie hören sich Kassetten an.

Sie *lesen die Zeitung*.   read the paper
     Zeitschriften.   magazines
Sie *empfangen* Gäste.   receive
Der *Wohnzimmerschrank*[1] ist im Wohnzimmer.   wall unit

12. Complete.

1. Die _____ hängen vor dem Fenster.
2. Im _____ sind viele Bücher.
3. Wenn es kalt ist, stelle ich den _____ vor den _____.
4. Das Bild hat einen _____.
5. Die Tischlampe steht auf dem _____ neben dem _____.
6. Abends sehe ich _____ oder höre eine _____.
7. Der _____ liegt mitten im Wohnzimmer. Der _____ bedeckt den ganzen Fussboden.
8. Nur eine Person kann im _____ sitzen, aber drei oder vier können auf dem _____ sitzen.
9. Abends setze ich mich ins Wohnzimmer, wo ich die _____ lese und _____ oder _____ höre.
10. Heute abend bin ich allein. Ich erwarte keine _____.

THE BEDROOM (Figs. 17-10 and 17-11)

Ich *gehe ins Bett*.[2]   go to bed
Ich *stelle* den *Wecker*.   set; alarm clock
Ich *schlafe* acht Stunden.   sleep
Ich *schlafe* sofort *ein*.   fall asleep
Ich *stehe* um acht Uhr *auf*.   get up
Ich *mache das Bett*.   make the bed
    beziehe das Bett.   put fresh sheets on
Ich nehme eine Decke aus dem *Kleiderschrank*.[3]   armoire, wardrobe

13. Complete.

1. Im Schlafzimmer stehen zwei Betten. Auf dem _____ zwischen den zwei Betten stehen eine _____ und ein _____.
2. Ein Bett für zwei Personen ist ein _____.
3. Auf einem Doppelbett liegen meistens zwei _____. Die Kopfkissen sind mit einem _____ bezogen.
4. Wenn ich das Bett mache, ziehe ich das _____ glatt; dann lege ich die _____ darauf und endlich die _____ über das Bett.
5. In der Kommode sind fünf _____.
6. Ich kann nichts anderes in den Kleiderschrank hängen, weil ich keine _____ mehr habe.

---

[1] A *Wohnzimmerschrank* is the central piece of funiture in many homes. It contains bookshelves, closed compartments, a display case for dishes and glasses, and perhaps a bar and space for a television set.

[2] *Ich muss im Bett bleiben* means "I am sick in bed." *Ich bin im Bett* or *Ich liege im Bett* means "I'm still in bed."

[3] Built-in closets are very rare in German homes. Thus a *Kleiderschrank* must be bought and placed in the bedroom. In it is room for clothes, bedclothes, blankets, etc.

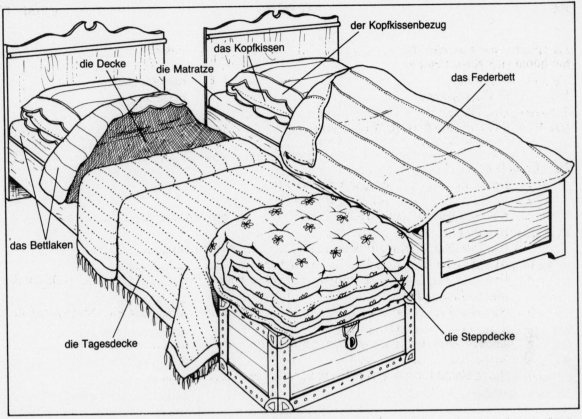

Fig. 17-10

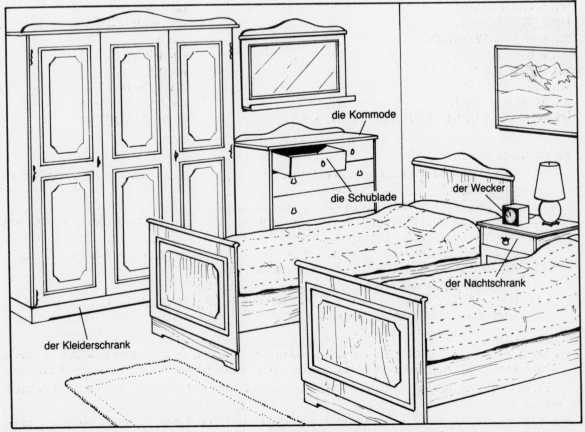

Fig. 17-11

101

14. Name six items that go on a bed.

15. Answer.
1. Um wieviel Uhr gehst du ins Bett?
2. Stellst du den Wecker?
3. Wie viele Stunden schläfst du nachts?
4. Schläfst du sofort ein, oder wälzt du dich unruhig hin und her?
5. Um wieviel Uhr stehst du auf?
6. Machst du sofort das Bett?

HOUSEWORK

Ich muss *waschen*.	do the laundry
Ich muss die *Wäsche*[4] waschen.	laundry
Ich fülle die *Waschmaschine*.	washing machine
Ich muss *bügeln*.	do ironing
Wo sind das *Bügeleisen* und das *Bügelbrett*?	iron; ironing board
Ich muss *Staub wischen*.	dust
Wo ist das *Staubtuch*?	dustcloth
Ich muss *staubsaugen*.	vacuum-clean
Ich muss den *Teppich absaugen*.	carpet; vacuum-clean
Wo ist der *Staubsauger*?	vacuum cleaner
Ich muss die *Möbel polieren*.	furniture; polish
Ich muss den *Fussboden kehren*.	floor; sweep
Wo ist der *Kehrbesen*?	broom
Ich muss den Fussboden *wischen*.	wipe, scrub, wash
Wo sind die *Putzlappen*?	cleaning cloths, rags
Heute ist grosser *Hausputz*.	housecleaning
Wir *putzen*.	clean (house)
Wo ist der *Feudel*?	mop
Wo ist der *Schwamm*?	sponge
Ich muss den *Müll hinausbringen*.	garbage; take out
die *Abfälle* hinausbringen.	garbage
Ich muss den *Mülleimer leeren*.	garbage can; empty

16. Complete.

Heute habe ich viel zu tun. Ich habe einen Berg schmutziger Wäsche. Zuerst muss ich die

_____ waschen. Gott sei Dank habe ich eine _____, die die Arbeit
　　　1　　　　　　　　　　　　　　　　　　　　　　　　　　　2

erleichtert. Aber wenn die Wäsche fertig ist, muss ich _____. Ich stelle das
　　　　　　　　　　　　　　　　　　　　　　　　　　　　　　3

_____ und das _____ in die Küche.
　　　4　　　　　　　　　5

Nach dem Waschen und Bügeln muss ich den Teppich im Wohnzimmer _____.
　　　　　　　　　　　　　　　　　　　　　　　　　　　　　　　　　　　　6

Ehe ich die _____ fülle, werde ich im Wohnzimmer _____ _____.
　　　　　　　　7　　　　　　　　　　　　　　　　　　　　　8

Vielleicht werde ich den Teppich _____, während die _____ läuft. Auch
　　　　　　　　　　　　　　　9　　　　　　　　　　　　　10

---

[4] Dirty laundry is *schmutzige Wäsche*. However, one omits *schmutzige* when speaking and says only "*Ich muss die Wäsche waschen.*"

muss ich den Tisch _____. Wenn die Fenster geöffnet sind, kommt viel Staub
                              11

herein.

17. Match what you are doing in column A with what you need in column B.

A	B
1. bügeln	(a) Putzlappen
2. kehren	(b) Bügelbrett
3. den Fussboden wischen	(c) Staubtuch
4. Staub wischen	(d) Kehrbesen
5. staubsaugen	(e) Möbel
	(f) Staubsauger

18. Complete.
        Beim Vorbereiten einer Mahlzeit gibt es immer viele _____. Ich werfe sie in den
                                                                                    1

_____ und später leere ich ihn.
            2

SOME MINOR PROBLEMS AROUND THE HOME

Ich *schalte das Licht an.*	turn on the light
Es geht nicht an.	It won't go on.
Ist die *Glühbirne durchgebrannt?*	light bulb; burned out
Nein, ich muss den *Lampenstecker* in die *Steckdose stecken.*	plug (of lamp); outlet; plug in
Das Licht *ist ausgegangen.*	has gone out
Ich habe es nicht *ausgeschaltet.*	turned off
Eine *Sicherung ist durchgebrannt.*	a fuse; has blown
Ich muss im *Sicherungskasten nachsehen.*	fuse box; check
Wo ist der *Lichtschalter?*	light switch
Ich werde den *Elektriker rufen* müssen.	electrician; call
Die *Spüle läuft nicht ab.*	sink; doesn't empty
Das Wasser *läuft nicht ab.*	doesn't run off
Ich habe den *Stöpsel gezogen.*	stopper; pulled
Der *Abfluss* ist *verstopft.*	drain; clogged
Die Dusche *leckt.*	is dripping, leaking
Ich werde einen *Klempner* rufen müssen.	plumber
Die *Rohre* sind alt.	plumbing, pipes

19. Complete.
        Ich kann das Licht nicht anschalten. Ich weiss nicht, was geschehen ist. Kann es der

_____ sein? Aber nein. Hör' mal! Die Lampe ist nicht eingesteckt. Ich muss den
            1

_____ einstecken. Aber wo ist die _____?
            2   3

20. Complete.
        Das Licht ist aus. Was ist geschehen? Ich habe es nicht _____. Vielleicht ist
                                                                              1

eine _____ durchgebrannt. Ich muss mal im _____ nachsehen. Wenn keine
            2   3

_____ durchgebrannt ist, die ich leicht ersetzen kann, muss ich den _____
            4   5

rufen.

21. Complete.

　—Die Spüle ist verstopft. Das Wasser _____ nicht ab.
　　　　　　　　　　　　　　　　　　　　　　1

　—Hast du den _____ gezogen?
　　　　　　　　　　2

　—Natürlich habe ich ihn gezogen.

　—Nun, dann ist der Abfluss _____. Wir werden den _____ rufen müssen.
　　　　　　　　　　　　　　　　　3　　　　　　　　　　　　　　　　4

　　Bald werden wir alle _____ im Haus ersetzen müssen.
　　　　　　　　　　　　　　5

Key Words

The kitchen

die Abfälle　garbage
der Abfluss　drain
abtrocknen　to dry
abtropfen　to strain
das Abtropfsieb　dish drainer
(Geschirr) abwaschen　to wash (dishes)
aufdrehen　to turn on
(Butter) auslassen　to melt (butter)
der Backofen　(baking) oven
braten　to fry, roast
die Bratpfanne　frying pan
der Brenner　burner
die Dose　can
der Dosenöffner　can opener
durchdrücken　to strain
der Durchschlag　strainer, colander
durchseihen　to strain
durchsieben　to strain, sift
erhitzen　to heat
der Flaschenöffner　bottle opener
das Geschirr　dishes
die Geschirrspülmaschine　dishwasher
das Geschirrtuch　dish towel
der Griff　handle
der Hängeschrank　cabinet
der Herd　stove
bei niedriger Hitze　on a low flame (at low heat)
die Kasserolle　pot (casserole)
kochen　to cook; to boil
zum Kochen bringen　to bring to a boil
der Korkenzieher　corkscrew
der Kühlschrank　refrigerator

der Mixer　mixer, blender
der Müll　garbage
der Mülleimer　garbage can
der Ofen　oven
die Pfanne　pan
putzen　to clean
der Quirl　whisk, beater
die Röstpfanne　baking pan
schälen　to pare, peel
das Schälmesser　paring knife
schlagen　to beat
schliessen　to close
schneiden　to cut, carve
das Schwammtuch　sponge cloth, dishrag, dishcloth
schwenken　to sautée
die Speisekammer　pantry
die Spüle　sink
das Spülmittel　liquid detergent (for washing dishes)
Staub wischen　to dust
der Stiel　handle
der Stöpsel　plug, stopper
das Tiefkühlfach　freezer compartment
der Tiefkühlschrank　freezer
die Tiefkühltruhe　freezer
der Topf　pot
tranchieren　to carve
das Tranchiermesser　carving knife
das Tuch　cloth
vorbereiten　to prepare
der Wasserhahn　faucet
wischen　to wipe
würfeln　to dice
ziehen　to pull

The bathroom

sich abtrocknen   to dry oneself
sich etwas anziehen   to put something on
aufsetzen   to put (something) on (one's head)
die Badekappe   bathing (shower) cap
der Bademantel   bathrobe
baden   to bathe
(sich) baden   to take a bath
das Badetuch   bath towel
die Badewanne   bathtub
das Badezimmer   bathroom
die Badezimmermatte   bath mat
der Badezimmerschrank   medicine cabinet
die Dusche   shower
(sich) duschen   to shower
die Fliesen   tiles
gekachelt   tiled
das Handtuch   (hand) towel
der Handtuchhalter   towel rack
die Kacheln   tiles
sich kämmen   to comb one's hair
nass   wet
sich die Zähne putzen   to brush one's teeth
der Rasierapparat   razor
sich rasieren   to shave (oneself)
der Rasierschaum   shaving cream
die Rasierseife   shaving soap
schauen   to look
die Schminke   makeup
sich schminken   to apply makeup
die Seife   soap
die Seifenschale   soap dish
der Spiegel   mirror
die Toilette   toilet
das Toilettenpapier   toilet paper
tragen   to wear
das Waschbecken   sink, wash basin
sich waschen   to wash oneself
der Waschlappen   washcloth
die Zahnbürste   toothbrush
die Zahnpaste   toothpaste

The dining room

abdecken   to clear the table
abräumen   to clear the table
die Anrichte   buffet, sideboard, credenza
aufstehen   to get up
die Butterdose   butter dish
den Tisch decken   to set the table

der Esslöffel   tablespoon
das Esszimmer   dining room
das Glas   glass
der Kerzenständer   candelabra
die Mahlzeit   meal
das Messer   knife
die Pfeffermühle   pepper mill
der Pfefferstreuer   pepper shaker
Platz nehmen   to take a seat
reichen   to reach, to hand, to pass
die Salatschüssel   salad bowl
der Salatteller   salad dish
der Salzstreuer   saltshaker
der Servierteller   serving plate
die Serviette   napkin
die Sossenschüssel   gravy boat
stellen   to put
der Suppenlöffel   soupspoon
die Suppentasse   soup cup
der Suppenteller   soup bowl
das Tablett   tray
die Tasse   cup
der Teelöffel   teaspoon
der Teller   plate
die Tischdecke   tablecloth
die Untertasse   saucer
vorwärmen   to preheat
die Warmhalteplatte   heating tray
der Zucker   sugar
die Zuckerdose   sugar bowl

The living room

abspielen   to play (records, tapes)
sich anhören   to listen to
bedecken   to cover
der Besen   broom
das Bild   picture
das Bücherregal   bookshelf
der Bücherschrank   bookcase
empfangen   to receive (guests)
erwarten   to expect
fernsehen   to watch television
der Fernseher   television set
der Fussboden   floor
die Gardinen   drapes
der Gast   guest
die Jalousie   venetian blind
der Kamin   fireplace
die Kassette   cassette
die Lampe   lamp
plaudern   to chat
das Radio   radio

die Radiosendung   radio program
der Rahmen   frame
das Rollo   shade
die Schallplatte   record
der Sessel   armchair
das Sofa   sofa, couch
die Stehlampe   floor lamp
stellen   to put, place
der Teppich   carpet
der Teppichboden   wall-to-wall carpeting
der Tisch   table
die Tischlampe   table lamp
sich unterhalten   to converse
der Vorhang   curtain
das Wohnzimmer   living room
der Wohnzimmerschrank   wall unit
die Zeitschrift   magazine
die Zeitung   newspaper

The bedroom

aufstehen   to get up
das Bett   bed
das Bett beziehen   to make the bed
die Bettdecke   bedspread
ins Bett gehen   to go to bed
das Bettlaken   bed sheet
das Bett machen   to make the bed
die Daunendecke   down quilt; featherbed
einschlafen   to fall asleep
glattziehen   to arrange, to pull smooth
der Kleiderbügel   hanger
die Kommode   bureau
das Kopfkissen   (bed) pillow
der Kopfkissenbezug   pillowcase
die Matratze   mattress
der Nachttisch   night table
schlafen   to sleep
das Schlafzimmer   bedroom
der Schrank   closet
die Schublade   drawer
(den Wecker) stellen   to set (the alarm clock)
die Tagesdecke   bedspread
sich unruhig hin und herwälzen   to toss and turn
der Wecker   alarm clock

Housework

die Abfälle   garbage
absaugen   to vacuum-clean
(das Geschirr) abwaschen   to wash (dishes)

das Bügelbrett   ironing board
das Bügeleisen   iron
bügeln   to iron
erleichtern   to make easy
das Fenster   window
der Feudel   mop
der Fussboden   floor
die Hausarbeit   housework
der Hausputz   housecleaning
hinausbringen   to take out (the garbage)
der Kehrbesen   broom
kehren   to sweep
leeren   to empty
der Müll   garbage
der Mülleimer   garbage can, pail
polieren   to polish, to shine
putzen   to clean
der Putzlappen   polishing cloth
schmutzig   dirty
der Schwamm   sponge
der Staub   dust
staubsaugen   to vacuum-clean
der Staubsauger   vacuum cleaner
das Staubtuch   dustcloth
Staub wischen   to dust
der Teppich   carpet
die Wäsche   laundry, wash
die Waschmaschine   washing machine
werfen   to throw
wischen   to wash (the floor), wipe

Some minor problems around the home

der Abfluss   drain
ablaufen   to drain, run off
anschalten   to turn on
durchgebrannt   blown (fuse); burned out (light bulb)
der Elektriker   electrician
ersetzen   to replace
geschehen   to happen
die Glühbirne   light bulb
der Klempner   plumber
lecken   to leak, drip
leeren   to empty
der Lichtschalter   light switch
nachsehen   to check
die Rohre   pipes, plumbing
die Sicherung   fuse
der Sicherungskasten   fuse box
die Steckdose   (electric) outlet
der Stecker   plug
verstopft   clogged, stopped up

Chapter 18: At the doctor's office
Kapitel 18: Beim Arzt

I HAVE A COLD

Der Patient sagt zu dem Arzt (der Ärztin):[1]	
Mir geht es nicht gut.	I'm not well.
Ich bin *krank.*	sick
Ich glaube, ich *bin erkältet.*	have a cold
ich habe eine *Grippe.*[2]	a cold
Ich *leide an Influenza.*	suffer from; grippe, influenza
Ich habe die *asiatische Grippe.*	influenza
Ich leide an *Verstopfung.*	constipation
Ich bin *verstopft.*	constipated
Ich habe Halsschmerzen.	My throat aches.
Mein Hals tut weh.	My throat hurts.
Ich habe *Durchfall.*	diarrhea
Ich muss mich *häufig übergeben.*	frequently; vomit
Ich habe *Ohrenschmerzen.*	I have an earache.
Mein *Ohr* tut weh.	ear
Ich habe *Fieber.* (*Temperatur*)[3]	fever
Ich habe *Schüttelfrost.*	chills
Mir ist heiss und kalt.	I have chills and fever.
Ich friere.	I'm cold.
Meine *Lymphdrüsen* sind *geschwollen.*	lymph glands; swollen
Ich habe *geschwollene Drüsen.*	swollen glands
Ich habe *Kopfschmerzen.*	headache
Ich habe *Husten.*	cough
Ich huste.	I'm coughing.
Mein Schleim ist dickflüssig.	I'm congested, stuffed up. (My nose is stuffed up.)
Der Arzt (die Ärztin) fragt:	
Was *fehlt* Ihnen?	ails
Was sind die *Symptome?*	symptoms
Unter welchen Beschwerden leiden Sie?	What's troubling you?
Ist Ihnen *schwindelig?*	dizzy
übel?	nauseous
Öffnen Sie den Mund!	Open your mouth!
Ich werde Ihren *Hals* (*Rachen*) *untersuchen.*	throat; examine
Tief einatmen!	Take a deep breath!
Haben Sie *Schmerzen* in der *Brust?*	pain; chest
Wir werden *Fieber messen.*	take your temperature
Wir werden die Temperatur messen.	
Sind Sie gegen Penizillin *allergisch?*	allergic
Ich gebe Ihnen eine *Spritze.*	injection

---

[1] The doctor is called *Arzt* or *Ärztin* but addressed as *Herr Doktor* or *Frau Doktor* respectively. The doctor's office is *Arztpraxis. In der Arztpraxis* is "at the doctor's office." The waiting room is *das Wartezimmer.*

[2] Note that *die Grippe* is a cold; influenza or grippe is *Influenza* or *asiatische Grippe.*

[3] *Temperatur* in German often means "a light fever."

107

Rollen Sie Ihren Ärmel hoch.	Roll up your sleeve.
Krempeln	roll
Machen Sie den Oberkörper frei.	Strip to the waist.
Ich werde Antibiotika *verschreiben*.	prescribe
Sie müssen die *Tabletten* (*Pillen*[4], *Dragées*) dreimal am Tag einnehmen.	tablets (pills)
Vitaminpillen dreimal am Tag *einnehmen*.	take vitamin pills

1. Complete.

Dem armen Herrn Klink geht es nicht gut. Er hat einen roten _____, der sehr

1

weh tut. Manchmal ist ihm heiss und manchmal kalt. Er leidet an _____. Seine

2

_____ sind geschwollen, er hat einen _____, und sein _____ ist

3   4   5

dickflüssig. Er weiss nicht, ob er nur erkältet ist, oder ob er die _____ _____

6

hat. Er muss zum Arzt.

2. Complete.

In der _____.

1

—Guten Tag, Frau Doktor.

—Guten Tag. Was fehlt Ihnen?

—Tja, ich weiss nicht, ob ich eine _____ oder _____ habe.

2   3

—Was sind die _____?

4

—Mein _____ tut weh, und ich habe vielen _____.

5   6

—Öffnen Sie Ihren _____, bitte. Ich werde Ihren _____ untersuchen. Er ist

7   8

sehr rot. Ihre _____ sind auch geschwollen. Sie müssen jetzt _____,bitte.

9   10

Haben Sie Schmerzen in der _____, wenn Sie atmen?

11

—Ein bisschen, nicht viel.

—Haben Sie Husten?

—Ja, ich _____ ganz schön.

12

—Öffnen Sie noch einmal den Mund. Wir werden _____ messen. Sie haben 38 Grad

13

Fieber. Ein bisschen hoch. Wissen Sie, ob Sie gegen Medikamente _____ sind?

14

—Ich glaube nicht.

—Rollen Sie Ihren _____ hoch, bitte. Ich gebe Ihnen jetzt eine _____.

15   16

Dann _____ ich Ihnen Antibiotika. Sie müssen die _____ dreimal am

17   18

Tag einnehmen. Schon in den nächsten Tagen wird es Ihnen besser gehen.

---

[4] "Die Pille" means "the pill" as it is used in the United States, to mean birth control pills.

3. Complete.

1. Wenn man _____ ist, hat man selten Fieber. Aber gewöhnlich hat man bei einer

_____ _____ _____.

2. Bei Fieber fühlt man sich manchmal heiss und im nächsten Moment kalt. Wenn man friert, ist es möglich, dass man _____ bekommt.

3. Der Patient muss seinen _____ öffnen, wenn der Arzt seinen Rachen _____ will.

4. Wenn der Arzt eine _____ geben will, muss der Patient den _____ hoch krempeln.

A PHYSICAL EXAMINATION

die *Krankengeschichte aufnehmen*	to take the medical history
die *Vorgeschichte*	medical history
Leidet ein *Familienmitglied* an Allergien?	family member
Arthritis?	
Asthma?	
Krebs?	cancer
Diabetes?	
Zuckerkrankheit?	diabetes
Herzkrankheit?	heart disease
Kreislaufstörungen?	circulation disorders
psychischen Störungen?	psychiatric disturbances
Geschlechtskrankheiten?	venereal diseases
Epilepsie?	
Tuberkulose? (TBC)	tuberculosis (TB)
Schwindsucht?	tuberculosis
Haben Sie als Kind *Kinderlähmung* gehabt?	infantile paralysis (poliomyelitis)
Polio gehabt?	poliomyelitis
Masern gehabt?	measles
Windpocken gehabt?	chickenpox
Mumps gehabt?	
Sind Sie als Kind *geimpft* worden?	vaccinated

THE VITAL ORGANS (Figs. 18-1 and 18-2)

Welche *Blutgruppe* haben Sie?	blood type
Haben Sie Probleme mit Ihrer *Regel?*	menstrual period
Sind Sie operiert worden?	
Ja, meine *Mandeln sind entfernt worden.*	tonsils; have been taken out
Mein *Blinddarm* ist entfernt worden.	appendix
Der Arzt sagt:	
Krempeln Sie Ihren Ärmel hoch, bitte.	
Ich möchte Ihren *Blutdruck messen.*	blood pressure; take, measure
Ich werde Ihnen eine *Blutprobe abnehmen.*	blood sample; take
Ich muss das *Blut untersuchen* lassen.	blood; analyze; examine
Ich muss Ihren Puls *messen.*	take, measure
Ich werde Ihre Lungen *röntgen.*	x-ray
Ich muss Ihre Brust *abhorchen.*	examine with a stethoscope
Wir werden ein Elektrokardiogramm *machen.*	take
Ich brauche eine *Urinprobe* von Ihnen.	urine sample
eine *Stuhlprobe.*	stool sample

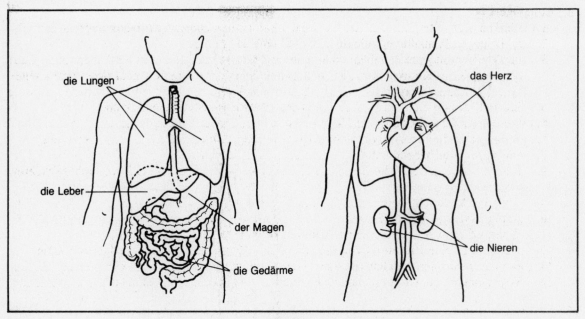

Fig. 18-1

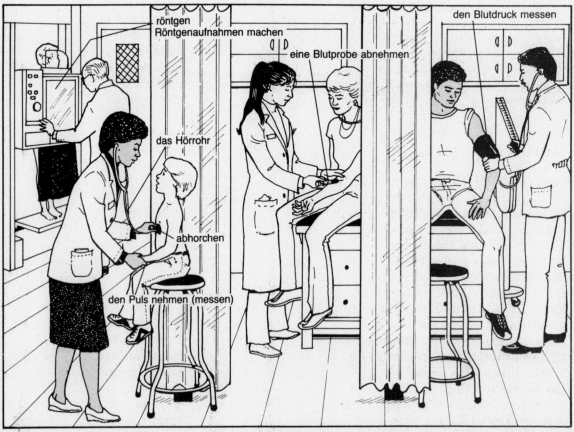

Fig. 18-2

4. Complete.

1. Jemand, der unter _____ leidet, kann einen Herzinfarkt bekommen.
2. Er ist gegen Penizillin empfindlich. Er hat eine _____.
3. In der Vergangenheit haben viele Kinder unter _____ und _____
   gelitten. Diese Krankheiten sind ansteckend. Heute kann man gegen diese Krankheiten
   _____ werden.
4. Jemand, der an _____ leidet, hat Schwierigkeiten beim Atmen.
5. Das Herz, die Leber und die Nieren sind _____ _____.
6. Wenn jemand einen Autounfall hat, ist es wichtig, seine _____ zu wissen.
7. Die Psychiater behandeln _____ _____.
8. Das _____, die _____ und die _____ sind lebenswichtige
   Organe.
9. Als Kind hatte ich auch _____.
10. Asthma ist eine Krankheit der _____.
11. Wenn ich zum Arzt gehe, misst er immer meinen _____.
12. Sie braucht eine Blutprobe von mir, damit sie das _____ analysieren kann.
13. Bei der geringsten Möglichkeit einer Herzkrankheit, macht der Arzt ein _____.
14. Wenn einem übel ist, muss man sich häufig _____ und man hat _____.

5. Select the normal procedures for a complete medical or physical examination.

1. Der Arzt misst das Fieber.
2. Der Arzt misst den Blutdruck.
3. Der Arzt operiert.
4. Der Arzt röntgt die Lungen.
5. Der Arzt nimmt eine Blutprobe ab, um das Blut zu analysieren.
6. Der Arzt fühlt den Puls.
7. Der Arzt gibt eine Penizillinspritze.
8. Der Arzt macht ein EKG.
9. Der Arzt verschreibt Antibiotika.
10. Der Arzt horcht die Brust des Patienten ab.
11. Der Arzt braucht eine Urinprobe vom Patienten.
12. Der Arzt untersucht bestimmte lebenswichtige Organe.

I HAD AN ACCIDENT (Fig. 18-3)

Ich habe mir den Finger gebrochen.	
den Arm gebrochen.	
das *Handgelenk* gebrochen.	wrist
das *Bein* gebrochen.	leg
den *Knöchel* gebrochen.	ankle
das *Knie* gebrochen.	knee
die *Hüfte* gebrochen.	hip
den *Ellbogen* gebrochen.	elbow
die *Schulter* gebrochen.	shoulder
Ich habe mir das Knie *verrenkt*.	sprained, twisted
das Handgelenk verrenkt.	
Ich habe mir den Knöchel *verstaucht*.	sprained
Ich habe *Rückenschmerzen*.	I have a backache.
Hier *tut es mir weh*.	hurts me
Der Arzt will den *Knochenbruch röntgen*.	break; x-ray
Es ist ein *geschlossener Bruch*.	simple fracture
Es ist kein *offener Bruch*.	compound fracture

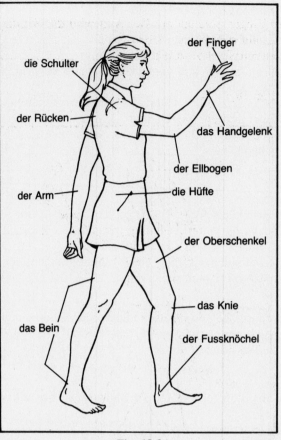

Fig. 18-3

Der *Orthopäde* muss den *Knochen richten*.	orthopedist; bone; set
Er wird den Knochen in einem *Gipsverband ruhig stellen*.	cast; immobilize
Er wird ihn *in Gips legen*.	put in a cast
Der Patient wird *auf Krücken* gehen müssen.	on crutches
Ich habe *mich* in den Finger *geschnitten*.	cut myself
in die *Backe* (*Wange*) geschnitten.	cheek
in den *Fuss* geschnitten.	foot
Der Arzt *näht* die *Wunde*.	sews; wound
Er wird die Wunde *verbinden*.	to bandage
Es legt einen *Verband* an.	bandage
Er *klebt* ein *Pflaster auf* die Wunde.	sticks on; adhesive bandage
Er wird die *Nähte* in fünf Tagen *entfernen*.	stitches; take out

6. Complete.

Kläuschen hatte einen Unfall. Er ist gefallen und hat sich das _____ gebrochen.
                                                                                    1

Seine Eltern brachten ihn ins Krankenhaus. Der Arzt sagte ihnen, dass er das Bein _____
                                                                                            2

wollte. Er wollte sehen, ob das Bein verrenkt oder gebrochen war. Das Röntgenbild zeigte einen

Bruch. Der _____ musste den Knochen _____ und ihn dann in Gips
                    3   4

_____. Das arme Kläuschen wird einige Woche auf _____ gehen müssen.
        5   6

7. Complete.
  1. Sie hat sich in den Finger geschnitten. Der Arzt wird die Wunde nicht nähen, sondern nur ein _____ auf die Wunde kleben.
  2. Vor dem Verbinden muss der Arzt die Wunde _____, weil sie sehr tief ist.

8. Identify each item in Fig. 18-4.

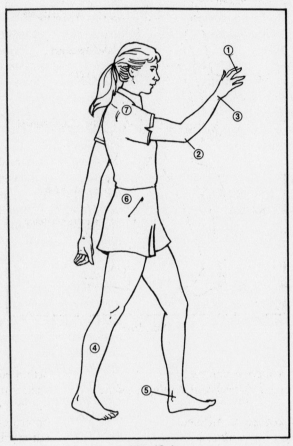

Fig. 18-4

Key Words

abhorchen   to examine with a stethoscope
              (auscultate)
die Allergie   allergy
allergisch   allergic
analysieren   to analyze
ansteckend   contagious
die Antibiotika   antibiotics
der Arm   arm
der Ärmel   sleeve
die Arthritis   arthritis
der Arzt   doctor (male)

die Ärztin   doctor (female)
die Arztpraxis   doctor's office
das Asthma   asthma
atmen   to breathe
die Backe   cheek
das Bein   leg
die Beschwerden   complaints
der Blinddarm   appendix
das Blut   blood
der Blutdruck   blood pressure
die Blutgruppe   blood type

die Blutprobe   blood sample
der Bruch   break, fracture
geschlossener Bruch   simple fracture
offener Bruch   compound fracture
die Brust   chest; breast
der Darm   bowels, intestine
die Därme   intestines
der Diabetes   diabetes
dickflüssigen Schleim   to be congested,
  haben   stuffed up
das Dragée   (coated) pill
die Drüsen (Lymphdrüsen)   glands (lymph
                              glands)
der Durchfall   diarrhea
das Elektrokardiogramm (EKG)
              electrocardiogram (EKG)
empfindlich gegen   sensitive to
entfernen   to remove
die Epilepsie   epilepsy
der epileptische Anfall   epileptic fit
erkältet sein   to have a cold
die Erkältung   cold
das Fieber   fever
der Finger   finger
sich frei machen   to undress (in doctor's
                      office only)
frieren   to be cold, freeze, be freezing
(den Puls) fühlen   to feel (the pulse)
der Fuss   foot
gebrochen   broken
geimpft   vaccinated
die Geschlechtskrankheit   venereal
                              disease
geschnitten   cut
geschwollen   swollen
in Gips legen   put in a cast
der Gipsverband   (plaster) cast
die Grippe   cold
die asiatische Grippe   influenza
der Hals   neck
die Halsschmerzen   sore throat
das Handgelenk   wrist
häufig   frequent(ly)
das Herz   heart
der Herzanfall   heart attack
der Herzinfarkt   heart attack
hochkrempeln   to roll up
die Hüfte   hip
husten   to cough
der Husten   cough
impfen   to vaccinate
die Influenza   influenza

die Kinderlähmung   infantile paralysis,
                       poliomyelitis
kleben   to put on, stick on
der Knöchel   ankle
der Knochen   bone
krank   sick, ill
die Krankengeschichte   medical history
die Krankheit   sickness, illness
die psychische Krankheit   mental illness
der Krebs   cancer
die Krücken   crutches
die lebenswichtigen Organe   vital organs
die Leber   liver
leiden an (unter)   to suffer (from)
die Lungen   lungs
der Magen   stomach
die Mandeln   tonsils
die Masern   measles
messen   to measure
die Möglichkeit   possibility
der Mumps   mumps
der Mund   mouth
nähen   to sew, stitch
die Nähte   stitches
die Nieren   kidneys
das Ohr   ear
die Ohrenschmerzen   earache
die Operation   operation
operieren   to operate
der Orthopäde   orthopedist
das Penizillin   penicillin
die Penizillinspritze   penicillin injection
das Pflaster   adhesive bandage
die Polio   poliomyelitis
die Probe   sample
der Psychiater   psychiatrist
der Puls   pulse
der Rachen   throat
die Regel   menstrual period
richten   to set (bone)
röntgen   to take x-rays, to x-ray
das Röntgenbild   the x-ray
der Rücken   back
ruhig stellen   to immobilize (bone)
schienen   to splint
der Schleim   mucus, phlegm
dickflüssigen Schleim   to be congested,
  haben   stuffed up
die Schmerzen   pains
schneiden   to cut
der Schüttelfrost   chills and fever
die Schwierigkeiten   difficulties

schwindelig   dizzy
die Schwindsucht   tuberculosis
die Spritze   injection
die Störungen   disturbances
psychische Störungen   psychiatric
         disturbances
der Stuhl   stool
der Stuhlgang   bowel movement
die Symptome   symptoms
die Tablette   tablet
die Tuberkulose (TBC)   tuberculosis
übel   nauseous
sich übergeben   to vomit
der Unfall   accident

untersuchen   to examine, analyze
der Urin   urine
der Verband   bandage
verbinden   to bandage
verrenken   to twist, sprain
verschreiben   to prescribe
verstauchen   to sprain
verstopft   constipated
die Verstopfung   constipation
die Wange   cheek
weh tun   to hurt
die Windpocken   chickenpox
die Wunde   wound
die Zuckerkrankheit   diabetes

Chapter 19: At the hospital
Kapitel 19:   Im Krankenhaus

ADMISSION TO THE HOSPITAL[1]

Füllen Sie bitte dieses *Formular aus.*   fill out; form
In welcher *Krankenkasse*[2] sind Sie?   insurance

IN THE EMERGENCY ROOM (Fig. 19-1)

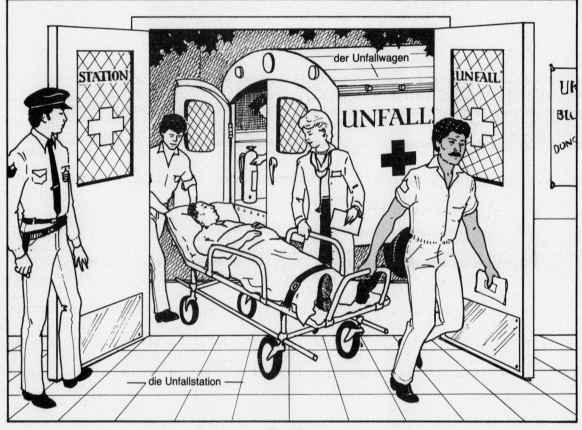

der Unfallwagen

die Unfallstation

Fig. 19-1

Der *Krankenwagen* kommt.   ambulance
Der *Unfallwagen* kommt.   ambulance
Der Patient liegt auf einer *Tragbahre*.   stretcher
Er sitzt nicht im *Rollstuhl*.   wheelchair
Er wird auf die *Unfallstation* gebracht.   emergency room

---

[1] The usual word for hospital is *Krankenhaus,* but *Klinik* can refer to a hospital as well as a clinic. Very often a doctor or group of doctors will own their own private hospital, which is called a *Klinik*.

[2] Patients who are not insured by a German statutory (compulsory) insurance company would indicate that they are *Privatpatienten*, nevertheless naming their insurance company if they have one.

Sofort fühlt eine *Krankenschwester* seinen Puls.	nurse (female)
eine *Krankenpflegerin* seinen Puls.	nurse (female)
ein *Krankenpfleger* seinen Puls.	nurse (male)
Der Krankenpfleger muss auch seinen *Blutdruck messen.*	measure blood pressure
Der Arzt (die Ärztin) *untersucht* den Patienten.	examines
Ein *Assistenzarzt* untersucht ihn auf der Unfallstation.	intern
Der Patient hat *Bauchschmerzen.*	abdominal pains
Der Arzt will *röntgen.*	take x-rays
Sie bringen den Patienten zur Radiologie.[3]	

1. Answer.
1. Wie kommt der Patient ins Krankenhaus?
2. Kann der Patient laufen?
3. Wo liegt der Patient?
4. Was macht eine Krankenschwester sofort?
5. Wer untersucht den Patienten?
6. Wo wird er untersucht?
7. Was hat der Patient?
8. Was will der Arzt tun?
9. Wohin bringen sie den Patienten?

2. Complete.

Wenn ein Patient im Krankenhaus aufgenommen wird, muss er oder ein Familienmitglied

bei der Aufnahme ein _____ ausfüllen. Auf dem _____ muss er den Namen
1   2

seiner _____ angeben.
3

3. Complete.
1. Viele Patienten werden auf einer _____ ins Krankenhaus gebracht.
2. Wenn der Patient nicht laufen kann, legt man ihn auf eine _____, oder man setzt ihn in einen _____.
3. Wenn der Patient in einem Krankenwagen ins Krankenhaus kommt, kommt er im allgemeinen auf die _____.
4. Fast immer gibt es einen Krankenpfleger (odor eine Krankenpflegerin), der (die) den _____ des Patienten fühlt und seinen _____ misst.
5. Wenn der Arzt (oder die Ärztin) nicht weiss, was der Patient hat, wird er (sie) ihn _____.

SURGERY (Fig. 19-2)

Der Patient wird *operiert.*	operated on
Sie werden einen *chirurgischen Eingriff vornehmen.*	operate
Sie geben dem Patienten eine *Spritze* mit einem	injection
Beruhigungsmittel.	tranquilizer
Sie *bereiten* den Patienten für die Operation *vor.*	prepare

---

[3] The medical departments in a hospital named after a medical science are almost always the same in English and German since the words stem from Latin or Greek roots. However, the *-y* in English becomes *-ie* in German. Thus, "radiology" becomes *Radiologie.* Other common examples are *Urologie, Neurologie,* and *Kardiologie.* The same is true for the doctor who is a specialist in a particular field. The English ending *-ologist* becomes *-ologe, -ologin: Gynäkologe, Gynäkologin,* etc.

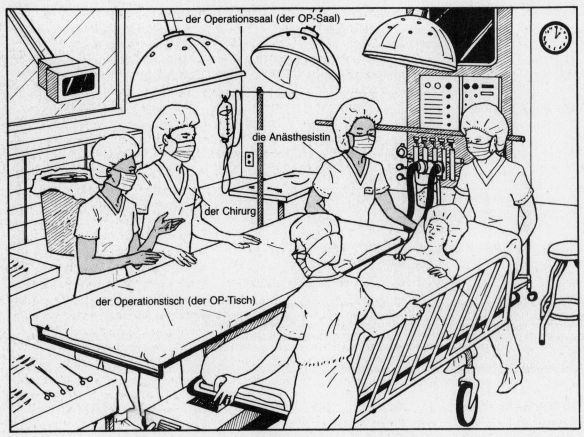

der Operationssaal (der OP-Saal)

die Anästhesistin

der Chirurg

der Operationstisch (der OP-Tisch)

Fig. 19-2

Auf einer *fahrbaren Trage* bringt man den Patienten in den *Operationssaal* (in den *OP-Saal*).	stretcher operating room
Man *legt* ihn auf den *Operationstisch* (*OP-Tisch*).	place; operating table
Die *Anästhesistin leitet* die Anästhesie *ein*.	anesthetist (female); introduces
Sie gibt ihm *Pentothal*.	sodium pentothal
Der *Chirurg* operiert.	surgeon
Die Chirurgin *führt* die Operation *durch*.	operates
Der Patient wird am *Blinddarm* operiert.	appendix
Der Chirurg *nimmt* den Blinddarm[4] *heraus*.	takes out
Er *entfernt* ihn.	removes
Der Patient hat eine *Blinddarmentzündung* (akute *Appendizitis*).	appendicitis

4. Complete.

Der Patient muss _____ werden. Bevor der Arzt den chirurgischen _____
　　　　　　　　　　　1　　　　　　　　　　　　　　　　　　　　　　　　　　　　2

vornimmt, und ehe der Patient in den _____ gebracht wird, bekommt er eine Spritze
　　　　　　　　　　　　　　　　　3

mit einem _____. Der Patient soll nicht nervös sein. Dann wird er auf einer _____
　　　　　4　　　　　　　　　　　　　　　　　　　　　　　　　　　　　　　　　　　5

_____

[4] Other words you may want to know are: *die Blase*, bladder; *die Brust*, breast; *der Dickdarm*, colon; *das Geschwür*, ulcer; *die Zyste*, cyst; *die Hämorrhoiden*, hemorrhoids; *die Polypen*, polyps; *die Eierstöcke*, (*Ovarien*), ovaries; *die Uterusexstirpation*, hysterectomy; *die Gallenblase*, gallbladder; *der graue Star* (*Katarakt*), cataract.

in den OP-Saal gebracht, weil der Patient nicht gehen kann. Im OP-Saal wird er auf den OP-

_____ gelegt. Die _____ leitet die Anästhesie ein, und dann beginnt der
     6   7

_____ mit der _____. Der Chirurg _____ den Blinddarm.
     8   9   10

5. Give other terms for:
1. einen chirurgischen Eingriff vornehmen
2. der Eingriff
3. am Blinddarm operieren
4. Appendizitis

IN THE RECOVERY ROOM[5]

Nach einer Operation wird der Patient in den *Beobachtungsraum* gebracht.	recovery room
Im Beobachtungsraum bekommt er vielleicht *Sauerstoff*.	oxygen
Der Patient liegt nicht in einem *Sauerstoffzelt*.	oxygen tent
Er bekommt *künstliche Ernährung*.	intravenous feeding
Er wird *intravenös ernährt*.	fed intravenously
Die Krankenschwester sagt, dass die *Prognose* nicht schlecht ist.	prognosis

6. Complete.
1. Nach der Operation kommt der Patient in den _____.
2. Damit der Patient leichter atmen kann, bekommt er _____.
3. Manchmal bekommt der Patient intravenöse _____.
4. Der Patient war zufrieden, weil man ihm erzählte, dass seine _____ nicht schlecht wäre.

IN THE DELIVERY ROOM

Die Frau ist *schwanger*.	pregnant
Sie wird ein *Kind* bekommen.	child
Sie steht vor der *Entbindung*.	delivery
Sie liegt *in den Wehen*.[6]	in labor
Die Wehen sind *schmerzhaft*.	painful
Die Frau liegt im *Entbindungssaal*.	delivery room
im *Kreisssaal*.	delivery room
Der *Geburtshelfer* ist *bereit*.	obstetrician; ready

7. Complete.
Die Frau ist _____. Sie steht vor der _____. Jetzt liegt sie in den
                        1   2

_____. Im _____ ist der _____ bereit.
     3   4   5

---

[5] After an operation critical patients are taken to a recovery room called *Intensivstation,* supervised by a doctor who is always present. Generally, one nurse monitors three patients. Patients not in critical condition after an operation are taken to the *Beobachtungsraum* (literally, observation room).

[6] *Wehen* means both "in labor" and "labor pains."

Eines Morgens wachte Holger mit Bauchschmerzen auf. Er konnte nicht aufstehen. Er wusste nicht, was er tun sollte und rief endlich einen Krankenwagen. Der Krankenwagen kam sofort. Sie setzten Holger in einen Rollstuhl und brachten ihn ins Krankenhaus. In fünf Minuten war er auf der Unfallstation. Ein Krankenpfleger fühlte seinen Puls, und ein anderer mass den Blutdruck. Ein Arzt kam und fragte nach seinen Symptomen. Holger beschrieb seine Schmerzen. Der Arzt wollte wissen, ob Holger sich übergeben oder Durchfall hätte. Holger sagte nein, dass er nur Bauchschmerzen hätte. Der Arzt untersuchte ihn und sagte, er wollte ihn röntgen. Eine Krankenschwester half Holger in den Rollstuhl und brachte ihn zur Radiologie. Dort machte man sofort Röntgenbilder. Nach einer Stunde erklärte der Arzt Holger, dass er eine akute Appendizitis hätte, und dass ein chirurgischer Eingriff notwendig wäre. Man gab Holger ein Beruhigungsmittel und er schlief fast sofort ein. Die Anästhesistin gab ihm eine Spritze in den rechten Arm und sagte, er sollte bis zehn zählen. Der Chirurg entfernte den Blinddarm und nähte den Schnitt zu. Beim Aufwachen fand sich Holger im Beobachtungsraum wieder. Er hatte Sauerstoffschläuche in der Nase. Er bekam intravenöse Ernährung. Der arme Holger wusste kaum, wo er war, bis die Krankenschwester sagte, dass alles in Ordnung wäre. Die Operation war vorbei, und der Arzt sagte, die Prognose wäre sehr gut. In ein paar Tagen wird er das Krankenhaus verlassen können, nicht auf einer Tragbahre, nicht in einem Rollstuhl, sondern zu Fuss.

8. Complete.

1. Holger hatte _____.
2. Er ist in einem _____ ins Krankenhaus gefahren.
3. Er sass nicht in dem Krankenwagen. Er lag auf einer _____.
4. Im Krankenhaus brachte man ihn auf die _____.
5. Dort mass man seinen _____ und seinen _____.
6. Dem Arzt erklärte er seine _____.
7. Eine Krankenschwester brachte Holger zur _____, wo man _____ machte.
8. Der Arzt musste einen chirurgischen _____ vornehmen.
9. Ehe sie ihn in den OP-Saal brachten, gaben sie ihm ein _____.
10. Man legte ihn auf den _____.
11. Die _____ gab ihm eine Spritze.
12. Der _____ entfernte den _____.
13. Der Chirurg _____ den Schnitt zu.
14. Holger wachte im _____ auf.
15. Um leichter atmen zu können, hatte er _____ in der Nase.
16. Er bekam _____ Ernährung.
17. Holger war nicht nervös, weil ihm der Chirurg eine gute _____ voraussagte.

Key Words

die Anästhesie	anesthesia	*die Aufnahme*	admission
der (die) Anästhesist(in)	anesthetist	*aufnehmen*	to admit (hospital)
die Appendizitis	appendicitis	*die Bauchschmerzen*	stomach pains, bellyache
der Arzt	doctor, physician		
die Ärztin	doctor, physician (f.)	*der Beobachtungsraum*	recovery room
der Assistenzarzt	intern	*bereit*	ready
die Assistenzärztin	intern (f.)	*das Beruhigungsmittel*	tranquilizer
atmen	to breathe	*die Blase*	bladder

der Blinddarm   appendix

die Blinddarmentzündung   appendicitis

die akute   appendicitis

   Blinddarmentzündung   attack, acute
                                          appendicitis

der Blutdruck   blood pressure

die Brust   breast; chest

der Chirurg, die Chirurgin   surgeon

einen chirurgischen

   Eingriff vornehmen   to operate

der Dickdarm   colon

die Eierstöcke   ovaries

der Eingriff   operation (intervention)

die Entbindung   delivery

der Entbindungssaal   delivery room

entfernen   to remove

Ernährung   feeding (food)

ernst   serious

das Formular   form (to fill out)

die Gallenblase   gallbladder

der Geburtshelfer   obstetrician (male)

die Geburtshelferin   obstetrician (female)

das Geschwür   ulcer

der graue Star   cataract

die Hämorrhoiden   hemorrhoids

herausnehmen   to take out

die Intensivstation   intensive care

intravenös   intravenous

die Katarakt   cataract

die Klinik   clinic; hospital

das Krankenhaus   hospital

die Krankenkasse   health insurance

der (die) Krankenpfleger(in)   nurse

die Krankenschwester   nurse (f.)

der Krankenwagen   ambulance

der Kreisssaal   delivery room

legen   to place, put

die Mandeln   tonsils

messen   to measure, take (blood pressure)

die Nahrung   food

die Operation   operation

eine Operation durchführen   to operate

der Operationssaal   operating room

der Operationstisch   operating table

operieren   to operate

die Ovarien   ovaries

der Patient   patient (male)

die Patientin   patient (female)

Pentothal   sodium pentothal

die Polypen   polyps

die Prognose   prognosis

der Puls   pulse

die Radiologie   radiology

der Rollstuhl   wheelchair

röntgen   to take x-rays, to x-ray

die Röntgenaufnahmen   x-rays

die Röntgenbilder   x-rays

der Sauerstoff   oxygen

die Sauerstoffschläuche   oxygen tubes

das Sauerstoffzelt   oxygen tent

die Schmerzen   pains

schmerzhaft   painful

der Schnitt   cut, incision

schwanger   pregnant

die Schwangerschaft   pregnancy

die Spritze   injection

die Tragbahre   stretcher

die Unfallstation   emergency room

der Unfallwagen   ambulance

untersuchen   to examine

die Uterusexstirpation   hysterectomy

voraussagen   to predict

vorbereiten   to prepare

die Wehen   labor; labor pains

die Zyste   cyst

Chapter 20:   At the theater and the movies
Kapitel 20:   Im Theater und im Kino

SEEING A SHOW

Ich möchte ins *Theater* gehen.	theater
Was für ein *Stück* wirst du sehen?	work
Schauspiel wirst du sehen?	drama
Wirst du eine *Tragödie* sehen?	tragedy
eine *Komödie* sehen?	comedy
Ich möchte ein *Musical* sehen.	musical
ein *Varieté* sehen.	variety show
Welcher *Schauspieler* (welche *Schauspielerin*) spielt mit?	actor; actress
Wer *spielt* die *Rolle* des Faust?	plays; part, role
Wer ist der *Held* (die *Heldin*)?	hero, heroine
Das Stück hat drei *Akte*.	acts
Jeder Akt hat zwei *Szenen*.	scenes
Nach dem zweiten Akt ist eine *Pause*.	intermission
Der Schauspieler (die Schauspielerin) *erscheint auf der Bühne*.	appears on stage
Die *Zuschauer* applaudieren.	spectators, audience
Die *Vorstellung* (die Aufführung) gefällt ihnen.	performance
Die Zuschauer *pfeifen*, wenn ihnen die Vorstellung nicht gefällt.	whistle
Der Vorhang hebt sich.	The curtain rises.
Der Vorhang *fällt*.	falls

1. Complete.
1. Warum gehen wir nicht ins _____? Ich möchte ein Theaterstück sehen.
2. Ich möchte keine Tragödie sehen. Ich ziehe eine _____ vor.
3. Der _____ Dieter Borsche spielt die Rolle des Königs und die Schauspielerin Maria Schell spielt die Rolle der Königin.
4. Sie hat die wichtigste Rolle. Sie ist die _____.
5. Das Stück ist ziemlich lang. Es hat fünf _____ und jeder Akt hat zwei _____.
6. Nach jedem Akt fällt der _____.
7. Zwischen dem dritten und dem vierten Akt ist eine _____ von fünf Minuten.
8. Alle Zuschauer applaudieren, wenn die Heldin zum ersten Mal _____ _____ _____ _____.
9. Die Zuschauer applaudieren, weil ihnen die _____ gefällt.
10. Wenn ihnen die Vorstellung nicht gefällt, dann _____ sie.

2. Give the opposite.
1. eine Komödie
2. ein Schauspieler
3. applaudieren
4. der Vorhang fällt

AT THE TICKET WINDOW (Fig. 20-1)

Fig. 20-1

An der *Theaterkasse*	ticket window, box office
Gibt es noch *Karten* für die *Vorstellung heute abend?*	tickets; tonight's performance
Es tut mir leid. Es ist alles *ausverkauft.*	sold out
Gibt es noch Karten im *Parkett* für die Vorstellung von morgen?	orchestra
Ich möchte im *ersten Rang* sitzen.	mezzanine
im *zweiten Rang* sitzen.	balcony
Ich möchte auf dem *Heuboden* sitzen.	top balcony
Ich möchte zwei Plätze im Parkett.	
Ich möchte einen Platz in der *Loge.*	box seat
Ich möchte zwei Plätze *in der ersten Reihe* des ersten Rangs.	in the front row
Wieviel kosten die Karten?	How much are
Hier sind Ihre *Eintrittskarten.*	(admission) tickets
Sie haben Plätze 15 und 16 in *Reihe* D.	row
Um wieviel Uhr *beginnt* die Vorstellung?	starts
Wir können unsere Mäntel an der *Garderobe* abgeben.	cloakroom
Die *Platzanweiserin* (der *Platzanweiser*) *verkauft* Programme.	usher; sells
Der *Kassierer* (die *Kassiererin*) verkauft die Theaterkarten.	cashier

3. Complete.

An der _____
           ₁

—_____ Karten für die _____ heute abend?
     2   3

—Nein, es ist alles _____. Aber es gibt noch _____ für die Vorstellung von
                       4   5

morgen.

—Morgen ist auch gut.

—Möchten Sie lieber im _____, im _____ oder im _____ sitzen?
                    6   7   8

—Ich möchte zwei _____ im Parkett, bitte.
               9

—Oh, Entschuldigung! Es tut mir leid. Für die morgige Vorstellung ist das Parkett ausverkauft.

Aber ich habe noch einige Plätze in der ersten _____.
                                10

—Das ist mir recht. Wieviel _____ die Karten?
                       11

—13,— Mark pro Karte.

—Gut, ich nehme sie.

—Hier sind Ihre _____. Sie sind in _____ A im ersten Rang.
               12   13

—Vielen Dank. Um wieviel Uhr _____ die Vorstellung?
                       14

—Um Punkt acht Uhr _____ der Vorhang.
               15

4. Read the conversation and answer the questions that follow.

Karin: Warst du heute an der Theaterkasse?

Jutta: Ja, ich war dort.

Karin: Und, gehen wir heute abend ins Theater?

Jutta: Heute abend nicht. Es gab keine Karten mehr. Es war alles ausverkauft, aber ich habe
         zwei Karten für die morgige Vorstellung.

Karin: Das ist gut. Sitzen wir im Parkett?

Jutta: Nein, es gab keine Karten mehr für das Parkett, aber sie hatten noch zwei Karten für
         den ersten Rang. Wir sitzen in der ersten Reihe des ersten Rangs.

Karin: Von dort kann man gut sehen. Ich sitze nicht gern im zweiten Rang oder auf dem
         Heuboden. Von dort sieht man nicht gut. Ich sitze lieber im Parkett oder im ersten
         Rang.

1.   Wo war Jutta heute?
2.   Gehen Jutta und Karin heute ins Theater?
3.   Was gab es nicht für die Vorstellung von heute abend?
4.   War die morgige Vorstellung auch ausverkauft?
5.   Wie viele Karten hat Jutta für die morgige Vorstellung bekommen?
6.   Sitzen sie im Parkett?
7.   Warum nicht?
8.   Wo werden Jutta und Karin sitzen?
9.   Warum sitzt Karin nicht gern im zweiten Rang oder auf dem Heuboden?
10.   Wo sitzt sie am liebsten?

5. Correct each statement.
   1. Man kann die Theaterkarten an der Garderobe kaufen.
   2. Die Kassiererin (der Kassierer) zeigt den Zuschauern ihre Plätze.
   3. Im Theater kann man den Mantel an der Theaterkasse abgeben.
   4. Der Vorhang fällt, wenn die Vorstellung beginnt.
   5. Im Theater sieht man vom zweiten Rang am besten.

AT THE MOVIES

Im *Kino*	movies
Welcher Film *wird* heute *gespielt?*	is being played
gezeigt?	shown
Welcher Film *läuft* heute?	
Welcher Schauspieler *spielt* in dem Film *mit?*	is playing, acting
Gibt es *noch Karten* für heute abend?	tickets still available
Ich möchte nicht *zu nahe* an der *Leinwand* sitzen.	too close; screen
Es ist ein amerikanischer Film, der *synchronisiert* worden ist	dubbed
(*in deutscher Synchronisation*).	dubbed in German
Wo wurde der Film *gedreht?*	shot

6. Complete.
   1. Im _____ Metro wird ein neuer _____ von Fassbinder _____.
   2. Es ist ein deutscher Film; er wurde in Bayern _____.
   3. Ich verstehe nicht sehr gut deutsch. Wissen Sie, ob der Film _____ worden ist?
   4. Warum gehen wir nicht in den Film, wenn es noch _____ gibt?
   5. Im Kino sitze ich nicht gern nahe an der _____.

Key Words

abgeben to leave, check (coats)	*die Karte* ticket
der Akt act	*der (die) Kassierer(in)* cashier
anfangen to begin	*das Kino* movies, cinema
applaudieren to applaud	*die Komödie* comedy
die Aufführung performance	*die Leinwand* screen
ausverkauft sold out	*der Logenplatz* box seat
beginnen to begin	*das Musical* musical
die Bühne stage	*das Parkett* orchestra
das Drama drama	*die Pause* intermission
einen Film drehen to shoot a film	*pfeifen* to whistle
die Eintrittskarte admission ticket	*der Platz* seat
(auf der Bühne) erscheinen appear (on	*der (die) Platzanweiser(in)* usher
stage)	*das Programm* program
fallen to fall	*der erste Rang* mezzanine
der Film film, movie	*der zweite Rang* balcony
die Garderobe coatroom	*die Reihe* row
der Held (die Heldin) hero (heroine)	*die Rolle* part, role
der Heuboden top balcony	*das Schauspiel* (theater) play

der Schauspieler   actor
die Schauspielerin   actress
spielen   to play
eine Rolle spielen   to act, to play a part
das Stück (Theaterstück)   play
synchronisieren   to dub
die Szene   scene
das Theater   theater
die Theaterkasse   ticket window, box
                  office

die Tragödie   tragedy
das Varieté   variety show
der Vorhang   curtain
die Vorstellung   show, performance
vorziehen   to prefer
zeigen   to show, to present (a play,
                  movie)
der Zuschauer   spectator

Chapter 21: Sports
Kapitel 21: Der Sport

ALPINE SKIING[1]

Mit gefällt der Abfahrtslauf.	I like downhill skiing.
Ich bin kein Anfänger mehr.	beginner
Die fortgeschrittenen Skiläufer können von steilen Pisten abfahren.	advanced; skiers; steep slopes ski down
Ein Skiläufer schwingt über die Pisten.[2]	ski downhill making large turns
Welche Rennform gefällt dir?	race
Mir gefällt der Slalom.	
Die Skifahrer hoffen, dass es vielen Pulverschnee[3] geben wird.	skiers; (natural) powder snow
Es gibt eine geschlossene Schneedecke von mindesten 12 cm[4] Schnee.	base; at least; snow
Es ist schwerer, auf granuliertem Schnee zu fahren, weil er zu grob ist.	granular snow coarse
Auch auf Harschschnee lässt es sich schlecht fahren.	crusted snow
Wir müssen die Brems-, Wende-, und Falltechnik lernen.	technique of braking, turning, falling
Man sollte Skigymnastik treiben.	do skiing warm-up exercises
Der Anfänger geht in die Pflugstellung, um anzuhalten.	makes a snowplow turn; to stop
Ein fortgeschrittener Skiläufer führt Richtungsänderungen durch einen Parallelschwung aus.	executes; changes in direction parallel turn
Am Skiort (Wintersportort) können wir Skiausrüstungen mieten.	ski resort; skiing equipment; to rent
Die Hotels in den Skiorten sind gemütlich.	cozy
Man kann Skiunterricht beim Skilehrer nehmen.	skiing lessons; ski instructor
Die Skiläufer benutzen Sessellifts oder Schlepplifts[5] um auf die Berge zu kommen.	use; chair lifts; ski tows; to get to the top of the mountains
Man kann einen Skipass für einen Tag, eine Woche, oder die ganze Saison kaufen.	ski-lift ticket season; buy
Viele Leute verstauchen sich die Hand oder den Arm beim Fallen.	sprain
Er hat sich das Bein gebrochen.	leg; broken
Beim Skilaufen kommen Verletzungen häufig vor.	occur; injuries; frequently
Ich muss meine Skier präparieren lassen.	skis; have sharpened and waxed
Die Bindungen müssen eingestellt werden.	bindings; adjusted
Sie sollen sich lösen, wenn ich falle.	come loose

---

[1] Popular ski resorts and areas include *Reit im Winkl, Inzell,* and *Berchtesgaden* in Germany; the *Walliser Alps* and *Graubünden* in Switzerland; and *Kitzbühel, Sölden,* and *Zell am See* in Austria.

[2] *Über die Piste schwingen* is equivalent to "skiing down a mogul run." (A mogul is a bump formed by skiers as they ski down the slope.)

[3] Except in official races, it is uncommon to find artificial snow on the slopes.

[4] Twelve centimeters is about five inches.

[5] In Europe gondolas are rarely used to get up ski slopes.

Die *Stöcke* müssen die *richtige Länge* haben.	poles; proper height
Sie helfen mir, das *Gleichgewicht zu halten.*	keep my balance
Beim Skilaufen brauche ich einen *Skianzug,* am besten *aus* Nylon und *Daunen.*	ski suit; made of down
Ich brauche auch eine *Skibrille,* eine *Skimütze, Handschuhe* und *dicke Wollsocken.*	goggles; ski hat; gloves; heavy wool socks
Die *Stiefel* kann ich am *Bügel tragen.*	boots; ski tree; carry

1. Answer.
1. Was ist alpines Skilaufen?
2. Wer kann von steilen Pisten abfahren?
3. Worauf hoffen die Skifahrer?
4. Auf welchem Schnee ist es schwer, Ski zu laufen?
5. Wie heissen zwei Skitechniken?
6. Wo können wir die Skiausrüstung mieten?
7. Was muss ich mit den Bindungen machen?
8. Welche Rolle spielen die Stöcke?
9. Welche Ausrüstung braucht man zum Skifahren?
10. Wie kann ich meine Stiefel tragen?

2. Complete.
1. Die sehr guten Skifahrer sind die _____ Skifahrer.
2. Ein Skifahrer, der das Skifahren beginnt, ist ein _____.
3. Ein Anfänger kann nicht von den steilen _____ abfahren.
4. Der Slalom ist eine _____.
5. Es gibt Pulverschnee und Neuschnee, aber auch _____ und _____.
6. Ich habe noch keine Skier und keine Stiefel. Am Skiort kann ich mir die _____ mieten.
7. Es ist besser, wenn ein Anfänger _____ beim _____ nimmt.
8. Ich kaufe mir einen _____ für die Saison.
9. Man muss die Skier _____ lassen.
10. Die _____ müssen _____ werden, weil sie sich lösen sollen, wenn man fällt.

CROSS-COUNTRY SKIING[6]

Mir gefällt der *Langlauf.*	Nordic skiing, cross-country skiing
Anfänger lernen auf *präparierten Loipen.*	prepared; ski-touring trails
Die *Gruppen* laufen auf *markierten Loipen.*	groups; marked, machine-made parallel tracks
Man *unternimmt* längere *Langlauftouren abseits der Loipen.*	undertakes; long-distance tours; off-trail
Die *Grundbewegung* beim Langlauf ist *eine Art Gleiten auf Skiern.*	basic movement; a kind of gliding on skis
Es gibt *Techniken* für das *Bremsen, Halten* und für die *Richtungsänderung.*	techniques; braking; stopping turning

---

[6] Cross-country skiing is practiced in Germany in the mountain ranges that are not as high as the Alps, particularly *der Schwarzwald* (Black Forest) and *der Harz* (Harz mountains).

Langläufer tragen *Kniehosen* und lange *Wollsocken.*	cross-country skiers; knee breeches; wool socks
Die *Bekleidung* sollte *leicht,* warm, *locker* und *wind- und wasserdicht* sein.	clothing; light; loose-fitting; wind- and waterproof
Beim Langlaufski ist der *Absatz* frei.	heel (of ski)
Es gibt *keinen Fersenautomat.*	no heel binding
Die Stiefel sind mit einem *scharnierten Vorderbacken befestigt.*	hinged toepiece; secured
Langlaufskier sind *schmaler* und *leichter* als *Abfahrts-* oder *Alpinskier.*	narrower; lighter; downhill skis
Neue *Glasfaserskier* müssen nicht *gewachst* werden.	fiberglass skis; waxed
Langlaufskistöcke sind aus Glasfaser oder Aluminium.	cross-country ski poles
Sie sind länger als *Alpinskistöcke.*	Alpine ski poles

3. Complete.
   1. Mir gefällt das Abfahrtsskilaufen nicht. Ich bin ein _____.
   2. Der Alpinskiläufer schwingt über die Pisten. Der Langläufer läuft auf markierten _____.
   3. Der Alpinskiläufer läuft Slalom. Die Langläufer unternehmen längere _____.
   4. Für das Alpinskilaufen, wie auch für den Langlauf, gibt es Techniken für das _____ und _____.
   5. Der Alpinskifahrer trägt einen _____ aus Nylon und Daunen; der Langläufer trägt _____ und _____.
   6. Die Langlaufskier sind _____ und _____ als die Alpinskier.

SOCCER[1] (Fig. 21-1)

Dies ist eine *Fussballmannschaft.*	soccer team
Jede Mannschaft *besteht* aus elf *Spielern.*	consists; players
Sie sind auf dem *Fussballfeld.*	soccer field
Die Spieler *treten* den Ball.	kick
Der *Torwart hütet* das *Tor.*	goaltender; guards; goal
Er *fängt* den Ball.	catches
Der Spieler *schiesst einen Pass.*	passes (shoots a pass)
Er schiesst den Ball *nach vorne.*	forward
zur Seite.	sideways
nach rechts.	to the right
nach links.	to the left
Der Spieler *schiesst eine Flanke* nach links.	makes a long pass
Der Spieler *spielt* seinem Mitspieler den Ball *zu.*	makes a short pass
Der Spieler *schiesst ein Tor.*	makes (shoots) a goal (scores a point)
Der *Schiedsrichter pfeift.*	referee; whistles
Er pfeift ein Foul.[2]	

---

[1] Soccer is by far the most popular spectator sport in Germany. The twenty best teams comprise the *Bundesliga.* The bottom two are rotated out each year, and the two best from the regional leagues are rotated in. Well-known teams are *Bayern München, Borussia Mönchengladbach* and *Schalke 04.* When a soccer game is shown on television, the taverns stay empty. Basketball is becoming increasingly popular in Germany. Golf, however, is severely limited by the high price of land.

[2] Pronounced *Faul* (as in *Haus*).

Fig. 21-1

Der Schiedsrichter hat *wegen eines* Fouls abgepfiffen.	because
Es ist das *Ende* der *ersten Halbzeit*.	end; first period (first half)
Das Spiel ist *unentschieden*.	tied
Es war ein *torloses Unentschieden*.	no-score game
Keine Mannschaft hat gewonnen.	Neither team won.
Auf der *Anzeigetafel* steht der *Spielstand*.	scoreboard; score

4. Answer.
    1. Wie viele Spieler gibt es in einer Fussballmannschaft?
    2. Wie viele Mannschaften spielen in einem Fussballspiel?
    3. Wo spielen die Spieler?
    4. Wer hütet das Tor?
    5. Was will der Torwart tun?
    6. Was macht der Spieler mit dem Ball?
    7. Wer pfeift ein Foul?
    8. Was steht auf der Anzeigetafel?

5. Complete.
    Das Fussballspiel beginnt. Die beiden _____ sind auf dem _____.
                                              1   2
    Insgesamt spielen _____ Spieler in jeder Mannschaft. Ein Spieler _____
                              3   4
    den Ball zur Seite. Sein Mitspieler versucht den Ball ins _____ zu schiessen. Der
                                                                       5

Torwart _____ aber den Ball. Es ist schon das Ende der ersten _____ und
      6   7

das Spiel ist immer noch ein torloses _____. Keine Mannschaft hat gewonnen.
                                                                 8

TENNIS

Dies ist ein *Tennisturnier*.	tennis tournament
Die *beiden Spieler* sind auf dem *Tennisplatz*.	both players; tennis court
Jeder hat einen *Tennisschläger*.	tennis racket
Sie spielen ein *Einzel*.	singles match
Sie spielen kein *Doppel*.	doubles match
Ein Spieler *hat Aufschlag*.	serves the ball
Er hatte seinen *Aufschlag* nicht *verloren*.	serve; lost
Er *gewinnt* den *Punkt*.	wins; point
Der zweite Spieler *schlägt* den Ball *zurück*.	returns
Er *schlägt* den Ball über das *Netz*.	hits; net
Der Ball ist *ausserhalb* des *Spielfeldes*.	out of; court
Der Spieler schlägt den Ball ins Netz.	
Es ist ein *Netzball*.	net ball
Wie ist der *Spielstand*?	score
Er ist *15–Null*.	15–love
Der Spieler *gewann* zwei von drei *Sätzen*.	won; sets

6. Complete.
    1. Im Einzel spielen zwei Spieler, im _____ vier.
    2. Um Tennis zu spielen, braucht man Tennisbälle und einen _____.
    3. Tennis spielt man auf dem _____.
    4. Beim Tennisspiel muss man den Ball über das _____ schlagen.
    5. Wenn der Ball das Netz berührt, ist es ein _____.
    6. Der Spieler, der _____ hat, schlägt den Ball über das Netz. Der andere Spieler
       schlägt ihn zurück.
    7. Wenn ein Spieler einen _____ gewonnen hat und der andere nicht, dann steht das
       Spiel 15–Null.

Key Words

abfahren	to ski down, go down (on skis)	*benutzen*	to use
der Abfahrtslauf	downhill skiing	*die Berge*	mountains
der Absatz	heel (of shoe or ski)	*berühren*	to touch
die Alpinskier	Alpine skis	*die Bindungen*	bindings
die Alpinskistöcke	Alpine ski poles	*das Bremsen*	braking
der Anfänger	beginner	*die Bremstechnik*	technique for braking
anhalten	to stop	*die Daunen*	down
die Anzeigetafel	scoreboard	*das Dopppel*	doubles match (tennis)
der Aufschlag	serve (tennis)	*einstellen*	to adjust
ausserhalb	out, outside	*das Einzel*	singles match (tennis)
der Ball	ball	*das Ende*	final, end
befestigen	to secure, fasten	*die Falltechnik*	technique for falling

fangen　　to catch, stop (a ball)
der Fersenautomat　　heel binding
eine Flanke schiessen　　to make a long
　　　　　　　　　　　　　　　pass
der fortgeschrittene Skiläufer　　advanced
　　　　　　　　　　　　　　　　　　　skier
das Foul　　foul
das Fussballfeld　　soccer field
die Fussballmannschaft　　soccer team
gemütlich　　cozy, comfortable
die geschlossene Schneedecke　　base
　　　　　　　　　　　　　　　　　　(snow)
gewann　　won
gewinnen　　to win
die Glasfaser(n)　　fiberglass
das Gleichgewicht halten　　to keep one's
　　　　　　　　　　　　　　　　balance
gleiten　　to glide
der granulierte Schnee　　granular snow
grob　　coarse
die Grundbewegung　　basic movement
die Halbzeit　　period, half (soccer)
das Halten　　stopping
die Handschuhe　　gloves
der Harschschnee　　crusted snow
hüten　　to guard
die Kniehose　　knee breeches
der Langlauf　　cross-country skiing,
　　　　　　　　　　　Nordic skiing
die Langlaufskier　　Nordic skis
die Langlaufskistöcke　　Nordic (cross-
　　　　　　　　　　　　　　　country) ski
　　　　　　　　　　　　　　　poles
die Langlauftouren　　cross-country ski
　　　　　　　　　　　　　　trips
locker　　loose
sich lösen　　to come loose
markierte Loipen　　marked, machine-made
　　　　　　　　　　　　　parallel ski tracks
der Mitspieler　　fellow player, teammate
das Netz　　net
der Netzball　　net ball
das Parallelfahren,　　parallel turn
　der Parallelschwung
einen Pass schiessen　　to pass (soccer)
pfeifen　　to whistle
die Pflugstellung　　snowplow turn
die Piste　　ski slope, path
über die Pisten　　to ski downhill making
　schwingen　　　　large turns
präparieren　　to sharpen and wax skis
präparierte Loipen　　prepared cross-
　　　　　　　　　　　　　country ski trails

der Pulverschnee　　powder snow
der Punkt　　point
die Rennform　　type of race
die Richtungsänderung　　change in
　　　　　　　　　　　　　　　direction
die Saison　　season
der Satz　　set (tennis)
der scharnierte　　hinged toepiece
　Vorderbacken
der Schiedsrichter　　referee
der Schlepplift　　ski tow
der Schnee　　snow
schwer　　difficult
zur Seite　　sideways
der Sessellift　　chair lift
das Single　　singles (match) (tennis)
der Skianzug　　ski suit
die Skiausrüstung　　skiing equipment
die Skibrille　　ski goggles
der Skibügel　　ski tree
die Skier　　skis
das Skifahren　　skiing
der Skifahrer　　skier
die Skigymnastik　　skiing warm-up
　　　　　　　　　　　　exercises
das Skilaufen　　skiing
der Skiläufer　　skier
der Skilehrer　　ski instructor
die Skimütze　　ski hat
der Skiort　　ski resort
der Skipass　　ski-lift ticket
der Skiunterricht　　skiing lessons
der Slalom　　slalom
die Spieler　　players
das Spielfeld　　playing field, (tennis)
　　　　　　　　　　　court
der Spielstand　　score
steil　　steep
die Stiefel　　boots
die Stöcke　　(ski) poles
der Tennisball　　tennis ball
der Tennisplatz　　tennis court
der Tennisschläger　　tennis racket
das Tennisturnier　　tennis tournament
das Tor　　goal
ein Tor schiessen　　to make a goal; to
　　　　　　　　　　　　score a point
ein torloses Unentschieden　　no-score
　　　　　　　　　　　　　　　　game
der Torwart　　goal tender
treten　　to kick
unentschieden　　tied
die Verletzungen　　injuries

verloren   lost
verstauchen   to sprain
nach vorne   forward
wachsen   to wax
die Wendetechnik   turning technique

wind- und wasserdicht   wind- and waterproof
der Wintersportort   ski resort
die Wollsocken   wool socks
zurückschlagen   to return (ball)

Chapter 22: The beach
Kapitel 22: Am Strand

TALKING ABOUT THE SEA

Heute ist die See (das Meer) *ruhig*.	calm
Gestern war die See *rauh*.	rough
Die *Wellen* sind *flach*.	waves; low (flat)
Wann ist *Flut?*	high or flood tide
Wann ist *Ebbe?*	low or ebb tide
Die *Strömung* ist *stark*.	current; strong
Der *Sog* ist *gefährlich*.	undertow; dangerous
Die Flut *kommt* sehr *schnell herein*.	comes in fast
Es ist gefährlich, allein im Watt[1] zu wandern.	

1. Complete
   1. Auf dem Meer sind keine Wellen zu sehen. Die See ist _____.
   2. Heute ist morgens _____ und abends _____.
   3. Es ist gefährlich, bei _____ im Meer zu baden.
   4. Es ist gefährlich, vor der _____ im Watt zu wandern.

2. Match to complete each statement.
   1. Der Strand ist breiter
   2. Wenn das Meer rauh ist,
   3. Man sollte nicht baden,
   4. Weil die Flut schnell hereinkommt,
   5. Auch der Sog

   (a) wenn Ebbe ist.
   (b) ist gefährlich.
   (c) ist es gefährlich, vor ihr im Watt zu wandern.
   (d) bei Ebbe.
   (e) kommen die Wellen schnell.
   (f) wenn Flut ist.

ACTIVITIES ON THE BEACH[2] (Fig. 22-1)

Wir *verbringen* den Sommer am Meer (an der See).	spend
Es ist ein bekanntes *Seebad*.	seaside resort
Man kann einen *Strandkorb mieten*.	beach chair; rent
Ich *schwimme* gern im Meer.[3]	swim
Wir gehen schwimmen (*baden*).	swimming
Ich *lasse mich* gern *treiben*.	float
Ich lasse *mich* auf der *Luftmatratze* treiben.	air mattress
Ich *schnorchele* gern.	scuba-dive

---

[1] Much of the North Sea consists of *das Wattenmeer*, which is land lost to the sea in the sixteenth century. Because this area is so flat, the tide comes in extremely rapidly. At low tide one walks in groups, with a guide, to various sandbanks and islands, which are cut off from the mainland at high tide.

[2] On the North Sea there are sand beaches and dunes. On the Baltic Sea there are sand and pebble beaches.

[3] The North Sea and Baltic Sea beaches are not all guarded by lifeguards. A sign will indicate which section is guarded (*bewachter Badestrand*) and which sections are not (*unbewachter Strand*). On each beach only one section is guarded.

Fig. 22-1

Ich *reite* gern *auf den Wellen*.	ride the waves
Ich laufe gern *Wasserski*.	water-ski
Ich gehe gern am *Strand spazieren*.	seashore, beach; walk along
Ich brauche mein *Strandtuch*.	beach towel
Ich *sonne* mich gern.	sunbathe
Ich nehme gern ein *Sonnenbad*.	sunbath
Ich bekomme einen *Sonnenbrand*.	sunburn
Ich *verbrenne* meine Haut.	am burning
Ich lege mich gern in die *Dünen*.	dunes
Ich mache gern eine *Dünenwanderung*.	hike in the dunes
Ich mache gern eine *Wattwanderung*.	hike in the Watt
Du bist *schön braun*.	tanned
Welches *Sonnenöl* hast du?	tanning lotion
Welchen *Schutzfaktor* hat dein Sonnenöl?	protective agent, sunscreen
Dein *Badeanzug* (deine *Badehose;* dein *Bikini*) gefällt mir.	bathing suit; trunks; bikini
Dein *Bademantel* gefällt mir.	beach robe
Deine *Sonnenbrille* ist *modisch*.	sunglasses; fashionable
Deine *Sandalen* sind sehr praktisch.	(beach) sandals

3. Complete.
1. Du bekommst einen Sonnenbrand. Du solltest dich in den _____ setzen und mit _____ einreiben.
2. Ich gehe gern am Strand _____, und dann _____ ich mich gern.
3. Ich sitze nicht gern im _____. Ich setze mich lieber auf ein _____.
4. Ich werde meine Haut nicht verbrennen, weil mein Sonnenöl einen _____ von 8 hat.
5. Ich werde mich auf der _____ treiben lassen.
6. Wir baden nur dort, wo ein _____ den Strand bewacht.

4. Write *ja* or *nein*.
Wir können schwimmen . . .
1. bei Flut
2. bei Ebbe
3. bei einer gefährlichen Strömung
4. bei ruhiger See
5. bei rauher See
6. wenn viele Windsurfer windsurfen

Key Words

der Badeanzug bathing suit
die Badehose bathing trunks
der Bademantel beach robe
baden to bathe, swim
bekannt well known
bewacht guarded
das Boot boat
braun sein to be tanned
baun werden to tan
das Brett board
die Ebbe low tide
(sich) einreiben to rub in (e.g., suntan lotion)
die Flut high tide
gefährlich dangerous
die Gezeiten tides
die Haut skin
hereinkommen to come in
der Kiesstrand pebbly beach
der Klappstuhl folding chair
der Leuchtturm lighthouse
die Luftmatratze air mattress
das Meer sea
mieten to rent
rauh rough
der Rettungsschwimmer lifeguard

ruhig calm
der Sand sand
die Sandalen sandals
der Sandstrand sandy beach
schnorcheln to scuba-dive
die Schulferien vacation (schoolchildren)
der Schutzfaktor sunscreen
schwimmen to swim
die See sea
das Seebad seaside resort
das Segelboot sailboat
den Sommer verbringen to spend the summer
das Sonnenbad sunbath
der Sonnenbrand sunburn
die Sonnenbrille sunglasses
das Sonnenöl suntan lotion
der steinige Strand pebbly beach
der Strand beach, shore
der Strandkorb beach chair
das Strandtuch beach towel
die Strömung current
das Surfbrett surfboard
sich treiben lassen to float
unbewacht unguarded
der Urlaub vacation (adults)

Urlaub machen	to vacation
den Urlaub verbringen	to spend one's
vacation
verbrannt	burned
verbrennen	to burn
verbringen	to spend (time)
wandern	to wander, hike
die Wanderung	hike

die Wasserskier	water skis
Wasserski laufen	to water-ski
die Welle	wave
die Wellen brechen sich	the waves break
auf den Wellen reiten	to ride the waves
windsurfen	to windsurf
der Windsurfer	windsurfer

Chapter 23: Camping

Kapitel 23: Wir campen

CAMPSITE FACILITIES (Fig. 23-1)

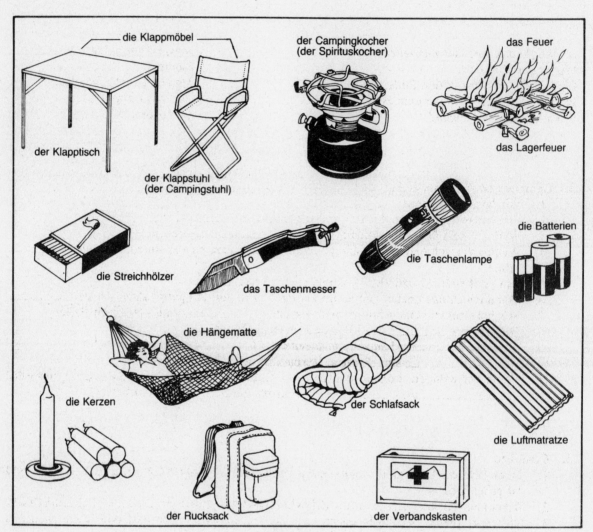

Fig. 23-1

Kann man hier *campen?*	to camp
Ist hier ein *Campingplatz?*	campsite, campground
Wo können wir den *Campingwagen abstellen?*	camper, trailer; to park
Welche *sanitären Anlagen (Sanitäranlagen)* gibt es hier?	sanitary (plumbing) facilities
Wo sind die *Duschen?*	showers
die *Toiletten?*	toilets
die *Waschräume?*	washrooms
Gibt es hier *Trinkwasser?*	drinking water
Ich fülle das Wasser in die *Thermosflasche.*	thermos bottle

1. Complete.

An der Ostsee gibt es viele _____. Viele Urlauber kommen im Sommer, um

zu _____. Es gibt grosse Campingplätze, wo die Camper ihre _____

abstellen können. Es gibt genügend _____: _____, _____ und

_____.

Ich werde das *Zelt* hier *aufstellen.*	tent; set up (pitch)
Wo ist der *Hammer?*	hammer
Ich will die *Heringe* in den *Boden schlagen.*	spikes; ground; hammer
Ich werde die *Zeltleine* an dem Hering *festbinden.*	tent cord, rope; tie
Wo sind die *Zeltstangen?*	tent poles

2. Complete on the basis of Fig. 23-1.
   1. Wir kochen auf dem _____.
   2. Wir haben kein Gas mehr. Ich brauche eine neue _____.
   3. Wenn es kein Gas gibt, können wir ein _____ machen.
   4. Wenn ein Tisch und vier Stühle in den Campingwagen passen sollen, müssen es _____ sein.
   5. Um ein Feuer anzuzünden, brauche ich _____.
   6. Wenn ich campen gehe, nehme ich keinen Koffer mit. Ich packe alles in einen _____.
   7. Wir bekommen keinen Strom. Wir werden _____ auf den Tisch stellen.
   8. Hast du ein _____? Ich will etwas schneiden.
   9. Ich kann die Taschenlampe nicht benutzen. Die _____ sind leer.
   10. Im _____ sind Aspirin, Verbandszeug und Wundsalbe.
   11. Wenn wir campen, können wir im _____, in einer _____, auf einer _____, im _____ oder im _____ schlafen.

3. Complete.
   1. Da es keinen Strom gibt, benutzen wir _____ oder eine _____, wenn wir sehen wollen.
   2. Wir können auf dem _____ kochen, oder wir können ein _____ anzünden.
   3. Ich werde meine Sachen in einem _____ tragen. Ich darf den _____ nicht vergessen.

4. Answer on the basis of Fig. 23-2.
   1. Ist dies ein Campingplatz?
   2. Sind die Campingwagen neben den Zelten geparkt?
   3. Was schlägt das Mädchen in den Boden?
   4. Was stellt sie auf?
   5. Womit schlägt sie auf den Hering?
   6. Woran bindet sie die Zeltleine fest?
   7. Was bereitet der Mann zu?

Fig. 23-2

8.   Worauf kocht er?
9.   Worin schläft das Mädchen?
10.   Was liegt neben ihr?

5.   Identify each item in Fig. 23-3.

Key Words

abstellen to park	*der Campingstuhl* folding chair
der Anhänger trailer	*der Campingwagen* camper, trailer
anzünden to light (a fire)	*die Dusche* shower
aufstellen to set up; to pitch (a tent)	*festbinden* to tie
die Batterie battery	*das Feuer* fire
benutzen to use	*die Gasflasche* (butane) gas bottle
der Benzinkanister gasoline canister	*der Hammer* hammer
das Butangas butane gas	*die Hängematte* hammock
campen to camp	*der Hering* spike
der Camper camper (vehicle or person who camps)	*die Klappmöbel* folding furniture
	der Klappstuhl folding chair
der Campingkocher camping stove	*der Klapptisch* folding table
der Campingplatz campsite	*kochen* to cook

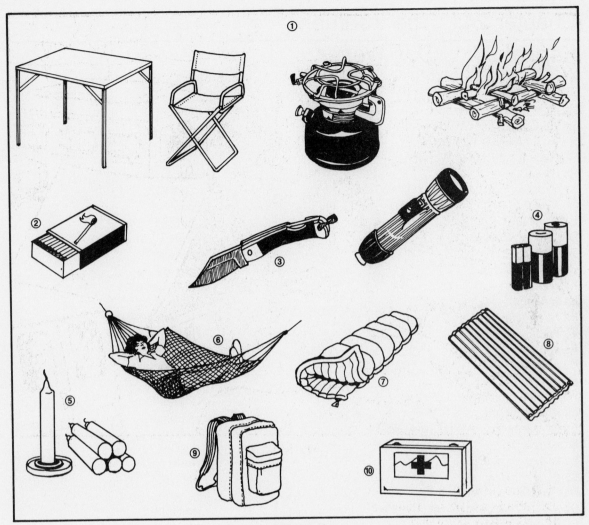

Fig. 23-3

das Lagerfeuer　　campfire, bonfire
die Luftmatratze　　air mattress
die Mahlzeit　　meal
parken　　to park
der Parkplatz　　parking lot
passen　　to fit
der Rucksack　　knapsack, backpack
die Sachen　　things
die Sanitäranlagen,　　sanitary (plumbing)
　sanitäre Anlagen　　facilities
der Schlafsack　　sleeping bag
schlagen　　to hit, hammer
der Spirituskocher　　camping stove
stellen　　to put
das Streichholz　　match
der Strom　　electricity (electric current)
die Taschenlampe　　flashlight
das Taschenmesser　　penknife

die Thermosflasche　　thermos bottle
die Toilette　　toilet
das Trinkwasser　　drinking water
der Urlauber　　vacationer
der Verband　　bandage
der Verbandskasten　　first aid kit
vergessen　　to forget
die Waschräume　　washrooms
der Wasserkanister　　canteen (water
　　　　　　　　　　　canister)
das Wohnmobil　　trailer
die Wundsalbe　　antiseptic ointment
das Zelt　　tent
ein Zelt aufstellen　　to pitch a tent
die Zeltleine　　(tent) rope
die Zeltstange　　tent pole
zubereiten　　to prepare

Chapter 24: The weather
Kapitel 24:   Das Wetter

Es ist *schönes* Wetter.	nice
Wir haben schönes Wetter.	
Es ist *schlechtes* Wetter.	nasty
Wir haben schlechtes Wetter.	
Es ist *heiss*.	hot
kalt.	cold
kühl.	cool
windig.	windy
Die *Sonne scheint*.	sun; is shining
Es ist *sonnig*.	sunny
Es ist *bewölkt*.	cloudy
Es *regnet*.	is raining
Es *schneit*.	is snowing
Es ist *nebelig*.	foggy
Es *blitzt*.	is lightening
Es *donnert*.	is thundering
Es *nieselt*.	is drizzling
Es *hagelt*.	is hailing
Wir haben *angenehmes* Wetter.	pleasant
Es ist angenehm.	
Es ist warm. Das Wetter ist warm.	
Es ist *feucht*.	humid
Es ist *regnerisch*.	rainy
Es ist *stürmisch*.	stormy
Das Wetter ist stürmisch.	
Das Wetter ist *unbeständig*.	unstable
Es ist unbeständig.	
Wir hatten Sturm.	There was a storm.
Wir hatten *Schnee*.	snow
Wir hatten einen *Schneesturm*.	snowstorm
ein *Gewitter*.	thunderstorm
Es gab einen *Schauer*.	shower
Wir hatten einen *warmen Tag*.	warm day
kühlen Tag.	cool
kalten Tag.	cold
feuchten Tag.	humid
sonnigen Tag.	sunny
Es war *drückend*.	sultry
Es ist *klar*.	clear

1. Complete.
    1. Im Sommer haben wir _____ _____. Die Sonne _____.
    2. Im Winter ist es _____. Manchmal _____ es.
    3. Die Sonne scheint. Der Himmel ist _____. Wir haben einen _____ Tag.
    4. Der Himmel ist nicht blau. Es ist _____.
    5. Es ist nicht kalt und nicht heiss. Es ist _____.

     6. Man kann kaum etwas sehen. Es ist _____.
     7. Während eines Gewitters _____ und _____ es.
     8. Es regnet nicht sehr stark. Es _____ nur.
     9. Im Winter gibt es manchmal einen _____.
   10. Es nieselt. Es regnet. Es ist bewölkt. Die Sonne scheint. Es ist stürmisch. Es ist

        _____.

2. Complete.
     1. Bei Sturm _____ es.
     2. Bei Gewitter _____ und _____ es.
     3. Bei Schneesturm _____ es.
     4. Bei Sonnenschein scheint die _____.
     5. Bei angenehmen Wetter ist es _____.

3. Tell more about the weather.
     1. Es ist unbeständig. Wie ist das Wetter?
     2. Es ist sonnig. Wie ist das Wetter?
     3. Es ist stürmisch. Wie ist das Wetter?
     4. Es ist schön. Wie ist das Wetter?

4. Give a word related to each of the following.
     1. der Regen
     2. der Sturm
     3. der Wind
     4. die Wolken
     5. die Sonne
     6. der Nebel
     7. der Donner
     8. der Blitz

5. Complete.
     1. Es regnet stark. Es gibt _____.
     2. Gestern war es sehr heiss. Der Tag war _____.
     3. Einmal ist es schön, und im nächsten Moment ist es stürmisch. Das Wetter ist sehr

        _____.

     4. Gestern schien die Sonne. Wir hatten einen _____ Tag.

6. Decide whether each statement is *true* or *false*.
     1. Der Himmel ist bewölkt, wenn es sonnig ist.
     2. Wenn es klar ist, ist es sonnig und nicht bewölkt.
     3. Wenn es kalt ist und bewölkt ist, gibt es vielleicht Schnee.
     4. Bei einem Schauer schneit es.
     5. Wenn es schneit, donnert und blitzt es auch immer.

7. Read the following weather reports and then answer the questions.

(1)   Wetterbericht:
       Unterschiedliche Bewölkung, strichweise Schauer, im Süden Gewitter. Winde aus überwiegend
       westlichen Richtungen, schwach windig. Nachts an der Küste böige[1] Winde.

---

[1] *Böen* are sudden gusts of wind on the **North Sea** and **Baltic** coasts.

Temperaturen zwischen fünfzehn und neunzehn Grad Celsius. Im Südwesten auch darüber.
Luftdruck 735 Millibar, fallend.

1. Ist es sonnig?
2. Regnet es überall?
3. Wo gibt es Gewitter?
4. Wo gibt es böige Winde?
5. Wo ist es wärmer als 19°C?
6. Woher kommt der Wind?
7. Was wird die Höchsttemperatur sein?
8. Was wird die Tiefsttemperatur sein?
9. Wie stark ist der Luftdruck?

(2)   Wetterbericht:
Abends leicht bewölkt, nachmittags wechselnd bewölkt mit Schnee. Höchsttemperaturen zwei
Grad Celsius im Norden, minus zwei Grad im Süden. Tiefsttemperaturen um null Grad im
Norden, minus sieben Grad im Süden.
Die Aussichten für morgen: sich aufklärend, etwas wärmer, bis zehn Grad.

1. Wann wird es schneien?
2. Wird es stark bewölkt sein?
3. Was wird die Höchsttemperatur im Norden sein?
4. Was wird die Tiefsttemperatur im Süden sein?
5. Wie wird das Wetter morgen sein?

8.   Give other terms for:
1. an manchen Stellen Regen, aber nicht überall
2. Wolken, die kommen und gehen
3. Wind, der aus dem Westen kommt
4. manchmal bewölkt, manchmal sonnig
5. die Temperatur steigt nicht höher als neunzehn Grad.
6. die Temperatur fällt auf minus zwei Grad.

Key Words

angenehm pleasant		*die Feuchtigkeit* humidity	
sich aufklären to clear up		*das Gewitter* thunderstorm	
die Aussichten outlook (weather)		*der Grad* degree	
bewölkt cloudy		*der Hagel* hail	
die Bewölkung cloudiness		*hageln* to hail	
der Blitz lightning		*heiss* hot	
blitzen to lighten		*der Himmel* sky	
der Donner thunder		*die Höchsttemperatur* maximum	
donnern to thunder		temperature	
drückend sultry, muggy		*kalt* cold	
fallen to fall		*klar* clear	
fallend falling		*kühl* cool	
feucht humid		*leicht* light(ly), slight(ly)	

der Luftdruck   barometric pressure
manchmal   sometimes
der Nebel   fog
nebelig   foggy
de Niederschlag   precipitation
nieseln   to drizzle
null   zero
örtlich   local, scattered
der Regen   rain
der Regenschauer   rain shower
regnen   to rain
regnerisch   rainy
die Richtung   direction
der Schauer   shower
schauerartige   showerlike precipitation,
  Niederschläge   rain showers
scheinen   to shine
der Schnee   snow
der Schneefall   snowfall
der Schneesturm   snowstorm
schneien   to snow
schwach   weak; light (winds)
die Sonne   sun
sonnig   sunny

stark   strong
steigen   to rise
stellenweise   sporadically; here and there
strichweise (Regen)   sporadically; here
                    and there
der Sturm   storm
stürmisch   stormy
der Süden   south
die Temperatur   temperature
die Tiefsttemperatur   minimum
                    temperature
überwiegend   predominant
unbeständig   unstable
unterschiedlich   variable
warm   warm
wechselnd   changing
das Wetter   weather
der Wetterbericht   weather report
die Wettervorhersage   weather prediction
der Wind   wind
windig   windy
die Wolke   cloud
wolkig   cloudy

Chapter 25: Education
Kapitel 25: Das Bildungswesen

ELEMENTARY SCHOOL

Die Kleinkinder gehen in den Kindergarten.[1]	
Alle Kinder *besuchen* in den ersten vier *Schuljahren* eine *Grundschule*.	attend; grades (school years) elementary school
Der (die) Lehrer(in) *lehrt*.	teaches
unterrichtet.	teaches
Die *Schüler* und *Schülerinnen* lernen.	pupils (male); pupils (female)
Der Lehrer gibt *Geographieunterricht*.	geography lesson
Er schreibt etwas an die *Tafel*.	chalkboard
Die Schüler haben ihre *Schulbücher*.	textbooks
Lehrbücher.	textbooks
Ihre Bücher sind auf den *Pulten*.	desks
Der Lehrer liest eine Geschichte aus dem *Lesebuch* vor.	reader
Der *Rektor (Direktor, Schulleiter)* kommt in das *Klassenzimmer*.	principal classroom
Die Kinder *tragen* ihre Bücher in einem *Ranzen* auf dem *Rücken*.	carry; bookbag back

1. Match.

1.	der (die) Schüler(in)	(a)	eine Schule für Kleinkinder
2.	der (die) Lehrer(in)	(b)	lehren
3.	unterrichten	(c)	die ersten vier Schuljahre
4.	das Lesebuch	(d)	aus diesem Buch lernen die Kinder lesen
5.	der Kindergarten		
6.	die Grundschule	(e)	eine Person, die unterrichtet
7.	der Rektor	(f)	ein Kind, das die Schule besucht
8.	der Ranzen	(g)	der Schulleiter
		(h)	eine Geschichte
		(i)	eine Schultasche, die auf dem Rücken getragen wird

2. Complete.

Eine Schule für Kleinkinder ist ein _____. Die Kinder in den ersten vier

(1)

Schuljahren sind _____ und _____. Sie besuchen die _____. Die

(2)   (3)   (4)

Person, die ihnen Unterricht gibt, ist der _____ oder die _____. Die Kinder

(5)   (6)

lernen das Lesen vom Lehrer und aus dem _____. Die Lehrer und Schüler schreiben

(7)

auch auf der _____.

(8)

---

[1] Kindergarten is not compulsory. It must be paid for at least in part, the fee varying from school to school and city to city.

SECONDARY SCHOOL[2]

Nach der Grundschule besuchen die Schüler das
  Gymnasium, die Realschule, oder die Hauptschule.

Er (sie) ist ein(e) *Gymnasiast(in)*.	pupil at Gymnasium
ein(e) *Realschüler(in)*.	pupil at Realschule
ein(e) *Hauptschüler(in)*.	pupil at Haupschule
Es gibt *einige Internatsschulen* (*Internate*).[3]	some; boarding schools
Die Schüler *tragen* ihre Bücher in *Schultaschen*.	carry; bookbags
An den Schulen gibt es *verschiedene Fächer*.	different subjects
An den Gymnasien gibt es zwei *Zweige*.[4]	courses of study
Auf dem *Stundenplan* stehen viele Fächer.	schedule
Jeden Tag müssen die Schüler ihrem *Stundenplan folgen*.	schedule; follow
Wenn der Lehrer spricht, *machen sich* die Schüler *Notizen*.	take notes
Sie schreiben ihre Notizen in ihre *Schulhefte*.	notebooks
Der Lehrer *sammelt* die Schulhefte *ein*.[5]	collects
Die Schüler schreiben mit *Kugelschreibern*.	ball-point pens
Der Schüler schreibt mit einem *Füllfederhalter* (*Füller*).	fountain pen
Die Schüler möchten ihre *Prüfungen* (*Klassenarbeiten*)	examinations, tests
bestehen.	pass
Sie wollen nicht in der Prüfung *durchfallen*.	fail
Sie wollen gute *Noten* bekommen.	grades, marks
Nach Weihnachten gibt es *Zeugnisse*.	after Christmas; report cards
Beim Schulabschluss bekommt ein Gymnasiast das *Abitur* (*Abi*).[6]	upon graduation; diploma from gymasium
Der Gymnasiast hat das Abi mit Eins *bestanden*.	passed

Die Noten sind:

1. *sehr gut*	very good
2. *gut*	good
3. *befriedigend*	satisfactory
4. *ausreichend*[7]	passing
5. *mangelhaft*	unsatisfactory (failing)
6. *ungenügend*[8]	failing

---

[2] The three school types correspond to three educational tracks: the *Gymnasium* for academic preparation; the *Realschule* for commercial/vocational preparation; the *Hauptschule* for general preparation. Switching tracks is possible, although difficult. Completion of *Gymnasium, Realschule*, and *Hauptschule* requires nine, six, and five years, respectively, after *Grundschule*.

[3] An *Internat* is a boarding school. In Germany there are far fewer private and church-supported schools than in the United States.

[4] The two courses of study (*Zweige*) at the different Gymnasien are: (1) *mathematisch-naturwissenschaftlicher Zweig* (math-science) and (2) *humanistischer Zweig* (humanities). The latter again has two *Zweige: altsprachlicher Zweig* (ancient languages) and *neusprachlicher Zweig* (modern languages).

[5] A *Schulheft* is a notebook that contains school work and homework to be collected and checked by the teacher.

[6] The *Gymnasiast* finishes the *Gymnasium* with *das Abitur*, the *Realschüler* finishes the *Realschule* with *die mittlere Reife*, and the *Hauptschüler* finishes the *Hauptschule* with *der Hauptschulabschluss*. The *Abitur* is slightly more than an American high school diploma (in terms of academic preparation); the *mittlere Reife* is slightly less. The *Hauptschulabschluss* has no equivalent at all since these pupils are only 15 years old.

[7] Plus and minus are used on grades 1 to 4.

[8] The grades 5 and 6 may vary in their description among *Länder* (a *Land* is one of the ten main divisions of the Federal Republic of Germany). Both are not always used because both are failing grades.

3. Answer.
1. Welche Schulen besuchen die Schüler nach der Grundschule?
2. Was sind diese Schüler?
3. Wie tragen die Schüler ihre Bücher?
4. Was steht auf dem Stundenplan?
5. Was tun die Schüler, während der Lehrer spricht?
6. Wohin schreiben sie ihre Notizen?
7. Womit schreiben sie?
8. Was möchten die Schüler bestehen?
9. Was möchten sie bekommen?
10. Was gibt es nach Weihnachten?

4. Choose the appropriate word.
1. Kinder tragen ihre Bücher in _____.
   (*a*) Ranzen (*b*) Schultaschen
2. In den ersten vier Schuljahren besuchen alle Kinder die _____.
   (*a*) Realschule (*b*) Grundschule
3. Geographie und Biologie sind zwei _____.
   (*a*) Bücher (*b*) Fächer
4. Die Schüler schreiben ihre Notizen _____.
   (*a*) in ein Schulheft (*b*) ins Lesebuch
5. Alle Schüler möchten ihre Klassenarbeiten _____.
   (*a*) bestehen (*b*) bekommen

5. Give the equivalent words for the following grades in the United States.
1. A, A+
2. B
3. C
4. F
5. B+

6. Complete.
1. Die meisten Schüler tragen ihre Bücher in einer _____.
2. Die Schüler wollen nicht in der Prüfung durchfallen. Sie möchten _____
   _____ bekommen.
3. Beim Schulabschluss bekommt ein _____ das Abitur.
4. Ein Realschüler bekommt die _____ _____.
5. Ein Hauptschüler besucht die _____.

UNIVERSITY[9]

Er möchte sich an der Universität *immatrikulieren*.	register, matriculate
Sie möchte sich an der Uni *einschreiben*.	register
Das *Abitur* ist *Voraussetzung* für die Immatrikulation.	high school diploma; prerequisite
Das Abitur ist zur Immatrikulation *notwendig*.	necessary
Der Student hofft auf ein *Stipendium*.	scholarship, stipend

---

[9] A synonym for *Universität* is *Hochschule*, commonly found as *technische Hochschule* and corresponding to a school of engineering. However, recently the term *Hochschule* can be found as *Gesamthochschule*, which incorporates the usual *Universität* and *technische Hochschule*, as well as teachers' training colleges.

Er bekommt etwas *Bafög*.[10]	financial aid
Semesterbeginn ist am ersten Oktober.	beginning of the term
Vorlesungsbeginn ist zwei Wochen später.	Classes begin two weeks later.
Der Student *schreibt* sich in fünf *Lehrveranstaltungen ein.*	registers; university classes
Die Lehrveranstaltung kann eine *Vorlesung* oder ein Seminar sein.	lecture
Der (die) Professor(in) *hält eine Vorlesung* (*leitet ein Seminar*).	lectures; conducts a seminar
Der (die) Student(in) ist hier *Gasthörer(in).*	auditor
Sie studiert[11] *Betriebswirtschaftslehre.*	business
Sie will Examen machen.	She wants to graduate.
Er möchte ein *Diplom* bekommen.	master's degree
Sie will *promovieren.*	take a doctorate
Die Universität ist in *Fakultäten*[12] *unterteilt* (*gegliedert*).	schools; divided (arranged)
Herr Professor Doktor Griesser ist Präsident der Universität.	
Herr Professor Doktor Dellmann ist *Dekan* der Fakultät.	dean
Die Studenten wohnen im *Studentenwohnheim.*[13]	dormitory

7. Give the word being defined.
1. sich an der Universität einschreiben
2. der Tag, an dem die Lehrveranstaltungen beginnen
3. was der Student bekommt, um seine Unterhaltskosten zu zahlen
4. der Chef einer Universität
5. den Doktorgrad bekommen
6. Voraussetzung für das Studium an der Uni
7. was die Professoren halten
8. der Student, der nicht eingeschrieben ist
9. das Universitätsstudium beenden
10. was die Professoren leiten

8. Complete.
1. Wenn man an der Universität studieren will, muss man das _____ haben.
2. Sie wird Ärztin. Sie _____ Medizin.
3. Sie studiert Romanistik. Sie studiert in der _____ Fakultät.
4. In diesem Semester möchte ich mich nur in drei Lehrveranstaltungen _____.
5. Im allgemeinen ist _____ in den Vereinigten Staaten Anfang September.
6. Der Anglistikprofessor hält eine _____ über Shakespeare.

---

[10] *Bafög = Bundesausbildungsförderungsgesetz,* which is state aid extended on the basis of family income. There is no longer any tuition (*Studiengebühren*) at German universities.

[11] *Studieren* means not only "to study intensively" but also "to attend a university" and "to major in." There is no system of "major and minor" in German universities. One studies a particular field, with a few related "minor" subjects added. Most German students take five years to graduate. There is no such degree as a B.A. or B.S.

[12] Note that the word *Fakultät* does not mean "faculty," but rather school in the sense of "school of medicine," etc. In general the universities have the following schools: *Theologische Fakultät; Rechtswissenschaftliche Fakultät; Wirtschafts- und Sozialwissenschaftliche Fakultät; Medizinische Fakultät; Philosophische Fakultät; Mathematisch-Naturwissenschaftliche Fakultät.* The word for "faculty," in the sense of "staff," is *die Hochschullehrer.*

[13] The dormitories may be located quite a distance from the university itself. Campuses as they exist in the United States are nonexistent in Germany.

9. Answer.
   1. Müssen die Studenten sich immatrikulieren?
   2. Was ist die Voraussetzung für das Studium an der Universität?
   3. Sind die Studiengebühren in den Vereinigten Staaten sehr hoch?
   4. Wann ist in den Vereinigten Staaten Vorlesungsbeginn?
   5. Darf man eine Vorlesung als Gasthörer besuchen?
   6. Gibt es mehr Professoren oder Dekane an einer Universität?

10. Tell in which school one would enroll if one wished to become the following:
   1. Arzt, Ärztin
   2. Anglist(in), Germanist(in)
   3. Rechtsanwalt, Rechtsanwältin
   4. Biologe, Biologin
   5. Diplomkaufmann, Diplomkauffrau

Key Words

das Abitur   diploma from Gymnasium
   (das Abi)   (also examination taken at end of Gymnasium)
der Anglistikprofessor   professor of English
ausreichend   passing (grade)
das Bafög   state aid (for West German university students)
befriedigend   satisfactory (grade)
bestanden   passed (a test)
bestehen   to pass (a test)
besuchen   to attend (school)
die Betriebswirtschaftslehre   business administration
das Buch   book
die Büchertasche   bookbag
der (die) Dekan(in)   dean
das Diplom(bekommen)   (to take a) master's degree
der Diplomkaufmann   business administration graduate
   (die Diplomkauffrau)
der (die) Direktor(in)   principal
der Doktorgrad   doctorate
durchfallen   to fail
durchgefallen   failed
einsammeln   to collect
sich einschreiben   to register
einteilen   to divide

das Examen   M.A.
Examen machen   to graduate
das Fach   subject
die Fakultät   school (of medicine, law, etc.)
der Füller   fountain pen
der Füllfederhalter   fountain pen
der (die) Gasthörer(in)   auditor
gegliedert   arranged
die Geschichte   history; story
die Grundschule   elementary school
gut   good (grade)
der (die) Gymnasiast(in)   pupil at Gymnasium
das Gymnasium   academic high school
die Hauptschule   secondary school (corresponding roughly to junior high or intermediate school in terms of pupils' age)
der (die) Hauptschüler(in)   pupil at Hauptschule
die Hochschule   university (usually technical)
die Hochschullehrer   faculty of a Hochschule
sich immatrikulieren   to matriculate
das Internat,   boarding school
   die Internatsschule
der Kindergarten   kindergarten
die Klasse   class

die Klassenarbeit   test, class work
das Klassenzimmer   classroom
der Kugelschreiber   ball-point pen
die Lebenshaltungskosten   cost of living
das Lehrbuch   textbook
die Lehrbücher   textbooks
lehren   to teach
der (die) Lehrer(in)   teacher
die Lehrveranstaltung   class, course
lernen   to learn
das Lesebuch   reader
lesen   to read
mangelhaft   failing, unsatisfactory
die mathematische   school of
Fakultät   mathematics
die medizinische   school of medicine
Fakultät
die mittlere Reife   diploma from
                               Realschule
die Note   grade, mark
sich Notizen machen   to take notes
notwendig   necessary
die philosophische Fakultät   school of
                               philosophy
der Präsident   president
der (die) Professor(in)   professor
promovieren   to obtain a doctorate
die Prüfung   test, examination
eine Prüfung ablegen   to take a test
das Pult   desk
der Ranzen   schoolbag (for children)
die Realschule   commercial-vocational
                               high school
der (die) Realschüler(in)   pupil at
                               Realschule
der Rechtsanwalt   lawyer (male)
die Rechtsanwältin   lawyer (female)
die rechtswissen-   law shool
   schaftliche Fakultät
der Rektor   principal
der Schulabschluss   graduation
die Schulbücher   schoolbooks
die Schule   school

der (die) Schüler(in)   pupil
das Schulheft   notebook
das Schuljahr   grade (school year)
der Schulleiter   principal
die Schultasche   bookbag
sehr gut   very good (grade)
der Semesterbeginn   beginning of the
                               term
das Seminar   seminar
ein Seminar leiten   to conduct a seminar
das Stipendium   stipend, scholarship
der (die) Student(in)   student
das Studentenwohnheim   dormitory
die Studiengebühr   tuition
studieren   to study; to attend (a
                               university); to major in
der Stundenplan   schedule (of classes)
die Tafel   chalkboard
die technische   technical college, college
   Hochschule   of engineering
die theologische Fakultät   school of
                               theology
tragen   to carry
ungenügend   inadequate, failing (grade)
die Uni   university
die Universität   university
die Unterhaltskosten   cost of living
der Unterricht, die
   Unterrichtsstunde   lesson
Unterricht geben   to give a lesson
unterrichten   to teach
unterteilen   to divide
die Voraussetzung   requirement,
                               prerequisite
die Vorlesung   lecture
eine Vorlesung halten   to lecture
der Vorlesungsbeginn   beginning of
                               classes
die wirtschaftswissen-   school of business
   schaftliche Fakultät   (economics)
das Zeugnis   report card
der Zweig   curriculum (course of study at
                               Gymnasium)

Chapter 26: The State and Politics
Kapitel 26: Staat und Politik

POLITICAL ORGANIZATION[1]

Die *Bundesrepublik Deutschland* ist ein *föderalistischer* Staat.	Federal Republic of Germany; federal
Er *besteht aus* zehn *Bundesländern* (Ländern), mit *Sonderregelungen* für West-Berlin.	consists of; federal states special arrangements
Die *Länderregierungen bestimmen* die *Mitglieder des Bundesrates.*[2]	state governments; determine; members
Des *Regierungschef eines Bundeslandes* ist der *Ministerpräsident.*	head of government of a state; president of the cabinet council
Die *Wähler* bestimmen ihre *Abgeordneten* zum *Bundestag.*[3]	voters; representatives
Die *Mitglieder* des Bundestages *wählen* den *Bundeskanzler.*	members; elect; chancellor, prime minister
Der Bundeskanzler *leitet* das *Kabinett,* in dem die *Bundesminister* sitzen.	directs cabinet; ministers
Zusammen bilden sie die Bundesregierung.	Together they form the federal government.
Wichtige Ministerien sind:	important; ministries
das *Auswärtige Amt*	foreign ministry
das *Innenministerium*	ministry of the interior
das *Finanzministerium*	finance ministry
das *Justizministerium*	ministry of justice
das *Ministerium für Bildung und Wissenschaft*	ministry of education and science
das *Arbeitsministerium*	ministry of labor
Der *oberste Gerichtshof* ist das *Bundesverfassungsgericht.*	highest court of justice; federal constitutional court
Im Bundestag sind vier *Parteien vertreten:*	parties; represented
die *Sozialdemokratische Partei Deutschlands (SPD)*	Social Democratic Party
die *Christlich-Demokratische Union (CDU)*[4]	Christian Democratic Union
die *Freie Demokratische Partei (FDP)*	Free Democratic Party
die *Grünen*	the Greens

1. Answer.
    1. Was für ein Staat ist die Bundesrepublik Deutschland?
    2. Aus wie vielen Ländern besteht die Bundesrepublik?

---

[1] Germany has been divided since 1945. This chapter deals with The Federal Republic of Germany, or West Germany. East Germany, officially The German Democratic Republic (*Deutsche Demokratische Republik*) is a highly centralized communist state.

[2] The *Bundesrat* is the upper house of the West German legislature and is equivalent to the Senate in the United States and to the House of Lords in the United Kingdom.

[3] *Bundestag* is equivalent to the House of Representatives in the United States and to the House of Commons in the United Kingdom.

[4] The Bavarian branch is called die *Christlich-Soziale Union (CSU)*.

   3. Wer bestimmt die Mitglieder des Bundesrates?
   4. Wen bestimmen die Wähler?
   5. Wer ist der Regierungschef eines Bundeslandes?
   6. Wer ist der Regierungschef der Bundesrepublik?
   7. Wer sitzt im Kabinett?
   8. Wer leitet das Kabinett?
   9. Welche wichtigen Ministerien gibt es?
  10. Welche vier Parteien sind im Bundestag vertreten?

2. Tell which government department has responsibility for each of the following areas.
   1. Bildung
   2. Auswärtige Beziehungen
   3. Arbeit
   4. Innenpolitische Angelegenheiten
   5. Finanzen

RIGHTS OF THE PEOPLE

In den demokratischen Ländern *ist das Volk wahlberechtigt*.	the people have voting rights
Die *volljährigen Bürger* können in *Kommunalwahlen* und in *Bundestagswahlen wählen*.	of legal age; citizens; local elections; national elections; vote
Die *Regierung* ist *verpflichtet*, die *Bürgerrechte* (*Menschenrechte*) zu *schützen*.	government; obligated; citizens' rights; human rights; to protect
In vielen Ländern existieren *Pressefreiheit* und *freie Meinungsäusserung*.	freedom of the press; freedom of speech
Ein Diktator ist autokratisch (despotisch).	
In vielen Ländern *herrscht* eine *Diktatur*.	rules; dictatorship
Manchmal gibt es *Demonstrationen*.	demonstrations
Es gibt die *Linke* und die *Rechte*.	left; right
Die *Linken* und die *Rechten* sind *gegensätzlich*.	leftists; rightists; opposed

3. Answer.
   1. In welchen Ländern ist das Volk wahlberechtigt?
   2. Was können die Bürger eines demokratischen Landes tun?
   3. Existieren Pressefreiheit und freie Meinungsäusserung in den Vereinigten Staaten und in der Bundesrepublik?
   4. Wer schützt die Menschenrechte?
   5. Existiert unter einer Diktatur Pressefreiheit?

4. Complete.
   1. Wenn ein Volk _____ ist, kann es wählen.
   2. Ein Wähler muss _____ sein.
   3. In einem demokratischen Land schützt die Regierung die _____.
   4. In einem freien Land existieren _____ und _____.
   5. In einer _____ ist das Volk oft nicht wahlberechtigt.
   6. Wenn die Bürger gegen ihre Regierung sind, gibt es manchmal _____.
   7. Die _____ sind Bürger mit liberalen oder progressiven politischen Ideen.
   8. Die _____ sind Bürger mit konservativen politischen Ideen.

PROCEDURES

Der Bundestag *berät* sich über einen *Gesetzentwurf*.	considers, deliberates about; bill
Der Gesetzentwurf wird in den *Ausschüssen* beraten.	committees
Eine *Koalition* kann *gebildet* werden.	coalition; formed
Die Bundesregierung muss im Bundestag eine *Mehrheit* haben.	majority
Ein *Misstrauensvotum* kann nicht *gestellt werden*.	vote of no confidence; be put forward
Nur ein *konstruktives Misstrauensvotum* kann gestellt werden.[5]	constructive vote of no confidence
Die *Abgeordneten beraten über* eine *Verfassungsänderung*.	representatives; deliberate about; amendment to the constitution
Sie wollen die Verfassung *ändern*.	amend
Die Regierung *legt* einen *Gesetzentwurf vor*.	will submit a bill
Die Abgeordneten beraten über die *Gesetzesvorlage*.	bill
Sie werden *einen Antrag einbringen*.	make a motion
Die Mehrheit *unterstützt* sie.	supports (approves)
Die *Opposition macht Konzessionen*.	opposition; concedes
Die Abgeordneten *stimmen* in einer *Plenarsitzung ab*.	vote; plenary session
Sie stimmen in *öffentlicher Sitzung* ab.	public session
in *nichtöffentlicher Sitzung* ab.	closed (secret) session
Der *Ausschuss ist nicht beschlussfähig*.	committee; doesn't have a quorum
Die Opposition ist *gegen* die *Politik* des Bundeskanzlers.	against; policies
Der Bundeskanzler *stellt die Vertrauensfrage*.	asks for a vote of confidence
Es gibt eine *Volksabstimmung*.	referendum, plebiscite
Es gab viele *Stimmen dafür* und *wenige dagegen*.	votes; for it; few against it

5. Give the word or term being defined.
1. das Volk wird nach seiner Meinung gefragt
2. was sich ergibt, wenn etwas an der Verfassung geändert wird
3. die meisten Stimmen
4. eine Partei, die gegen die Regierung ist
5. über ein Projekt oder eine Gesetzesvorlage sprechen
6. ein Komitee
7. Abgeordnete von verschiedenen Parteien schliessen sich zusammen

6. Put the following in the proper order.
1. Sie unterstützen die Gesetzesvorlage.
2. Sie stimmen ab.
3. Sie beraten über die Gesetzesvorlage.
4. Sie werden einen Antrag einbringen.
5. Sie waren dafür.

---

[5] A vote of no confidence means that the chancellor has no majority. The government, therefore, cannot function. In order to avoid this situation (as occurred during the Weimar period in Germany), the German constitution stipulates a constructive vote of no confidence, which requires the appointment of a new chancellor.

7. Complete.

1. Wenn ein Gesetzentwurf in einem Ausschuss beraten wird, muss dieser Ausschuss vor der Abstimmung _____.

2. Die wahlberechtigten Bürger eines Staates stimmen über eine politische Frage ab. Das ist eine _____.

3. Manchmal muss eine Koalition gebildet werden. Wenn der Bundeskanzler auf eine starke Opposition stösst, muss er vielleicht die _____ stellen.

4. Wenn Abgeordnete einen Gesetzentwurf vorlegen wollen, müssen sie zuerst einen Antrag _____. Andere müssen den Gesetzentwurf _____. Alle müssen über die Gesetzesvorlage _____, ehe dafür oder dagegen abgestimmt wird.

5. Da die Mehrheit den Gesetzentwurf unterstützt, muss die _____ Konzessionen machen.

Key Words

der Abgeordnete representative	*die Demonstration* demonstration
abstimmen to vote	*der Diktator* dictator
die Abstimmung vote	*die Diktatur* dictatorship
ändern to change, amend	*(einen Antrag) einbringen* to make (a motion)
der Antrag motion	
das Arbeitsministerium ministry of labor	*das Finanzministerium* finance ministry
der Ausschuss committee	*föderalistisch* federal
das Auswärtige Amt foreign ministry	*die Freie Demokratische*
autokratisch autocratic	*Partei (FDP)* Free Democratic Party
sich beraten (über) to deliberate (about), consider	*die freie Meinungsäusserung* freedom of speech
beschlussfähig having a quorum	*für* for, in favor of
bestehen aus to consist of	*gegen* against
bestimmen to determine	*gegensätzlich* opposite, opposed
bilden to form	*der Gerichtshof* court (of law)
der Bundeskanzler chancellor (West Germany)	*der Gesetzentwurf* (legislative) bill
das Bundesland federal state (West Germany)	*die Gesetzesvorlage* (legislative) bill
	die Grünen the Greens
der Bundesrat West German upper house	*herrschen* rule
die Bundesregierung West German federal government	*das Innenministerium* ministry of the interior
	das Justizministerium ministry of justice
die Bundesrepublik Federal Republic of Germany	*das Kabinett* cabinet
	die Koalition coalition
der Bundestag West German lower house	*die Kommunalwahlen* local elections
	Konzessionen (machen) to concede
das Bundesverfas- West German	*das Land* West German federal state
sungsgericht federal constitutional court	*leiten* to direct
	die Linke the left
der Bürger citizen	*die Linken* leftists
die Bürgerrechte rights of the people	*die Mehrheit* majority
die Christlich-Demokratische	*die Menschenrechte* human rights
Partei (CDU) Christian Democratic Party	*die Meinung* opinion
	die Meinungsäusserung expression of opinion

das Ministerium   ministry
das Ministerium für   ministry of
  Bildung und   education and
  Wissenschaft   science
der Ministerpräsident   president of the
                cabinet council
das Misstrauensvotum   vote of no
                confidence
das Mitglied   member
die nichtöffentliche Sitzung   closed
                session
der oberste Gerichtshof   highest court of
                justice
die öffentliche Sitzung   public (open)
                session
die Opposition   opposition
die Partei   (political) party
die Plenarsitzung   plenary session
die Politik   policies, politics
die Pressefreiheit   freedom of the press
die Rechte   right
die Rechten   rightists
die Regierung   government
schützen   to protect

die Sonderregelung   special arrangement
die Sozialdemokratische   Social
  Partei Deutschlands   Democratic
  (SPD)   Party
der Staat   state
die Stimme   voice, vote
stimmen für   to vote for
unterstützen   to support, approve
die Verfassung   constitution
die Verfassungsänderung   constitutional
                amendment
verpflichtet   responsible
die Vertrauensfrage   vote of confidence
vertreten   to represent
das Volk   people
die Volksabstimmung   plebiscite
                (referendum)
volljährig   of legal age
vorlegen   to propose
wahlberechtigt   having voting rights
wählen   to vote
der Wähler   voter
wichtig   important
zusammen   together

Appendix 1:   Days of the week
Anhang 1:   Die Tage der Woche

Montag	Dienstag	Mittwoch	Donnerstag	Freitag	Sonnabend	Sonntag
JANUAR						
			1	2	3	4
5	6	7	8	9	10	11
12	13	14	15	16	17	18
19	20	21	22	23	24	25
26	27	28	29	30	31	

Montag, Dienstag, Mittwoch, Donnerstag, Freitag,
   Sonnabend (Samstag), Sonntag

Montag ist der erste Tag der Woche.[1]

Der zweite Tag ist Dienstag.

Montags ist Vorlesung.	on Mondays
Ich komme (am) *Montag* zurück.	on Monday
das Wochenende	weekend
der Wochentag	weekday
der Feiertag	holiday
der Werktag	weekday (workday)
der Namenstag	saint's day
der Geburtstag	birthday
die Weihnachten[2]	Christmas
der Heiligabend (*der heilige Abend*)	Christmas Eve
der Erste Weihnachtstag	December 25
der Zweite Weihnachtstag	December 26
das Neujahr	New Year's Day
das neue Jahr	new year
Sylvester (*Silvester*)	New Year's Eve
das Ostern[3]	Easter
der Ostersonntag	Easter Sunday
der Ostermontag	Easter Monday
der Karfreitag	Good Friday
(*das*) *die Pfingsten*	Pentecost
der Maifeiertag (*der Erste Mai*)	May Day

---

[1] The week begins with Monday and ends with Sunday.

[2] *Weihnachten* is generally used without any article.

[3] Generally used without any article.

Appendix 2: Months of the year and dates
Anhang 2: *Die Monate des Jahres und Daten*

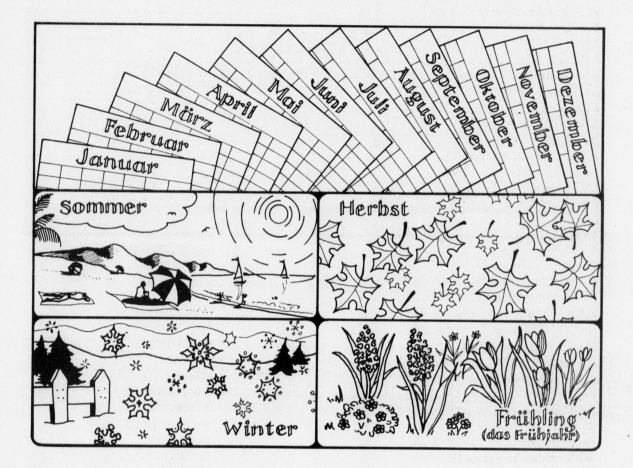

Januar	*Juli*
Februar	*August*
März	*September*
April	*Oktober*
Mai	*November*
Juni	*Dezember*

Was ist heute für ein Tag? ⎫ *Welchen haben wir heute?* ⎬ *Welches Datum haben wir heute?*	What's today's date?
Heute ist der achtzehnte[1] April.	Today is the 18th of April.
Heute ist Donnerstag, der achtzehnte April.	Today is Thursday, the 18th of April.
Heute ist der erste März.	Today is the first of March.

---

[1] Note that ordinal numbers are used for dates.

Appendix 3: Time and expressions of time
Anhang 3:   Die Zeit

Wieviel Uhr ist es?	What time is it?
Wie spät ist es?	What time is it? (How late is it?)
Es ist ein Uhr.⎫ *Es ist eins.* ⎭	It's one o'clock.
Es ist zwei Uhr.	It's two o'clock.
Es ist drei Uhr.	It's three o'clock.
Es ist fünf nach eins.⎫ *Es ist 1.05 Uhr.*[1] ⎭	It's 1:05.
Es ist zehn nach zwei.⎫ *Es ist 2.10 Uhr.* ⎭	It's 2:10.
Es ist *viertel nach drei.*	It's a quarter past three.
Es ist 3.15 Uhr.	It's 3:15.
Es ist halb fünf.	It's four thirty.
Es ist 4.30 Uhr.	It's 4:30.
Es ist fünf vor eins.	It's five to one.
Es ist zehn vor zwei.	It's ten to two.
Es ist viertel vor drei.	It's a quarter to three.
Es ist dreiviertel drei.	It's 2:45.
Sie gehen *um ein Uhr.*	at one 'clock
um eins.	
Der Zug fährt um 14.10 Uhr ab.[2]	
Ich komme *pünktlich um acht Uhr* an.	at exactly 8 o'clock
Ich komme *ungefähr um acht* an.	at about 8
Ich komme *kurz nach acht* an.	a little after 8
Kommen Sie bitte *pünktlich.*	on time
Kommen Sie bitte nicht *zu spät.*	too late
Kommen Sie bitte nicht zu *früh.*	early
Wir kommen *morgens* an.	in the morning
nachmittags an.	in the afternoon
abends an.	in the evening
Wir kommen um vier Uhr *morgens* an.	in the morning
nachmittags an.	in the afternoon

DIVISIONS OF TIME

die Sekunde	second
die Minute	minute
die Stunde	hour
der Tag	day
die Woche, acht Tage	week
zwei Wochen, vierzehn Tage	two weeks

---

[1] Say: *Es ist ein Uhr fünf.*

[2] The 24-hour clock is always used for train and plane schedules, etc. If you don't use it generally, you have to specify *morgens, nachmittags,* etc.

der Monat	month
das Jahr	year
das Jahrhundert	century

OTHER IMPORTANT TIME EXPRESSIONS

die Dämmerung	
die Morgendämmerung	dawn, daybreak
der Tagesanbruch	
die Dämmerung	
die Abenddämmerung	dusk, twilight
der Einbruch der Dunkelheit	
morgens	
am Morgen	in the morning
in der Frühe	
frühmorgens	early in the morning
am frühen Morgen	
der Morgen	the morning
der Nachmittag	the afternoon
der Abend	the evening
die Nacht	the night
der Mittag	noon
um zwölf Uhr mittags	at twelve noon
um Mitternacht	at midnight
heute	today
morgen	tomorrow
übermorgen	day after tomorrow
morgen früh	tomorrow morning
gestern	yesterday
gestern morgen	yesterday morning
vorgestern	day before yesterday
bis Montag	until Monday
letztes Jahr	last year
im letzten Jahr	(during the) last year
nächstes Jahr	next year
im nächsten Jahr	(during the) next year
vor einem Jahr	a year ago
vor zwei Jahren	two years ago
am Zweiten des Monats	on the second of this month
um die Jahrhundertwende	around the turn of the century
um die Mitte letzten Jahres	around the middle of last year
um das Ende dieses Jahres	around the end of this year
um das Ende des Monats	around the end of the month
am Monatsende	at the end of the month
zum Monatsende	toward the end of the month

Appendix 4: German-speaking countries and nationalities

Anhang 4: *Deutschsprachige Länder und Nationalitäten*

Land	Nationalität
die Bundesrepublik Deutschland	deutsch; der (die) Deutsche; die Deutschen
die Deutsche Demokratische Republik	deutsch; der (die) Deutsche, die Deutschen
Österreich	österreichisch; der (die) Österreicher(in), die Österreicher(innen)
die Schweiz	schweizerisch; der (die) Schweizer(in), die Schweizer(innen)

Appendix 5: Numbers
Anhang 5:   Die Zahlen

null	0
eins	1
zwei	2
drei	3
vier	4
fünf	5
sechs	6
sieben	7
acht	8
neun	9
zehn	10
elf	11
zwölf	12
dreizehn	13
vierzehn	14
fünfzehn	15
sechzehn	16
siebzehn	17
achtzehn	18
neunzehn	19
zwanzig	20
einundzwanzig	21
zweiundzwanzig	22
dreiundzwanzig	23
vierundzwanzig	24
fünfundzwanzig	25
sechsundzwanzig	26
siebenundzwanzig	27
achtundzwanzig	28
neunundzwanzig	29
dreissig	30
einunddreissig	31
zweiundvierzig	42
dreiundfünfzig	53
vierundsechzig	64
fünfundsiebzig	75
sechsundachtzig	86
siebenundneunzig	97
hundert	100
zweihundert	200
dreihundert	300
vierhundert	400
fünfhundert	500
sechshundert	600
siebenhundert	700
achthundert	800
neunhundert	900

hundert(und)vierunddreissig[1]	134
zweihundert(und)fünfundfünfzig	255
fünfhundert(und)achtundsechzig	568
siebenhundert(und)neunundachtzig	789
neunhundert(und)neunundneunzig	999
tausend (eintausend)[2]	1,000
zweitausend	2,000
fünftausend	5,000
neuntausend	9,000
eintausend(und)elf	1,011
tausend(und)elf	
tausendvierhundert(und)zweiundneunzig	1,492
vierzehnhundertzweiundneunzig	
tausendsiebenhundert(und)vierundachtzig	1,784
siebzehnhundertvierundachtzig	
tausendachthundert(und)zwölf	1,812
achtzehnhundertzwölf	
tausendneunhundert(und)fünfundachtzig	1,985
neunzehnhundertfünfundachtzig	
eine Million	1,000,000
zwei Millionen	2,000,000
eine Milliarde	1,000,000,000 (1 billion)
zwei Milliarden	2,000,000,000

Die Ordnungszahlen	**Ordinal numbers**
der (die, das) erste	first
der zweite	second
der dritte	third
der vierte	fourth
der fünfte	fifth
der sechste	sixth
der sieb(en)te	seventh
der achte	eighth
der neunte	ninth
der zehnte	tenth

---

[1] Compound numbers are written as one word.

[2] 2,000 is written as 2.000. Periods are used instead of commas and a comma instead of a decimal point. With small numbers one may omit the periods.

Appendix 6: Foods
Anhang 6:   Lebensmittel

Vegetables   *Das Gemüse*

artichoke   *die Artischocke*
asparagus   *der Spargel*
beans   *weisse Bohnen, rote Bohnen,*
          Wachsbohnen, grüne Bohnen,
          Schnittbohnen
beet   *die rote Beete*
broccoli   *der Broccoli (Brokkoli)*
Brussel sprouts   *der Rosenkohl*
cabbage   *der Kohl*
cabbage, red   *der Rotkohl*
cabbage, white   *der Wirsingkohl*
capers   *die Kapern*
carrot   *die Karotte (die Mohrrübe)*
cauliflower   *der Blumenkohl*
celery   *der Sellerie*
chard (Swiss)   *der Mangold*
chicory   *die Chicorée*
chives   *der Schnittlauch*
eggplant   *die Aubergine*
endive   *die Endivie*
garlic   *der Knoblauch*
greens (kale)   *der Braunkohl*
leek   *der Porree*
lentils   *die Linsen*
lettuce   *der Kopfsalat, grüner Salat*
lima beans   *die Limabohnen*
mushroom   *die Pilz, der Steinpilz, die*
              Champignons, die
              Pfifferlinge, die Trüffeln
onion   *die Zwiebel*
parsley   *die Petersilie*
peas   *die Erbsen*
peppers   *die Paprikaschote*
potato   *die Kartoffel*
pumpkin   *der Kürbis*
radish   *das Radieschen, der Rettich*
rice   *der Reis*
rutabaga   *die Steckrübe*
shallots   *die Schalotten*
spinach   *der Spinat*
squash   *der Kürbis*
sweet potatoes   *die Batatan*
              (Süsskartoffeln)
turnip   *die Steckrübe*
watercress   *die Brunnenkresse*
zucchini   *die Zucchini*

Fruits   *Das Obst, die Frucht, die Früchte*

apple   *der Apfel*
apricot   *die Aprikose*
avocado   *die Avocado*
banana   *die Banane*
blackberry   *die Brombeere*
blueberry   *die Heidelbeere, die*
              Blaubeere, die Bickbeere,
              die Schwarzbeere
cherry   *die Kirsche*
coconut   *die Kokosnuss*
current (red, black)   *die Johannisbeere*
date   *die Dattel*
fig   *die Feige*
grape   *die Weintraube*
grapefruit   *die Pampelmuse*
lemon   *die Zitrone*
lime   *die Limette*
melon   *die Melone*
orange   *die Apfelsine, die Orange*
papaya   *die Papaya*
peach   *der Pfirsich*
pear   *die Birne*
pineapple   *die Ananas*
plum (blue)   *die Pflaume*
plum (small yellow)   *die Mirabelle*
pomegranate   *der Granatapfel*
prune   *die Zwetsche (Zwetschge)*
raisins   *die Rosinen*
raspberry   *die Himbeere*
rhubarb   *der Rhabarber*
strawberry   *die Erdbeere*
tomato   *die Tomate*
watermelon   *die Wassermelone*

Meats   *Das Fleisch*

bacon   *der Speck*
beef   *das Rindfleisch*
brains (veal; lamb)   *das Kalbshirn; das*
              Hammelhirn
chopped meat   *das Hackfleisch,*
              Gehacktes
cold cuts   *der Aufschnitt*
filet mignon   *das Filet Mignon*
ham   *der Schinken*

hard sausage	*die Mettwurst, die Salami*
heart	*das Herz*
kidneys	*die Nieren*
lamb	*das Hammelfleisch*
liver	*die Leber*
meatballs	*die Fleischklösschen*
oxtail	*der Ochsenschwanz*
pork	*das Schweinefleisch*
sausage	*die Wurst*
suckling pig	*das Spanferkel*
sweetbread	*das Kalbsbries*
tongue	*die Zunge*
tripe	*die Kaldaunen*
veal	*das Kalbfleisch*
venison	*das Wild (das Wildbret), das Reh*

Fowl *Das Geflügel*

capon	*der Kapaun, der Kapphahn*
chicken	*das Hähnchen, das Huhn*
duck	*die Ente*
goose	*die Gans*
partridge	*das Rebhuhn*
pheasant	*der Fasan*
pigeon	*die Taube*
quail	*die Wachtel*
turkey	*der Truthahn (die Pute)*

Fish and shellfish *Fische*

anchovies	*die Sardellen, die Anschovis*
bass	*der Rotbarsch, Goldbarsch, Seebarsch*
carp	*der Karpfen*
clams	*die Muscheln*
cod	*der Kabeljau*
crab	*die Krabbe, der Krebs*
crayfish	*der Flusskrebs, Bachkrebs; die Languste*
eel	*der Aal*
flounder	*die Scholle, der (die) Flunder*
frogs' legs	*die Froschschenkel*
haddock	*der Schellfisch*
hake	*der Hecht*
herring	*der Hering*
lobster	*der Hummer, die Languste*
mackerel	*die Makrele*
mussels	*die Miesmuscheln*
octopus	*der Oktopus*
oyster	*die Auster*

perch	*der Barsch, Flussbarsch*
prawns	*die Garnelen*
salmon	*der Lachs*
sardine	*die Sardine*
sea bass	*der Seebarsch*
sea urchin	*der Seeigel*
shrimp	*die Garnele, die Krabbe*
snail	*die Schnecke, Weinbergschnecke*
sole	*die Seezunge*
squid	*der Tintenfisch, der Kalmar*
swordfish	*der Schwertfisch*
trout	*die Forelle*
tuna	*der Thunfisch*
turbot	*der Steinbutt*
whiting	*der Merlan, der Weissling*

Condiments, sauces and spices *Gewürze und Saucen (Sossen)*

anise	*der Anis*
basil	*das Basilikum*
bay leaf	*das Lorbeerblatt*
capers	*die Kapern*
caraway	*der Kümmel*
cayenne	*der Cayennepfeffer*
cinnamon	*der Zimt*
clove	*die Nelke (Gewürznelke)*
coriander	*der Koriander*
curry	*der, das Curry*
dill	*der Dill*
garlic	*der Knoblauch*
ginger	*der Ingwer*
horseradish	*der Meerrettich*
ketchup	*der, das Ketchup*
marjoram	*der Majoran*
mint	*die Pfefferminze*
mayonnaise	*die Mayonnaise*
mustard	*der Senf*
mustard seeds	*die Senfkörner*
nutmeg	*die Muskatnuss*
oregano	*das Origano*
paprika	*der Paprika*
parsley	*die Petersilie*
pepper	*der Pfeffer*
rosemary	*der Rosmarin*
saffron	*der Safran*
salt	*das Salz*
sesame	*der Sesam, die Sesamkörner*
tarragon	*der Estragon (Estragonessig, Estragonsenf)*
thyme	*der Thymian*
vanilla	*die Vanille*

Eggs   *Eier*

hard-boiled egg   *ein hartgekochtes Ei*
poached eggs   *poschierte Eier*
scrambled eggs   *die Rühreier*
soft-boiled egg   *ein weichgekochtes Ei*
fried eggs, sunny-side up   *die Spiegeleier*

Sweets   *Süssigkeiten, Gebäck, und*
Süssspeisen

cake   *der Kuchen, die Torte*
candy   *das Bonbon*
chewing gum   *das Kaugummi*
chocolate   *die Schokolade*
cookie   *der, das Keks, das Plätzchen*
cream puff   *der Windbeutel*
custard, cream   *die Creme, die Krem*
doughnut   *der Krapfen*
honey   *der Honig*
ice cream   *das Eis, das Speiseeis*
jam   *die Marmelade*
jello   *das Gelee, das Fruchtgelee*
marmalade   *die Konfitüre*
pancake   *der Pfannkuchen; der*
            Eierkuchen
pastry   *das Gebäck*
pudding   *der Pudding*
syrup   *der Zuckerrübensirup*
tart   *das Törtchen*
waffles   *die Waffeln*

Beverages   *Die Getränke*

aperitif   *der Aperitif*
beer   *das Bier*
  tap beer   *Bier vom Fass*
capucino   *der Capucino*
coffee   *der Kaffee*
  black coffee   *schwarzer Kaffee*
  coffee with milk   *der Milchkaffee, der*
                Kaffee mit Milch
expresso   *der Espresso*
hot chocolate   *der Kakao*
juice   *der Saft*

lemonade   *die Limonade*
milk   *die Milch*
milk shake   *das Milchmixgetränk, der*
                Milchshake
mineral water   *das Mineralwasser*
  carbonated   *mit Kohlensäure*
  uncarbonated   *ohne Kohlensäure*
soda   *das Sodawasser*
tea   *der Tee*
wine   *der Wein*
  red wine   *der Rotwein*
  white wine   *der Weisswein*

Miscellaneous

baking powder   *das Backpulver*
biscuit   *das Biskuit*
bread   *das Brot*
butter   *die Butter*
cheese   *der Käse*
cornstarch   *die Maisstärke; die Stärke;*
                das Stärkemehl
cream   *die Sahne, der Rahm*
  for coffee   *die Kaffeesahne*
  whipped   *die Schlagsahne*
egg yolk   *das Eidotter*
flour   *das Mehl*
French fried potatoes   *die Pommes frites*
gravy   *die Sauce, die Sosse*
lard   *das Schmalz*
margarine   *die Margarine*
noodles   *die Nudeln*
nuts   *die Nüsse*
oats   *der Hafer*
  rolled oats   *die Haferflocken*
oil   *das Öl*
olive   *die Olive*
olive oil   *das Olivenöl*
pasta   *die Teigwaren*
peanut   *die Erdnuss*
roll   *das Brötchen*
sandwich   *das Sandwich*
shortening   *das Fett*
spaghetti   *die Spaghetti*
sugar   *der Zucker*
vinegar   *der Essig*

Key words: English—German
Wortschatz: Englisch—Deutsch

Chapter 1: At the airport

airline   *die Fluggesellschaft (die Fluglinie)*
airport   *der Flughafen*
aisle   *der Gang*
to announce   *durchsagen*
to announce a flight   *den Flug aufrufen*
  (ready for departure)
announcement   *die Durchsage, der Aufruf*
arrival   *die Ankunft*
to arrive from   *aus . . . ankommen*
available (free, unoccupied)   *frei*
bag   *die Tasche*
baggage   *das Gepäck*
baggage claim   *der Fluggepäckschein*
  check
on board   *an Bord*
boarding pass   *die Bordkarte*
briefcase   *die Aktentasche*
bus   *der Bus*
to change (planes, trains)   *umsteigen*
to check in   *einchecken*
        out   *auschecken*
        through   *durchchecken*
to confirm   *bestätigen*
counter   *der Schalter*
departure   *der Abflug*
domestic flight   *der Inlandflug*
to endorse   *bestätigen*
fare   *der Tarif*
to fit   *passen*
flight   *der Flug*
(arriving) from   *aus*
full   *(voll) besetzt*
gate   *der Ausgang*
to glue on   *kleben*
hand luggage   *das Handgepäck*
identification tag   *das Schild*
international flight   *der Auslandsflug*
to issue (a ticket)   *ausstellen*
to be late   *sich verspäten*
to leave (airplanes)   *abfliegen*
line   *die Schlange*
luggage   *das Gepäck*
main railroad station   *der Hauptbahnhof*
to miss   *verpassen*

nonstop flight   *der Nonstopflug*
no smoking   *die Nichtraucherzone*
  section
occupied   *besetzt*
passenger   *der Passagier*
passport   *der Reisepass*
to pick up   *abholen*
place   *der Platz*
plane   *das Flugzeug, die Maschine*
railroad station   *der Bahnhof*
ready   *bereit*
reservation for   *die Platzreservierung*
  seats
row   *die Reihe*
seat   *der Platz, der Sitz*
security check   *die Sicherheitskontrolle*
to show   *zeigen*
to smoke   *rauchen*
smoking section   *die Raucherzone*
stop (plane)   *die Zwischenlandung*
suitcase   *der Koffer*
to take along   *mitnehmen*
to take a bus (taxi)   *einen Bus (eine Taxe)*
                            nehmen
taxi   *die Taxe*
terminal   *die Halle*
through passenger   *der Transitpassagier*
ticket (plane)   *der Flugschein*
ticket envelope   *die Flugscheinhülle*
to (destination)   *nach*
traffic jam   *der Stau*
to travel   *reisen*
trip   *die Reise*
under, underneath   *unter*
visa   *das Visum*
window   *das Fenster*

Chapter 2: On the airplane

no admittance   *Betreten verboten*
to advise, recommend   *empfehlen*
air pressure   *der Luftdruck*
airsickness   *die Luftkrankheit*
airsickness bag   *die Spucktüte*
aisle   *der Gang*
(flying) altitude   *die Flughöhe*

167

to announce   *durchsagen*
announcement   *die Durchsage*
in the back   *im hinteren Teil*
backrest   *die Rückenlehne*
to be (located)   *sich befinden*
belt   *der Gurt*
blanket   *die Decke*
breakfast   *das Frühstück*
cabin   *die Kabine*
captain (of a plane)   *der Flugkapitän*
carry-on luggage   *das Handgepäck*
in case (of)   *im Falle, falls*
channel   *der Kanal*
charge   *die Gebühr*
cockpit   *das Cockpit*
compartment (above   *die Gepäckablage*
  seat)
crew   *die Besatzung*
drinks   *die Getränke*
economy class   *die Economy-Klasse*
emergency   *der Notfall*
emergency exit   *der Notausgang*
to encounter   *begegnen*
entire   *gesamt*
to fasten   *(sich) anschnallen,*
          (Sicherheitsgurte) anlegen
fee   *die Gebühr*
film   *der Film*
first class   *die Erste Klasse*
to fit   *passen*
flight   *der Flug*
flight attendant   *der Flugbegleiter, die*
          Flugbegleiterin
fight plan   *die Flugroute*
to fly   *fliegen*
flying time   *die Flugzeit*
forbidden   *verboten*
in front   *vorne*
in the front   *im vorderen Teil*
to greet   *begrüssen*
to happen   *passieren*
headphone (set)   *der Kopfhörer*
to land   *landen*
landing   *die Landung*
to leave   *verlassen*
life jacket   *die Schwimmweste*
lit (light)   *eingeschaltet*
long-distance   *die Langstreckenflüge*
  flights
magazines   *die Zeitschriften*
meal   *die Mahlzeit*
meet   *begegnen*
newspapers   *die Zeitungen*

no smoking sign   *das Schild "Nicht*
          rauchen"
oxygen mask   *die Sauerstoffmaske*
to pay   *zahlen*
per hour   *pro Stunde*
personnel   *das Kabinenpersonal*
pilot   *der Pilot*
pillow   *das Kopfkissen*
to place   *stellen*
pleasant   *angenehm*
ready for takeoff   *startbereit*
to recommend   *empfehlen*
reduction in air   *der Luftdruckabfall*
  pressure
to remain seated   *angeschnallt*
  (with seat belts fastened)   *sitzen*
          bleiben
safety regulation   *die Sicherheitsvorschrift*
seat belt   *der Sicherheitsgurt*
seat pocket   *die Tasche am Sitz*
security   *die Sicherheit*
sign   *das Schild*
to smoke   *rauchen*
speed   *die Geschwindigkeit*
to stand   *stehen*
start   *der Start*
to start (plane)   *starten*
stereophonically   *in Stereo*
stereophonic music   *die Stereomusik*
to suggest   *empfehlen*
to take care of   *betreuen*
to tell   *mitteilen*
toilet   *die Toilette*
turbulence   *die Turbulenz*
turned on (light)   *eingeschaltet*
under, underneath   *unter*
unexpected turbulence   *unerwartete*
          Turbulenz
to use   *benutzen*
vertical(ly)   *senkrecht*
to welcome   *begrüssen*
wing   *der Flügel*
to work   *arbeiten*
zone   *die Zone*

Chapter 3: Passport control and customs

on business   *geschäftlich*
to check   *untersuchen*
cigarettes   *die Zigaretten*
customs   *die Zollabfertigung*
customs agent   *der Zöllner*

customs declaration   *die Zollerklärung*
to declare   *verzollen*
duty   *der Zoll*
for pleasure (trip)   *zum Vergnügen*
fruit   *das Obst, die Frucht*
how long?   *wie lange?*
to lodge   *übernachten*
to open   *öffnen*
(to be) passing   *auf der Durchreise sein*
  through
passport   *der Reisepass*
passport control   *die Passkontrolle*
to pay duty   *verzollen*
personal effects   *die persönlichen Sachen*
sign   *das Zeichen*
to stay (a short time)   *übernachten*
tobacco   *der Tabak*
vacation trip   *die Urlaubsreise*
vegetables   *das Gemüse*
visa   *das Visum*
whiskey   *der Whisky*

Chapter 4: Railroad station

agent (ticket seller)   *der Schalterbeamte*
arrival   *die Ankunft*
to arrive   *ankommen*
baggage claim check   *der Gepäckschein*
to call   *rufen*
to call for   *abholen*
car   *der Wagen*
to carry   *tragen*
to change trains   *umsteigen*
to check (baggage)   *abgeben*
to check (tickets)   *kontrollieren*
compartment   *das Abteil*
conductor   *der Schaffner*
delay   *die Verspätung*
departure   *die Abfahrt*
dining car   *der Speisewagen*
to find out   *erfahren*
to get   *bekommen*
to get back   *zurückbekommen*
to get off (a train)   *aussteigen*
to get on   *einsteigen*
late   *verspätet*
to leave (of a train)   *abfahren*
to leave   *lassen*
local train   *der Nahverkehrszug*
luggage   *das Gepäck*
luggage   *die Gepäckaufbewahrung*
  checkroom

main train station   *der Hauptbahnhof*
night train   *der Nachtzug*
one-way ticket   *die einfache Fahrkarte*
in order   *in Ordnung*
to pay   *bezahlen*
to pick up   *abholen*
platform   *der Bahnsteig*
porter   *der Gepäckträger*
railroad station   *der Bahnhof*
to receive   *bekommen*
reserved   *reserviert*
round-trip ticket   *die Rückfahrkarte*
schedule   *der Fahrplan*
seat   *der Platz, der Sitzplatz*
seat number   *die Platznummer*
seat reservation   *die Platzreservierung*
schedule   *der Fahrplan*
sleeping car   *der Schlafwagen, der*
                   Liegewagen
suitcase   *der Koffer*
supplement   *der Zuschlag*
ticket   *die Fahrkarte*
ticket stub (luggage)   *der Gepäckschein*
ticket window   *der Schalter*
on time   *pünktlich*
timetable   *der Fahrplan*
tip   *das Trinkgeld*
to   *nach*
track   *das Gleis*
train   *der Zug*
train trip   *die Bahnfahrt*
waiting room   *die Wartehalle*

Chapter 5: The automobile

accelerator   *das Gaspedal*
accident   *der Unfall*
to adjust   *einstellen*
automatic   *das Automatikgetriebe*
  transmission
battery   *die Batterie*
to blow the horn   *hupen*
to brake   *bremsen*
brake fluid   *der Bremsflüssigkeit*
brake pedal   *das Bremspedal*
breakdown   *die Panne*
bumper   *die Stossstange*
car   *der Wagen, das Auto*
charge (daily)   *der Tagestarif*
charge (weekly)   *der Wochentarif*
to check   *kontrollieren*
choke   *der Choke*

clutch   *die Kupplung*
to (disengage the) clutch   *kuppeln*
contract   *der Vertrag*
cooling water   *das Kühlwasser*
credit card   *die Kreditkarte*
dashboard   *das Armaturenbrett*
deposit   *die Anzahlung*
directional signal   *der Blinker*
to drip out   *lecken*
driver's license   *der Führerschein*
empty   *leer*
fender   *der Kotflügel*
to fill   *füllen*
in first gear   *im ersten Gang*
flat tire   *der Platten*
full insurance
   coverage   *die Vollkaskoversicherung*
gasoline   *das Benzin*
gas pedal   *das Gaspedal*
gas station   *die Tankstelle*
gear   *der Gang*
gearshift lever   *der Schalthebel*
to get (procure)   *beschaffen*
glove compartment   *das Handschuhfach*
to grease   *schmieren*
hand brake   *die Handbremse*
headlights   *das Licht*
high beams   *das Fernlicht*
hood   *die Haube*
horn   *die Hupe*
hubcap   *die Radkappe*
ignition   *die Zündung*
ignition key   *der Zündschlüssel*
included   *inbegriffen*
(full) insurance
   coverage   *die Vollkaskoversicherung*
jack   *der Wagenheber*
to knock   *klopfen*
to leak   *lecken*
license plate   *das Kennzeichen, das
                 Nummernschild*
low beams   *das Abblendlicht*
to lubricate   *ölen, schmieren*
mileage charge (car   *das Kilometergeld*
   rental)
to be missing   *fehlen*
neutral   *der Leerlauf*
noise   *der Lärm*
odometer (reading in
   kilometers)   *der Kilometerzähler*
oil   *das Öl*
oil level   *der Ölstand*
to oil   *ölen*

to operate   *betätigen*
to overheat   *überhitzen*
to procure   *beschaffen*
to put   *stecken*
radiator   *der Kühler*
rearview mirror   *der Rückspiegel*
to rent   *mieten*
rental contract   *der Mietvertrag*
to repair   *reparieren*
repairs   *die Reparaturen*
to replace   *erneuern*
reverse gear   *der Rückwärtsgang*
to send   *schicken*
to shift (gears)   *schalten*
to sign   *unterschreiben*
spare parts   *die Ersatzteile*
spare tire   *der Ersatzreifen*
spark plugs   *die Zündkerzen*
to stall   *liegen bleiben, abwürgen*
to start (a car)   *anlassen*
to start (of a car)   *anspringen*
starter   *der Anlasser*
steering wheel   *das Lenkrad*
to step on   *treten*
stick (gearshift lever)   *der Schalthebel*
to stop   *halten*
tachometer   *das Tachometer*
tire   *der Reifen*
tire pressure   *der Reifendruck*
to tow   *abschleppen*
tow truck   *der Abschleppwagen*
traffic   *der Verkehr*
trunk   *der Kofferraum*
to turn on (lights)   *einschalten*
turning   *das Wenden*
to vibrate   *vibrieren*
water in radiator   *das Kühlwasser*
wheel bearings   *die Radlager*
wheel covering   *die Radkappe*
windshield   *die Windschutzscheibe*
windshield wipers   *die Scheibenwischer*

Chapter 6: Asking for directions

(a few) blocks   *(einige) Strassen*
bus stop   *die Bushaltestelle*
corner   *die Ecke*
direction   *die Richtung*
entrance   *die Auffahrt (Autobahn)*
exit   *die Ausfahrt (Autobahn)*
far   *weit, entfernt*
farther on   *weiter*

to follow   *folgen*
to get off   *aussteigen; verlassen*
to go back   *zurückgehen*
highway   *die Bundesstrasse*
intersection   *die Kreuzung*
lane   *der Fahrstreifen*
leave (a bus, etc.)   *verlassen*
left   *links*
left around the corner   *links um die Ecke*
lost   *verirrt (one's way)*
near   *in der Nähe*
neither . . . nor   *weder . . . noch*
one-way street   *die Einbahnstrasse*
opposite   *entgegengesetzt*
outskirts   *der Vorort*
to reach   *erreichen*
rest (or picnic) area   *der Rastplatz*
rest stop (with snack   *die Raststätte*
   bar and gasoline)
right around the corner   *rechts um die*
                                 Ecke
rush hour   *die Hauptverkehrszeit*
stop (bus, etc.)   *die Haltestelle*
straight ahead   *geradeaus*
street, block   *die Strasse*
traffic   *der Verkehr*
traffic light   *die Ampel, das Verkehrslicht*
to turn left   *nach links fahren (gehen)*
to turn off (the highway)   *abbiegen*
turnpike   *die Autobahn*
to turn right   *nach rechts fahren (gehen);*
                       rechts (um die Ecke)
                       biegen
(to make a) U-turn   *wenden*
in the vicinity   *in der Nähe*
to walk   *zu Fuss gehen*
to walk back   *zurückgehen*

Chapter 7: A telephone call

again   *noch einmal*
area code   *die Vorwahl*
bureau (telephone)   *das Amt*
busy   *besetzt*
busy signal   *das Besetztzeichen*
to call up   *telefonieren, anrufen*
change (money)   *das Kleingeld*
coin   *die Münze*
coin slot   *der Münzeinwurf*
collect call   *das R-Gespräch*
to connect   *verbinden*
connection   *der Anschluss, die Verbindung*

to cut off   *unterbrechen*
cut off   *unterbrochen* (past participle)
dead   *tot*
dial (on telephone)   *die Wählscheibe*
to dial   *wählen*
to dial directly   *durchwählen*
dial tone   *das Amtszeichen*
extension   *die Durchwahlnummer*
to get through   *durchkommen*
to hang up   *auflegen*
Don't hang up!   *Nicht auflegen!*
later   *später*
line   *die Leitung*
local call   *das Ortsgespräch*
long-distance call   *das Ferngespräch*
to look   *schauen*
to make a call   *anrufen*
message   *die Nachricht*
to misdial   *sich verwählen*
out of order   *ausser Betrieb*
person-to-person   *das Personengespräch*
   call
to pick up (receiver)   *abheben, abnehmen*
place   *der Ort*
public   *öffentlich*
to put through   *verbinden*
receiver   *der Hörer*
to ring   *klingeln*
switchboard (office)   *die Vermittlung*
telephone book   *das Telefonbuch*
telephone booth   *die Telefonzelle*
telephone call   *der Telefonanruf*
telephone number   *die Telefonnummer,*
                       die Rufnummer

to try   *versuchen*
to use   *benutzen*
to wait   *warten*
wrong connection   *falsch verbunden*
to dial wrong number   *sich verwählen*
   (to misdial)

Chapter 9: At the hotel

to amount to   *betragen*
to arrive   *ankommen*
to ask for   *verlangen*
bar of soap   *das Stück Seife*
basin   *das Becken*
(wash) basin   *das Waschbecken*
bathroom   *das Badezimmer*
bath towel   *das Badetuch*
bed   *das Bett*

bellhop   *der Hotelpage*
bill   *die Rechnung*
blanket   *die Decke*
breakfast   *das Frühstück*
burned out (bulb)   *durchgebrannt*
to charge   *anrechnen*
to charge wrongly (to
  overcharge)   *falsch anrechnen*
cashier   *der (die) Kassierer(in)*
cashier's window   *die Kasse*
clogged   *verstopft*
(pieces of) clothing   *die Kleidungsstücke*
cold   *kalt*
to be cold   *frieren*
I'm cold.   *Mir ist kalt.*
Come in!   *(Herein!) Kommen Sie
          herein!*
confirmation   *die Bestätigung*
credit card   *die Kreditkarte*
double bed   *das Doppelbett*
double room   *das Doppelzimmer*
to have dry-cleaned   *reinigen lassen*
electric hair dryer   *der Fön*
electric razor   *der Rasierapparat*
facing   *mit Blick auf*
facing the courtyard   *zum Hof*
facing the sea   *der Seeblick*
facing the street   *zur Strasse*
faucet   *der Wasserhahn*
to fill out   *ausfüllen*
filled up   *voll belegt*
to function (to work)   *funktionieren*
guest   *der Gast*
hand towel   *das Handtuch*
hanger   *der Kleiderbügel*
heat   *die Heizung*
heated   *geheizt*
hot water   *heisses Wasser*
included (in the price)   *im Preis
          inbegriffen*
to iron   *bügeln*
key (room key)   *der Schlüssel (der
          Zimmerschlüssel)*
laundry service   *das Wäsche-Service*
to leave   *verlassen*
light   *das Licht*
light bulb   *die Glühbirne*
light switch   *der Lichtschalter*
maid   *das Zimmermädchen*
to make up the room   *das Zimmer
          machen*
mountains   *die Berge*

to offer   *bieten*
to order   *bestellen*
(electric) outlet   *die Steckdose*
pillow   *das Kopfkissen*
reception (desk)   *die Rezeption, der
          Empfang*
receptionist (female)   *die Empfangsdame*
receptionist (male)   *der Portier*
registration form   *der Meldeschein*
to reserve   *reservieren, vorbestellen,
          bestellen*
roll   *die Rolle*
room   *das Zimmer*
room and board (with lunch and
  dinner)   *die Vollpension*
room and board (with lunch or
  dinner)   *die Halbpension*
room key   *der Zimmerschlüssel*
rooms available   *Zimmer frei*
room service   *das Zimmer-Service*
sea   *die See*
sea view   *der Seeblick*
service   *die Bedienung, das (der) Service*
shower   *die Dusche*
to sign   *unterschreiben*
single room   *das Einzelzimmer*
sink   *das Waschbecken*
soap   *die Seife*
to stay   *bleiben*
to stay overnight   *übernachten*
street   *die Strasse*
supplement   *der Zuschlag*
swimming pool   *das Schwimmbad*
(value added) tax   *die Mehrwertsteuer*
things   *die Sachen*
toilet   *die Toilette*
toilet paper   *das Toilettenpapier*
total (bill)   *die Rechnung*
(hand) towel   *das Handtuch*
to turn on (lights/faucet)   *anschalten,
          aufdrehen*
turned on   *aufgedreht, angeschaltet*
twin-bedded room   *Zimmer mit
          Einzelbetten*
twin beds   *die Einzelbetten*
to vacate   *verlassen*
value added tax   *die Mehrwertsteuer*
voltage   *die Spannung*
to wash   *waschen*
wash basin   *das Waschbecken*
What kind of?   *Was für ein (eine)?*
to work (to function)   *funktionieren*

Chapter 10: At the bank

account　　*das Konto*
to assume a mortgage　　*eine Hypothek*
　　　　　　　　　　　　aufnehmen
(bank) balance　　*der Kontostand*
bank　　*die Bank*
bankbook　　*das Sparbuch*
bill　　*die Rechnung*
bill (e.g., dollar bill)　　*der Schein*
cash　　*das Bargeld*
to cash (a check)　　*einlösen*
cashier　　*der Kassierer, die Kassiererin*
cashier's window　　*die Kasse*
change (money)　　*das Kleingeld*
to change　　*wechseln*
charge for cashing　　*die Provision*
　travelers' checks
checkbook　　*das Scheckheft*
checking account　　*das Girokonto*
coin　　*die Münze, das Geldstück*
counter at the bank　　*der Bankschalter*
to deposit　　*einzahlen*
down payment　　*die Anzahlung*
due date　　*der Fälligkeitstag*
to endorse　　*unterschreiben*
to exchange　　*wechseln*
exchange bureau　　*die Wechselstube*
to grant　　*gewähren*
to grow　　*wachsen*
higher　　*höher*
installments　　*die Raten*
to buy on the installment plan　　*auf Raten*
　　　　　　　　　　　　　　　　kaufen
to pay off in installments　　*in Raten zahlen*
interest　　*die Zinsen*
interest rate　　*der Zinssatz*
loan　　*das Darlehen*
lower　　*niedriger*
to make a down payment　　*eine Anzahlung*
　　　　　　　　　　　　　　leisten
money　　*das Geld*
monthly payment　　*die monatliche Rate*
mortgage　　*die Hypothek*
to open (an account)　　*eröffnen*
passbook　　*das Sparbuch*
to pay　　*zahlen*
to pay cash　　*in bar bezahlen*
to pay for　　*bezahlen*
to pay in installments　　*in Raten zahlen*
rate of exchange　　*der Wechselkurs*
to receive　　*erhalten*

to save　　*sparen*
savings　　*die Ersparnisse*
savings account　　*das Sparkonto*
savings book　　*das Sparbuch*
to sign　　*unterschreiben*
to take out a loan　　*ein Darlehen*
　　　　　　　　　　　　aufnehmen
to take out (money)　　*abheben*
teller　　*der Kassierer, der Bankangestellte,*
　　　　　die Kassiererin, die
　　　　　Bankangestellte
traveler's check　　*der Reisescheck*
to withdraw　　*abheben*

Chapter 11: At the post office

address　　*die Adresse, die Anschrift*
addressee　　*der Empfänger*
airmail　　*die Luftpost*
box　　*der Kasten*
certified mail　　*das Einschreiben*
customs declaration　　*die Zollerklärung*
to deliver　　*austragen*
to deposit in (e.g., a mailbox)　　*einwerfen*
envelope　　*der Briefumschlag*
fee　　*die Gebühr*
to fill out　　*ausfüllen*
fragile　　*zerbrechlich*
to insure　　*versichern*
to last (time)　　*dauern*
letter　　*der Brief*
mail　　*die Post*
to mail　　*abschicken, absenden*
mailbox　　*der Briefkasten*
money order　　*die Zahlungsanweisung*
package　　*das Paket, das Päckchen*
to pickup　　*abholen*
postage　　*das Porto, die Postgebühr, die*
　　　　　　Gebühr
postcard　　*die Postkarte*
post office　　*das Postamt*
post office box　　*das Postfach*
receiver　　*der Empfänger*
registered mail　　*das Einschreiben*
scale　　*die Waage*
to send　　*schicken, senden*
sender　　*der Absender*
to send off　　*abschicken, absenden*
stamp　　*die Briefmarke*
to take (time)　　*dauern*
to throw　　*werfen*

to throw into (deposit)   *einwerfen*
via air mail   *per Luftpost*
to weigh   *wiegen*
zip code   *die Postleitzahl*

Chapter 12: At the hairdresser

in the back   *hinten*
barber   *der Friseur, der Frisör, die Friseuse, die Frisöse*
beard   *der Bart*
color   *die Farbe*
to color   *tönen*
to comb   *kämmen*
to cut   *schneiden*
to cut off   *abschneiden*
to dye   *färben*
fingernail   *der Fingernagel*
hair   *das Haar, die Haare*
haircut   *der Haarschnitt*
hairdresser   *der Friseur,* etc. (see barber)
hair oil   *das Haaröl*
hair spray   *das Haarspray*
manicure   *die Nagelpflege*
mustache   *der Schnurrbart*
nail polish   *der Nagellack*
(back of the) neck   *der Nacken*
on top   *oben*
permanent wave   *die Dauerwelle*
razor   *das Rasiermesser*
razor cut   *der Messerschnitt*
scissors   *die Schere*
to set (hair)   *legen*
shave   *die Rasur*
to shave (oneself)   *(sich) rasieren*
short   *kurz*
side   *die Seite*
sideburns   *die Koteletten*
to tint   *tönen*
trim   *der Nachschnitt*
to trim   *nachschneiden*
to trim, raise   *kürzer schneiden*
to wash   *waschen*

Chapter 13: At the clothing store

bathing suit   *der Badeanzug*
belt   *der Gürtel*
blended fabric   *das Mischgewebe*
blouse   *die Bluse*
blue jeans   *die Jeans*

boots   *die Stiefel*
brassiere   *der Büstenhalter (BH)*
button   *der Knopf*
checked   *kariert*
coat   *der Mantel*
corduroy   *der Kord*
cotton   *die Baumwolle*
cuff links   *die Manschettenknöpfe*
cuffs   *die Manschetten*
denim   *der Jeansstoff*
dress   *das Kleid*
easy-care   *pflegeleicht*
fabric   *das Gewebe*
flannel   *der Flanell*
flat   *flach, niedrig*
fly (in pants)   *der Hosenschlitz*
gabardine   *die Gabardine*
girdle   *das Korsett*
gloves   *die Handschuhe*
go with   *passen*
half-slip   *der Unterrock*
handkerchief   *das Taschentuch*
heel (of shoe)   *der Absatz*
high   *hoch*
house slippers   *die Hausschuhe*
jacket (sports)   *die Jacke*
jacket (suit)   *das Jackett*
jeans   *die Jeans*
knee socks   *die Kniestrümpfe*
lace   *die Spitze*
leather   *das Leder*
long   *lang*
low   *niedrig*
man's suit   *der Anzug*
to match   *passen*
measurements   *die Masse*
take measurements   *Mass nehmen*
narrow   *eng, schmal*
neither . . . nor   *weder . . . noch*
no-iron   *bügelfrei*
nylon   *das Nylon*
pair   *das Paar*
panties   *der Slip*
pants   *die Hose*
pantsuit   *der Hosenanzug*
panty hose   *die Strumpfhose*
pocketbook   *die Handtasche*
polka dot   *das Pünktchen*
polka-dotted   *gepunktet*
to prefer   *vorziehen*
(pullover) sweater   *der Pullover*
raincoat   *der Regenmantel*
recommend   *empfehlen*

rubber   *das Gummi*
sandals   *die Sandalen*
scarf   *das Halstuch, der Schal*
shirt   *das Hemd*
shoelace   *der Schnürsenkel*
shoes   *die Schuhe*
short   *kurz*
silk   *die Seide*
size   *die Grösse*
skirt   *der Rock*
sleeve   *der Ärmel*
slip   *der Unterrock*
sneakers   *die Turnschuhe*
socks   *die Strümpfe*
sole (of shoe)   *die Sohle*
stockings   *die Strümpfe*
striped   *gestreift*
suede   *das Wildleder*
suit (man's)   *der Anzug*
suit (woman's)   *das Kostüm*
suit jacket   *das Jackett, das Sacko*
(pullover) sweater   *der Pullover*
synthetic fabric   *die Kunstfasern*
tailor   *der Massschneider*
to take measurements   *Mass nehmen*
tie   *die Krawatte*
tight   *eng*
toe   *die Zehe*
underclothes   *die Unterwäsche*
underpants   *die Unterhose*
undershirt   *das Unterhemd*
wide   *breit*
woman's suit   *das Kostüm*
wool   *die Wolle*
wool socks   *die Wollstrümpfe*
worsted   *das Kammgarn*
to wrinkle   *knittern*
wrinkle-resistant   *knitterfrei*
zipper   *der Reissverschluss*

Chapter 14: At the dry cleaner

button   *der Knopf*
to darn   *stopfen*
dirty   *schmutzig*
to dry-lean   *reinigen*
dry cleaner's   *die Reinigung*
dry cleaning   *die Reinigung*
hole   *das Loch*
to iron   *bügeln*
lining   *das Futter*
loose   *lose*

to mend   *reparieren*
piece of clothing   *das Kleidungsstück*
to promise   *versprechen*
ready   *fertig*
to remove   *entfernen*
to sew   *nähen*
to sew on   *annähen*
to shrink   *einlaufen*
to spot   *beklecksen*
spot   *der Fleck*
stain   *der Fleck*
to stain   *beklecksen*
starch   *die Stärke*
to have starched   *gestärkt werden*
tailor   *der Schneider*
unstitched   *lose*
wash (dirty wash)   *die Wäsche*
to wash   *waschen*

Chapter 15: At the restaurant

appetizer   *die Vorspeise*
to ask for   *verlangen*
baked   *gebacken*
beer garden   *der Biergarten*
bill   *die Rechnung*
Bill, please!   *Zahlen, bitte!*
boiled   *gekocht*
breaded   *paniert*
carafe   *die Karaffe*
carafe wine   *offener Wein*
cheese   *der Käse*
chicken (stewing)   *das Huhn*
chicken (roasting)   *das Hähnchen*
chopped   *gehackt*
coffee   *der Kaffee*
(small) coffee pot   *das Kännchen*
cold   *kalt*
to consist of   *bestehen aus*
cooked   *gekocht*
corner   *die Ecke*
corner table   *der Ecktisch*
course   *der Gang, das Gericht*
cream   *die Sahne, der Rahm*
credit card   *die Kreditkarte*
cup   *die Tasse*
to cut   *schneiden*
cutlet   *das Schnitzel*
deep fried   *fritiert*
dessert   *die Nachspeise, das Dessert*
dirty   *schmutzig*
dish   *das Gericht*

drink   *das Getränk*
(chicken) drumsticks   *die Hähnchenkeulen*
expensive   *teuer*
fish   *der Fisch*
fish bones   *die Gräten*
fixed menu   *das Menü*
food   *die Speise*
fork   *die Gabel*
fried   *gebraten*
fruit   *die Frucht, das Obst*
garden   *der Garten*
glass   *das Glas*
grilled   *gegrillt*
hunger   *der Hunger*
hungry   *hungrig*
included   *inbegriffen*
juice   *der Saft*
knife   *das Messer*
main dish   *das Hauptgericht*
meal cooked in one pot   *der Eintopf*
meat   *das Fleisch*
medium (meat)   *medium*
menu   *die Speisekarte*
menu (of daily specials)   *die Tageskarte*
to be missing   *fehlen*
moderate-priced   *gutbürgerlich*
  (restaurant classification)
napkin   *die Serviette*
to order   *bestellen*
outside   *draussen*
oversalted   *versalzen*
pepper   *der Pfeffer*
pepper mill   *die Pfeffermühle*
pepper shaker   *der Pfefferstreuer*
piece   *das Stück*
place setting   *das Besteck*
plate   *der Teller*
poached   *poschiert, pochiert*
pork   *das Schweinefleisch*
poultry   *das Geflügel*
pub   *die Kneipe*
rare   *rare, englisch, rosa*
raspberries   *die Himbeeren*
receipt   *die Quittung*
to recommend   *empfehlen*
red wine   *der Rotwein*
to reserve   *reservieren (lassen), bestellen*
restaurant   *das Restaurant, die Gaststätte*
roast   *der Braten*
roasted   *gegrillt, gebraten*
roasting chicken   *das Hähnchen*
rye bread   *das Roggenbrot*

salad   *der Salat*
salt   *das Salz*
saltshaker   *der Salzstreuer*
salty   *salzig*
too salty   *versalzen*
saucer   *die Untertasse*
sautéed   *geschmort, geschwenkt*
service   *die Bedienung*
service charge   *das Bedienungsgeld*
slice   *die Scheibe*
smoked   *geräuchert*
soup   *die Suppe*
soupspoon   *der Suppenlöffel*
specialty   *die Spezialität*
steak   *das Steak*
steamed   *gedämpft*
stew   *das Ragout*
stewed meat   *das Schmorfleisch*
strawberries   *die Erdbeeren*
sugar   *der Zucker*
sugar bowl   *die Zuckerdose*
to suggest   *empfehlen*
table   *der Tisch*
tablecloth   *die Tischdecke*
to taste   *probieren*
to taste (good)   *schmecken*
tavern   *die Kneipe*
teaspoon   *der Teelöffel*
thirst   *der Durst*
thirsty   *durstig*
tip   *das Trinkgeld*
tough (meat)   *zäh*
to try   *probieren*
veal   *das Kalbfleisch*
vegetables   *das Gemüse*
waiter   *der Kellner, der Ober*
waitress   *die Kellnerin*
well done (of   *durchgebraten, gut*
  meat)   *durchgebraten*
whipped cream   *die Schlagsahne*
white wine   *der Weisswein*
window   *das Fenster*
wine   *der Wein*
wine list   *die Weinkarte*
to wish   *wünschen*

Chapter 16: Shopping for food

aisle   *der Gang*
bacon   *der Speck*
bag   *die Tüte*
baker   *der Bäcker*

bake shop   *die Bäckerei*
basket   *der Korb*
bottle   *die Flasche*
bouquet (flowers)   *der Strauss*
box   *der Karton*
to bring back   *zurückbringen*
bunch (of carrots)   *das Bund*
bunch (of grapes)   *die Traube, die Weintraube*
butcher   *der Fleischer, der Metzger*
can   *die Dose*
to carry   *tragen*
carton   *der Karton*
dairy store   *das Milchgeschäft*
department store   *das Kaufhaus*
deposit bottle   *die Pfandflasche*
detergent   *das Waschpulver, das Waschmittel*
dozen   *das Dutzend*
eggs   *die Eier*
empty   *leer*
fish store   *das Fischgeschäft*
food department   *die Lebensmittelabteilung*
freezer   *die Tiefkühltruhe*
fresh   *frisch*
frozen   *tiefgekühlt, gefroren*
gram   *das Gramm*
grapes   *die Trauben, die Weintrauben*
groceries   *die Lebensmittel*
grocery store   *das Lebensmittelgeschäft*
head   *der Kopf*
kilogram   *das Kilo*
lettuce   *der Kopfsalat*
local   *hiesig*
package   *das Paket*
pastry shop   *die Konditorei*
plastic bag   *die Plastiktüte*
pound   *das Pfund*
to push   *schieben*
to return   *zurückbringen*
roll   *das Brötchen*
to sell   *verkaufen*
shopping bag   *die Tragetasche, die Plastiktüte*
shopping cart   *der Einkaufswagen*
slice   *die Scheibe*
soap or detergent (for dishwasher and washing machine)   *das Waschmittel*
soap or detergent (for washing machine)   *das Waschpulver*
supermarket   *der Supermarkt*
to wrap   *einwickeln*

Chapter 17: At home

The kitchen

baking pan   *die Röstpfanne*
baking oven   *der Backofen*
to beat   *schlagen*
beater   *der Quirl*
blender   *der Mixer*
to boil   *kochen*
to bring to a boil   *zum Kochen bringen*
bottle opener   *der Flaschenöffner*
burner   *der Brenner*
cabinet   *der Hängeschrank*
can   *die Dose*
can opener   *der Dosenöffner*
to carve   *tranchieren, schneiden*
carving knife   *das Tranchiermesser*
casserole   *die Kasserolle*
to clean   *putzen*
to close   *schliessen*
colander   *der Durchschlag*
to cook   *kochen*
corkscrew   *der Korkenzieher*
to cut   *schneiden*
to dice   *würfeln*
dish drainer   *das Abtropfsieb*
dishes   *das Geschirr*
dishrag   *das Schwammtuch*
dish towel   *das Geschirrtuch*
dishwasher   *die Geschirrspülmaschine*
drain   *der Abfluss*
drainboard   *das Abtropfsieb*
to dry   *abtrocknen*
to dust   *Staub wischen*
faucet   *der Wasserhahn*
freezer   *der Tiefkühlschrank, die Tiefkühltruhe*
freezer compartment   *das Tiefkühlfach*
to fry   *braten*
frying pan   *die Bratpfanne*
garbage   *die Abfälle, der Müll*
garbage can   *der Mülleimer*
handle   *der Griff, der Stiel*
to heat   *erhitzen*
at low heat   *bei niedriger Hitze*
liquid detergent (for washing dishes)   *das Spülmittel*
low flame (heat)   *niedrige Hitze*
to melt (butter)   *auslassen, zerlassen*
mixer   *der Mixer*
oven   *der Ofen, der Backofen*
pans   *die Pfannen*

pantry   *die Speisekammer*
to pare   *schälen*
paring knife   *das Schälmesser*
to peel   *schälen*
plug   *der Stöpsel*
pot   *der Topf, die Kasserolle*
to prepare   *vorbereiten*
to pull   *ziehen*
rag   *das Tuch*
refrigerator   *der Kühlschrank*
to roast   *braten*
to sautée   *schwenken*
to sift   *durchsieben*
sink   *die Spüle*
sponge cloth   *das Schwammtuch*
stopper   *der Stöpsel*
stove   *der Herd*
to strain   *abtropfen, durchdrücken,
               durchseihen, durchsieben*
strainer   *der Durchschlag, das Sieb*
to turn on   *aufdrehen*
to wash (dishes)   *(Geschirr) abwaschen*
whisk   *der Quirl*
to wipe   *wischen*

The bathroom

to apply makeup   *sich schminken*
basin   *das Becken*
wash basin   *das Waschbecken*
to bathe   *baden*
bathing cap   *die Badekappe*
bath mat   *die Badezimmermatte*
bathrobe   *der Bademantel*
bathroom   *das Badezimmer*
bath towel   *das Badetuch*
bathtub   *die Badewanne*
to brush one's teeth   *sich die Zähne
                         putzen*
to comb one's hair   *sich kämmen*
to dry oneself   *sich abtrocknen*
floor mat (for
   bathroom)   *die Badezimmermatte*
hand towel   *das Handtuch*
to look   *schauen*
makeup   *die Schminke*
medicine cabinet   *der Badezimmerschrank*
mirror   *der Spiegel*
to put (something) on (one's
   head)   *aufsetzen*
to put on makeup   *sich schminken*
to put something on   *sich etwas anziehen*

razor   *der Rasierapparat*
to shave (oneself)   *sich rasieren*
shaving cream   *der Rasierschaum*
shaving soap   *die Rasierseife*
shower   *die Dusche*
to shower   *(sich) duschen*
sink (bathroom)   *das Waschbecken*
soap   *die Seife*
soap dish   *die Seifenschale*
tiled   *gekachelt*
tiles   *die Kacheln, die Fliesen*
toilet   *die Toilette*
toilet paper   *das Toilettenpapier*
toothbrush   *die Zahnbürste*
toothpaste   *die Zahnpaste*
towel   *das Handtuch*
towel rack   *der Handtuchhalter*
washcloth   *der Waschlappen*
to wash oneself   *sich waschen*
to wear   *tragen*
wet   *nass*

The dining room

buffet (furniture)   *die Anrichte*
butter dish   *die Butterdose*
candelabra   *der Kerzenständer*
to clear the table   *abdecken, abräumen*
credenza   *die Anrichte*
cup   *die Tasse*
dining room   *das Esszimmer*
to get up   *aufstehen*
glass   *das Glas*
gravy boat   *die Sossenschüssel*
to hand   *reichen*
heating tray   *die Warmhalteplatte*
knife   *das Messer*
meal   *die Mahlzeit*
napkin   *die Serviette*
to pass (something at table)   *reichen*
pepper mill   *die Pfeffermühle*
pepper shaker   *der Pfefferstreuer*
plate   *der Teller*
to preheat   *vorwärmen*
to put   *stellen*
to reach   *reichen*
salad bowl   *die Salatschüssel*
salad dish   *der Salatteller*
salt shaker   *der Salzstreuer*
saucer   *die Untertasse*
serving plate   *der Servierteller*
to set the table   *den Tisch decken*

sideboard   *die Anrichte*
soup cup   *die Suppentasse*
soup plate   *der Suppenteller*
soupspoon   *der Suppenlöffel*
sugar   *der Zucker*
tablecloth   *die Tischdecke*
tablespoon   *der Esslöffel*
to take a seat   *Platz nehmen*
teaspoon   *der Teelöffel*
tray   *das Tablett*

The living room

armchair   *der Sessel*
bookcase   *der Bücherschrank*
bookshelf   *das Bücherregal*
carpet   *der Teppich*
cassette   *die Kassette*
to chat   *plaudern*
to converse   *sich unterhalten*
couch   *das Sofa*
to cover   *bedecken*
curtain   *der Vorhang*
drapes   *die Gardinen*
to expect   *erwarten*
fireplace   *der Kamin*
floor   *der Fussboden*
floor lamp   *die Stehlampe*
frame   *der Rahmen*
guest   *der Gast*
lamp   *die Lampe*
to listen to   *sich anhören*
living room   *das Wohnzimmer*
magazine   *die Zeitschrift*
newspaper   *die Zeitung*
picture   *das Bild*
to place   *stellen*
to play (records, tapes)   *abspielen*
to put   *stellen*
radio   *das Radio*
radio program   *die Radiosendung*
to receive (guests)   *empfangen*
record   *die Schallplatte*
shade   *das Rollo*
sofa   *das Sofa*
table   *der Tisch*
table lamp   *die Tischlampe*
television set   *der Fernseher*
Venetian blinds   *die Jalousie*
wall-to-wall carpeting   *der Teppichboden*
wall unit   *der Wohnzimmerschrank*
to watch television   *fernsehen*

The bedroom

alarm clock   *der Wecker*
to arrange (sheets)   *glattziehen*
bed   *das Bett*
bedroom   *das Schlafzimmer*
bedspread   *die Bettdecke, die Tagesdecke*
bureau   *die Kommode*
closet   *der Schrank*
down quilt   *die Daunendecke*
drawer   *die Schublade*
to fall asleep   *einschlafen*
featherbed   *die Daunendecke*
to get up   *aufstehen*
to go to bed   *ins Bett gehen*
hanger   *der Kleiderbügel*
to make the bed   *das Bett machen,*
                das Bett beziehen
mattress   *die Matratze*
night table   *der Nachttisch*
pillow   *das Kopfkissen*
pillowcase   *der Kopfkissenbezug*
to pull smooth (sheets)   *glattziehen*
to put fresh sheets
   on the bed   *das Bett beziehen*
to set (alarm clock)   *(den Wecker) stellen*
(bed) sheet   *das Bettlaken*
to sleep   *schlafen*
to toss and turn   *sich (unruhig) hin-*
                und herwälzen

Housework

broom   *der Kehrbesen, der Besen*
carpet   *der Teppich*
to clean   *putzen*
dirty   *schmutzig*
dust   *der Staub*
to dust   *Staub wischen*
dustcloth   *das Staubtuch*
to empty   *leeren*
floor   *der Fussboden*
furniture   *die Möbel*
garbage   *die Abfälle, der Müll*
garbage can   *der Mülleimer*
garbage pail   *der Mülleimer*
housecleaning   *der Hausputz*
housework   *die Hausarbeit*
iron   *das Bügeleisen*
to iron   *bügeln*
ironing board   *das Bügelbrett*
laundry   *die Wäsche*

to make easy   *erleichtern*
mop   *der Feudel*
to polish   *polieren*
polishing cloth   *der Putzlappen*
to shine   *polieren*
sponge   *der Schwamm*
to sweep   *kehren*
to take out (garbage)   *hinausbringen*
to throw   *werfen*
to vacuum-clean   *staubsaugen,*
                  absaugen
vacuum cleaner   *der Staubsauger*
wash   *die Wäsche*
to wash (dishes)   *(Geschirr) abwaschen*
to wash (floor)   *wischen*
washing machine   *die Waschmaschine*
window   *das Fenster*
to wipe   *wischen*

Some minor problems around the home

blown (fuse)   *durchgebrannt*
burned out (light)   *durchgebrannt*
to check   *nachsehen*
clogged   *verstopft*
drain   *der Abfluss*
to drain   *ablaufen*
to drip   *lecken*
electrician   *der Elektriker*
to empty   *leeren*
fuse   *die Sicherung*
fuse box   *der Sicherungskasten*
to happen   *geschehen*
to leak   *lecken*
light bulb   *die Glühbirne*
light switch   *der Lichtschalter*
outlet (electric)   *die Steckdose*
pipes   *die Rohre*
plug   *der Stecker*
plumber   *der Klempner*
plumbing   *die Rohre*
to replace   *ersetzen*
stopped up   *verstopft*
to turn on   *anschalten*

Chapter 18: At the doctor's office

accident   *der Unfall*
adhesive bandage   *das Pflaster*
allergic   *allergisch*

allergy   *die Allergie*
to analyze   *analysieren, untersuchen*
ankle   *der Knöchel, der Fussknöchel*
antibiotics   *die Antibiotika*
appendix   *der Blinddarm*
arm   *der Arm*
arthritis   *die Arthritis*
asthma   *das Asthma*
auscultate   *abhorchen*
back   *der Rücken*
bandage   *der Verband*
to bandage   *verbinden*
blood   *das Blut*
blood pressure   *der Blutdruck*
blood sample   *die Blutprobe*
blood type   *die Blutgruppe*
bone   *der Knochen*
bowels   *der Darm*
break   *der Bruch*
breast   *die Brust*
to breathe   *atmen*
broken   *gebrochen*
cancer   *der Krebs*
(plaster) cast   *der Gipsverband*
cheek   *die Backe, die Wange*
chest   *die Brust*
chickenpox   *die Windpocken*
chills and fever   *der Schüttelfrost*
cold   *die Grippe, die Erkältung*
to be cold   *frieren*
I'm cold.   *Mir ist kalt.*
complaints   *die Beschwerden*
compound fracture   *offener Bruch*
to be congested,   *dickflüssigen Schleim*
   stuffed up   *haben*
constipated   *verstopft*
constipation   *die Verstopfung*
contagious   *ansteckend*
crutches   *die Krücken*
cough   *der Husten*
to cough   *husten*
cut   *geschnitten*
to cut   *schneiden*
diabetes   *die Zuckerkrankheit, der*
                  Diabetes
diarrhea   *der Durchfall*
difficulties   *die Schwierigkeiten*
disturbances   *die Störungen*
dizzy   *schwindelig*
doctor   *der Arzt, die Ärztin*
doctor's office   *die Arztpraxis*
ear   *das Ohr*

earache *die Ohrenschmerzen*
electrocardiogram
  (EKG) *das Elektrokardiogramm (EKG)*
epilepsy *die Epilepsie*
epileptic fit *der epileptische Anfall*
to examine *untersuchen*
to examine with stethoscope *abhorchen*
feel *fühlen*
fever *das Fieber*
finger *der Finger*
foot *der Fuss*
fracture *der Bruch*
to freeze *frieren*
frequent(ly) *häufig*
glands *die Drüsen*
to have a cold *erkältet sein*
heart *das Herz*
heart attack *der Herzanfall, der
          Herzinfarkt*
hip *die Hüfte*
to hurt *weh tun*
illness *die Krankheit*
to immobilize (bone) *ruhig stellen*
infantile paralysis *die Kinderlähmung*
influenza *die asiatische Grippe, die
          Influenza*
injection *die Spritze*
intestines *die Därme*
kidneys *die Nieren*
leg *das Bein*
liver *die Leber*
lungs *die Lungen*
lymph glands *die Lymphdrüsen*
measles *die Masern*
to measure *messen*
medical history *die Krankengeschichte*
menstrual period *die Regel*
mental illness *die psychische Krankheit*
mouth *der Mund*
mucus *der Schleim*
mumps *der Mumps*
nauseous *übel*
neck *der Hals*
to operate *operieren, einen chirurgischen
          Eingriff vornehmen*
operation *die Operation*
orthopedist *der Orthopäde*
pains *die Schmerzen*
penicillin *das Penizillin*
penicillin injection *die Penizillinspritze*
phlegm *der Schleim*
pills *die Pillen*

poliomyelitis *die Polio, die
          Kinderlähmung*
possibility *die Möglichkeit*
to prescribe *verschreiben*
psychiatrist *der Psychiater*
psychiatric disturbances *psychische
          Störungen*
pulse *der Puls*
to put in a cast *in Gips legen*
to remove *entfernen*
sample *die Probe*
sensitive to *empfindlich gegen*
to set (bone) *richten*
to sew *nähen*
sick *krank*
sickness *die Krankheit*
simple fracture *geschlossener Bruch*
sleeve *der Ärmel*
sore throat *die Halsschmerzen*
to splint *schienen*
to sprain *verstauchen, verrenken*
to stick (on) *kleben*
to stitch *nähen*
stitches *die Nähte*
stomach *der Magen*
stool *der Stuhl(gang)*
to suffer *leiden an*
surgeon *der Chirurg*
swollen *geschwollen*
symptoms *die Symptome*
tablet *die Tablette*
to take x-rays *Röntgenaufnahmen
          machen; röntgen*
temperature *die Temperatur; das Fieber*
throat (inside) *der Rachen*
tonsils *die Mandeln*
tuberculosis *die Tuberkulose (TBC), die
          Schwindsucht*
to twist *verrenken*
to undress (in doctor's *sich frei machen*
  office only)
urine *der Urin*
to vaccinate *impfen*
vaccinated *geimpft*
venereal *die Geschlechtskrankheit*
  disease
vital organs *die lebenswichtigen Organe*
to vomit *sich übergeben*
wound *die Wunde*
wrist *das Handgelenk*
x-ray *das Röntgenbild, die
          Röntgenaufnahme*

Chapter 19: At the hospital

admission (to hospital)   *die Aufnahme*
to admit   *aufnehmen*
ambulance   *der Krankenwagen*
anesthesia   *die Anästhesie*
anesthetist   *der (die) Anästhesist(in)*
appendicitis   *die Blinddarmentzündung,*
               die Appendizitis
appendicitis attack (acute
  appendicitis)   *die akute*
               Blinddarmentzündung
appendix   *der Blinddarm*
bellyache   *der Bauchschmerzen*
bladder   *die Blase*
blood pressure   *der Blutdruck*
breast   *die Brust*
to breathe   *atmen*
cataract (eye)   *der graue Star, die*
               Katarakt
chest (body part)   *die Brust*
clinic   *die Klinik*
colon   *der Dickdarm*
cut   *der Schnitt*
cyst   *die Zyste*
delivery (childbirth)   *die Entbindung, die*
               Niederkunft
delivery room   *der Entbindungssaal, der*
               Kreisssaal
doctor   *der Arzt, die Ärztin*
emergency room   *die Unfallstation*
to examine   *untersuchen*
feeding   *die Ernährung*
food   *die Ernährung, die Nahrung*
form (to fill out)   *das Formular*
gallbladder   *die Gallenblase*
health insurance   *die Krankenkasse*
health insurance
  company   *die Krankenkasse*
hemorrhoids   *die Hämorrhoiden*
hospital   *die Klinik; das Krankenhaus*
hysterectomy   *die Uterusexstirpation*
incision   *der Schnitt*
injection   *die Spritze*
intensive care   *die Intensivstation*
intern   *der Assistenzarzt, die*
               Assistenzärztin
intravenous   *intravenös*
intravenous feeding   *künstliche Ernährung*
labor, labor pains   *die Wehen*
to measure   *messen*
nurse   *die Krankenschwester, der (die)*
               Krankenpfleger(in)

obstetrician   *der (die) Geburtshelfer(in)*
to operate   *einen chirurgischen Eingriff*
               vornehmen, operieren, eine
               Operation durchführen
operating room   *der Operationssaal*
operating table   *der Operationstisch*
operation   *die Operation, der Eingriff*
ovaries   *die Eierstöcke, die Ovarien*
oxygen   *der Sauerstoff*
oxygen tent   *das Sauerstoffzelt*
oxygen tubes   *die Sauerstoffschläuche*
painful   *schmerzhaft*
pains   *die Schmerzen*
patient   *der (die) Patient(in)*
to place   *legen*
polyps   *die Polypen*
to predict   *voraussagen*
pregnancy   *die Schwangerschaft*
pregnant   *schwanger*
to prepare   *vorbereiten*
prognosis   *die Prognose*
pulse   *der Puls*
to put   *legen*
radiology   *die Radiologie*
ready   *bereit*
recovery room   *der Beobachtungsraum*
to remove   *entfernen*
serious   *ernst*
to set (a broken bone)   *ruhigstellen*
sodium pentothal   *das Natriumpentothal*
stomach pains   *die Bauchschmerzen*
stretcher   *die Tragbahre, die*
               Krankenbahre, die fahrbare
               Trage
surgeon   *der Chirurg*
to take (e.g., blood pressure)   *messen*
to take out   *herausnehmen*
to take x-rays   *röntgen*
tonsils   *die Mandeln*
tranquilizer   *das Beruhigungsmittel*
ulcer   *das Geschwür*
wheelchair   *der Rollstuhl*
x-rays   *die Röntgenbilder, die*
               Röntgenaufnahmen

Chapter 20: At the theater and the movies

to act   *eine Rolle spielen*
act   *der Akt*
actor   *der Schauspieler*
actress   *die Schauspielerin*

admission ticket   *die Eintrittskarte*
to appear (come) on stage   *auf der Bühne
                              erscheinen*
to applaud   *applaudieren*
audience   *die Zuhörer*
balcony   *der zweite Rang*
to begin   *anfangen, beginnen*
box office   *die Theaterkasse*
box seat   *der Logenplatz*
cashier   *der (die) Kassierer(in)*
to check   *abgeben*
cinema   *das Kino*
cloakroom   *die Garderobe*
come onstage   *auf der Bühne erscheinen*
comedy   *die Komödie*
curtain   *der Vorhang*
drama   *das Drama*
to dub   *synchronisieren*
to fall   *fallen*
film   *der Film*
hero   *der Held*
heroine   *die Heldin*
intermission   *die Pause*
to leave (check)   *abgeben*
mezzanine   *der erste Rang*
movie, film   *der Film*
movies   *das Kino*
musical   *das Musical*
orchestra (section of theater)   *das Parkett*
part   *die Rolle*
  to play a part   *eine Rolle spielen*
performance   *die Vorstellung, die
                  Aufführung*
play   *das Schauspiel, das Stück, das
         Theaterstück*
to play   *spielen*
to prefer   *vorziehen*
to present   *vorstellen, darstellen; zeigen*
program   *das Programm*
role   *die Rolle*
row   *die Reihe*
scene   *die Szene*
screen   *die Leinwand*
seat   *der Platz*
to shoot a film   *einen Film drehen*
show   *die Vorstellung*
to show   *zeigen*
sold out   *ausverkauft*
spectator   *der Zuschauer*
stage   *die Bühne*
theater   *das Theater, das Kino (movie
            theater)*
ticket   *die Eintrittskarte, die Karte*

ticket window   *die Theaterkasse*
top balcony   *der Heuboden*
tragedy   *die Tragödie*
usher   *der (die) Platzenweiser(in)*
variety show   *das Varieté*
to whistle   *pfeifen*

Chapter 21: Sports

to adjust   *einstellen*
advanced skier   *der fortgeschrittene
                    Skiläufer*
Alpine ski poles   *die Alpinskistöcke*
Alpine skis   *die Alpinskier*
ball   *der Ball*
base (snow)   *die geschlossene
                Schneedecke*
basic movement   *die Grundbewegung*
beginner   *der Anfänger*
bindings   *die Bindungen*
boots   *die Stiefel*
braking   *das Bremsen*
braking technique   *die Bremstechnik*
to catch   *fangen*
chairlift   *der Sessellift*
change in direction   *die
                        Richtungsänderung*
coarse   *grob*
cozy, comfortable   *gemütlich*
cross-country skiing   *der Langlauf*
cross-country skis   *die Langlaufskier*
cross-country ski   *die Langlaufskistöcke*
  poles
cross-country ski trips   *die
                            Langlauftouren*
crusted snow   *der Harschschnee*
difficult   *schwer*
doubles match   *das Doppel*
down (feathers)   *die Daunen (die Federn)*
downhill skiing   *der Abfahrtslauf*
end   *das Ende*
falling technique   *die Falltechnik*
to fasten   *befestigen*
fellow player   *der Mitspieler*
fiberglass   *die Glasfaser(n)*
final   *das Ende*
forward   *nach vorne*
foul   *das Foul*
to glide   *gleiten*
gloves   *die Handschuhe*
goal   *das Tor*
goal tender   *der Torwart*

(ski) goggles   *die Skibrille*
granular snow   *der granulierte Schnee*
to guard   *hüten*
half (soccer)   *die Halbzeit*
heel (of shoe)   *der Absatz*
heel binding   *der Fersenautomat*
hinged toepiece   *der scharnierte Vorderbacken*
injuries   *die Verletzungen*
to keep one's balance   *das Gleichgewicht halten*
to kick   *treten*
knee breeches   *die Kniehose*
(ski) lift   *der Lift* (T-Bar)
loose   *locker*
lost   *verloren*
to make a goal (soccer)   *ein Tor schiessen*
to make a long pass   *eine Flanke schiessen*
marked, machine-made parallel   *markierte*
  ski tracks   *Loipen*
mountains   *die Berge*
net   *das Netz*
net ball   *der Netzball*
Nordic skiing   *der Langlauf*
Nordic skis   *die Langlaufskier*
no score game (soccer)   *ein torloses Unentschieden*
out, outside of   *ausserhalb*
parallel turn   *das Parallelfahren, der Parallelschwung*
to pass (soccer)   *einen Pass schiessen*
period (soccer)   *die Halbzeit*
players   *die Spieler*
playing field   *das Spielfeld*
point   *der Punkt*
poles (for skiing)   *die Stöcke*
powder snow   *der Pulverschnee*
prepared cross-country   *präparierte*
  ski trails   *Loipen*
race type   *die Rennform*
racket   *der Tennisschläger*
referee   *der Schiedsrichter*
to release   *lösen*
to return (ball)   *zurückschlagen*
score   *der Spielstand*
to score a point (soccer)   *ein Tor schiessen*
scoreboard   *die Anzeigetafel*
season   *die Saison*
to secure   *befestigen*
serve (tennis)   *der Aufschlag*

server (tennis)   *der Spieler, der Aufschlag hat*
set (tennis)   *der Satz*
to sharpen and   *(Skier) präparieren*
  wax (skis)
sideways   *zur Seite*
singles (match)   *das Einzel*
to ski down   *abfahren*
to ski downhill making   *über die Pisten*
  large turns   *schwingen*
skier   *der Skiläufer, der Skifahrer*
ski goggles   *die Skibrille*
ski hat   *die Skimütze*
skiing   *das Skifahren, das Skilaufen*
skiing equipment   *die Skiausrüstung*
ski instructor   *der Skilehrer*
skiing lessons   *der Skiunterricht*
ski-lift ticket   *der Skipass*
ski poles   *die Skistöcke*
ski resort   *der Skiort, der Wintersportort*
skis   *die Skier*
ski slope (path)   *die Piste*
ski suit   *der Skianzug*
ski tow   *der Schlepplift*
ski tree   *der Skibügel*
slalom   *der Slalom*
snow   *der Schnee*
snowplow turn   *die Pflugstellung*
soccer field   *das Fussballfeld*
soccer team   *die Fussballmannschaft*
to sprain   *verstauchen, verrenken*
steep   *steil*
to stop   *anhalten; (einen Ball) fangen*
stopping   *das Halten*
team mate   *der Mitspieler*
tennis ball   *der Tennisball*
tennis court   *der Tennisplatz*
tennis racket   *der Tennisschläger*
tennis tournament   *das Tennisturnier*
tied (game)   *unentschieden*
to touch   *berühren*
turning technique   *die Wendetechnik*
to use   *benutzen*
warm-up exercises   *die Skigymnastik*
  for skiing
to wax   *wachsen*
to whistle   *pfeifen*
to win   *gewinnen*
wind- and waterproof   *wind- und wasserdicht*
won   *gewann*
wool socks   *die Wollsocken*

Chapter 22: The beach

air mattress   *die Luftmatratze*
to bathe   *baden*
bathing suit   *der Badeanzug*
bathing trunks   *die Badehose*
beach   *der Strand*
beach chair   *der Strandkorb*
beach (pebbly)   *der Kiestrand, der*
                    steinige Strand
beachrobe   *der Bademantel*
beach (sandy)   *der Sandstrand*
beach towel   *das Strandtuch*
boat   *das Boot*
to break (waves)   *brechen (die Wellen*
                    brechen sich)
to burn   *verbrennen*
burned   *verbrannt*
calm   *ruhig*
to come in   *hereinkommen*
current   *die Strömung*
dangerous   *gefährlich*
flat   *flach*
to float   *sich treiben lassen*
folding chair   *der Klappstuhl*
guarded (by lifeguard)   *bewacht*
high tide   *die Flut*
hike   *die Wanderung*
to hike   *wandern*
lifeguard   *der Rettungsschwimmer*
lighthouse   *der Leuchtturm*
low (of waves)   *flach*
low tide   *die Ebbe*
pebbly beach   *der steinige Strand, der*
                    Kiesstrand
to rent   *mieten*
to ride a sailboard   *windsurfen*
to ride (waves)   *(auf den Wellen) reiten*
rough   *rauh*
to rub in (suntan lotion)   *(Sonnenöl) einreiben*
sailboard   *der Windsurfer*
sailboat   *das Segelboot*
sand   *der Sand*
sandals   *die Sandalen*
to scuba-dive   *schnorcheln*
sea   *das Meer, die See*
seaside resort   *das Seebad*
shore   *der Strand*
skin   *die Haut*
to spend (time)   *verbringen*
to spend the summer,   *den Sommer, den*
  one's vacation   *Urlaub verbringen*

sunbath   *das Sonnenbad*
sunburn   *der Sonnenbrand*
sunglasses   *die Sonnenbrille*
sunscreen   *der Schutzfaktor*
suntan lotion   *das Sonnenöl*
surfboard   *das Surfbrett*
to swim   *schwimmen*
to tan   *braun werden*
to be tanned   *braun sein*
tides   *die Gezeiten*
unguarded   *unbewacht*
vacation (adults)   *der Urlaub*
vacation (schoolchildren)   *die Schulferien*
to vacation   *Urlaub machen*
to wander   *wandern*
to water ski   *Wasserski laufen*
water skis   *die Wasserskier*
wave   *die Welle*
well known   *bekannt*

Chapter 23: Camping

air mattress   *die Luftmatratze*
antiseptic ointment   *die Wundsalbe*
backpack   *der Rucksack*
bandage   *der Verband*
battery   *die Batterie*
butane gas   *das Butangas*
(butane) gas bottle   *die Gasflasche*
to camp   *campen*
camper (vehicle, trailer;
  person)   *der Camper*
camper (vehicle or
  trailer)   *der Campingwagen*
campfire   *das Lagerfeuer*
camping   *der Campingkocher, der*
  stove   *Spirituskocher*
campsite   *der Campingplatz*
canteen   *der Wasserkanister*
to cook   *kochen*
drinking water   *das Trinkwasser*
electricity (electric current)   *der Strom*
facilities (sanitary)   *die Sanitäranlagen,*
                    sanitäre Anlagen
fire   *das Feuer*
first aid kit   *der Verbandskasten*
to fit   *passen*
flashlight   *die Taschenlampe*
folding   *der Klappstuhl, der Campingstuhl*
  chair
folding   *die Klappmöbel*
  furniture

folding table   *der Klapptisch*
to forget   *vergessen*
gasoline canister   *der Benzinkanister*
hammer   *der Hammer*
to hammer   *schlagen*
hammock   *die Hängematte*
to hit   *schlagen*
knapsack   *der Rucksack*
to light (fire)   *anzünden*
match   *das Streichholz*
meal   *die Mahlzeit*
to park   *parken, abstellen*
parking lot   *der Parkplatz*
penknife   *das Taschenmesser*
to pitch a tent   *ein Zelt aufstellen*
to prepare   *zubereiten*
to put   *stellen*
sanitary   *die Sanitäranlagen,*
   facilities   *sanitäre Anlagen*
to set up   *aufstellen*
shower   *die Dusche*
sleeping bag   *der Schlafsack*
spike   *der Hering*
tent   *das Zelt*
tent pole   *die Zeltstange*
tent rope   *die Zeltleine*
thermos bottle   *die Thermosflasche*
things   *die Sachen*
to tie   *festbinden*
toilet   *die Toilette*
trailer   *der Anhänger, das Wohnmobil,*
   der Campingwagen
to use   *benutzen*
vacationer   *der Urlauber*
washrooms   *die Waschräume*
water canister   *der Wasserkanister*

Chapter 24: The weather

barometric pressure   *der Luftdruck*
changing   *wechselnd*
clear   *klar*
to clear up   *sich aufklären*
cloud   *die Wolke*
cloudiness   *die Bewölkung*
cloudy   *wolkig, bewölkt*
cold   *kalt*
cool   *kühl*
degree   *der Grad*
direction   *die Richtung*
to drizzle   *nieseln*

to fall   *fallen*
falling   *fallend*
fog   *der Nebel*
foggy   *nebelig*
hail   *der Hagel*
to hail   *hageln*
hot   *heiss*
humid   *feucht*
humidity   *die Feuchtigkeit*
light   *leicht; schwach* (winds)
to lighten   *blitzen*
lightning   *der Blitz*
local   *örtlich*
maximum   *die Höchsttemperatur*
   temperature
minimum   *die Tiefsttemperatur*
   temperature
outlook   *die Aussichten*
pleasant   *angenehm*
precipitation   *der Niederschlag*
predominant   *überwiegend*
rain   *der Regen*
to rain   *regnen*
rain shower   *der Regenschauer*
rain showers   *schauerartige*
   Niederschläge
rainy   *regnerisch*
to rise   *steigen*
scattered (showers)   *örtlich, stellenweise,*
   strichweise
to shine   *scheinen*
shower   *der Schauer*
showerlike precipitation   *schauerartige*
   Niederschläge
sky   *der Himmel*
slight(ly)   *leicht*
to snow   *schneien*
snow   *der Schnee*
snowfall   *der Schneefall*
snowstorm   *der Schneesturm*
sometimes   *manchmal*
south   *der Süden*
sporadically   *stellenweise, strichweise*
storm   *der Sturm*
stormy   *stürmisch*
strong   *stark*
sultry   *drückend*
sun   *die Sonne*
sunny   *sonnig*
temperature   *die Temperatur*
thunder   *der Donner*
to thunder   *donnern*

thunderstorm   *das Gewitter*
unstable   *unbeständig*
variable   *unterschiedlich*
warm   *warm*
weak   *schwach*
weather   *das Wetter*
weather prediction   *die Wettervorhersage*
weather report   *der Wetterbericht*
wind   *der Wind*
windy   *windig*
zero   *null*

Chapter 25: Education

arranged   *gegliedert*
attend (school)   *(die Schule) besuchen*
to attend (university)   *(an der Universität)
                            studieren*
auditor   *der (die) Gasthörer(in)*
back   *der Rücken*
ball-point pen   *der Kugelschreiber*
beginning of classes   *der
                        Vorlesungsbeginn*
beginning of the term   *der
                        Semesterbeginn*
boarding school   *das Internat, die
                    Internatsschule*
book   *das Buch*
bookbag   *der Ranzen, die Schultasche,
            die Büchertasche*
business   *der Diplomkaufmann, die*
administration   *Diplomkauffrau*
graduate
business   *die Betriebswirtschaftslehre*
studies
to carry   *tragen*
chalkboard   *die Tafel*
class   *die Lehrveranstaltung; die Klasse*
classroom   *das Klassenzimmer*
to collect   *einsammeln*
college of   *die technische Hochschule*
engineering
commercial-vocational high   *die*
school   *Realschule*
to conduct a seminar   *ein Seminar leiten*
cost of   *die Lebenshaltungskosten, die*
living   *Unterhaltskosten*
course   *die Lehrveranstaltung*
curriculum, course of study   *der Zweig*
  (at Gymnasium)
dean   *der (die) Dekan(in)*
desk   *das Pult*

diploma from Gymnasium   *das Abitur,
                            das Abi*
diploma from Realschule   *die mittlere
                            Reife*
to divide   *einteilen, unterteilen*
doctorate   *der Doktorgrad*
(to obtain a) doctorate   *promovieren*
dormitory   *das Studentenwohnheim*
elementary school   *die Grundschule*
examination   *die Prüfung, das Examen*
faculty of a   *die Hochschullehrer*
  Hochschule
to fail   *durchfallen*
failed   *durchgefallen*
failing   *ungenügend, mangelhaft*
financial aid   *das Bafög*
to follow   *folgen*
fountain pen   *der Füllfederhalter, der
                Füller*
to give a lesson   *Unterricht geben*
good (grade)   *gut*
grade (mark)   *die Note*
grade (year in school)   *das Schuljahr*
to graduate   *Examen machen*
graduation   *der Schulabschluss*
high school (academic)   *das Gymnasium*
high school diploma   *das Abitur, die
                        mittlere Reife*
history   *die Geschichte*
kindergarten   *der Kindergarten*
law   *die rechtswissenschaftlichte*
  school   *Fakultät*
lawyer   *der Rechtsanwalt, die
            Rechtsanwältin*
to learn   *lernen*
lecture   *die Vorlesung*
to lecture   *eine Vorlesung halten*
lesson   *der Unterricht, die
            Unterrichtsstunde*
living expenses   *die Unterhaltskosten*
to major in   *studieren*
mark   *die Note*
master's degree   *das Diplom*
matriculate   *sich einschreiben, sich
                immatrikulieren*
necessary   *notwendig*
(school) notebook   *das Schulheft*
to pass (test)   *(die Prüfung) bestehen*
passed (test)   *bestanden*
passing (grade)   *ausreichend*
(fountain) pen   *der Füllfederhalter, der
                Füller*

prerequisite   *die Voraussetzung*
president   *der Präsident*
principal   *der (die) Rektor(in), der (die)*
                    Direktorin, der (die)
                    Schulleiter(in)
professor   *der (die) Professor(in)*
professor of   *der (die)*
  English   *Anglistikprofessor(in)*
pupil   *der (die) Schüler(in)*
  at Gymnasium   *der (die) Gymnasiast(in)*
  at Hauptschule   *der (die)*
                    Hauptschüler(in)
  at Realschule   *der (die) Realschüler(in)*
to read   *lesen*
reader   *das Lesebuch*
to register   *sich einschreiben, sich*
                    immatrikulieren
report card   *das Zeugnis*
requirement   *die Voraussetzung*
satisfactory (grade)   *befriedigend*
schedule (of classes)   *der Stundenplan*
scholarship   *das Stipendium*
school   *die Schule; (of law, medicine,*
                etc.) die Fakultät
school of business   *wirtschaftswissen-*
  (economics)   *schaftliche Fakultät*
school of mathematics   *mathematische*
                    Fakultät
school of medicine   *medizinische Fakultät*
school of philosophy   *philosophische*
                    Fakultät
school of theology   *theologische Fakultät*
schoolbag (for children)   *der Ranzen*
schoolbooks   *die Schulbücher*
secondary (junior high)   *die Hauptschule*
  school
seminar   *das Seminar*
stipend   *das Stipendium*
state aid (for West German   *das Bafög*
  university students)
story   *die Geschichte*
student   *der (die) Student(in)*
to study   *studieren*
subject (school or college)   *das Fach*
to take notes   *sich Notizen machen*
to take a test   *eine Prüfung ablegen*
to teach   *unterrichten, lehren*
teacher   *der (die) Lehrer(in)*
test   *die Klassenarbeit*
textbook   *das Schulbuch, das Lehrbuch*
tuition   *die Studiengebühr*
university   *die Universität, die Uni, die*
                    Hochschule

university class   *die Lehrveranstaltung*
unsatisfactory (grade)   *mangelhaft*
very good (grade)   *sehr gut*

Chapter 26: The state and politics

against   *gegen*
to amend   *ändern*
to approve (a motion)   *unterstützen*
autocratic   *autokratisch*
bill (in legislature)   *der Gesetzentwurf, die*
                    Gesetzesvorlage
cabinet   *das Kabinett*
chancellor (West   *der Bundeskanzler*
  Germany)
to change   *ändern*
Christian Democratic   *die Christlich-*
  Party   *Demokratische*
                    Union (CDU)
citizen   *der Bürger*
citizen's rights   *die Bürgerrechte*
closed session   *die nichtöffentliche*
                    Sitzung
coalition   *die Koalition*
committee   *der Ausschuss*
to concede   *Konzessionen machen*
to consider   *sich beraten über*
to consist of   *bestehen aus*
constitution   *die Verfassung*
constitutional   *die Verfassungsänderung*
  amendment
court (of law)   *der Gerichtshof*
to deliberate (about)   *(sich) beraten (über)*
demonstration   *die Demonstration*
to determine   *bestimmen*
dictator   *der Diktator*
dictatorship   *die Diktatur*
to direct   *leiten*
federal   *föderalistisch*
(West German) federal   *das Bundesver-*
  constitutional   *fassungsgericht*
  court
Federal Republic   *die Bundesrepublik*
  of Germany   *Deutschland*
(West German) federal   *das Bundesland*
  state
(West German)   *die Bundesregierung*
  federal government
finance ministry   *das Finanzministerium*
  (West Germany)
for, in favor   *für (dafür)*

foreign ministry (West   *das Auswärtige*
   Germany)   *Amt*
to form   *bilden*
Free Democratic   *Freie Demokratische*
   Party   *Partei (FDP)*
freedom of   *die freie Meinungsäusserung*
   speech
freedom of the
   press   *die Pressefreiheit*
government   *die Regierung*
the Greens (German   *die Grünen*
   political party)
head of government   *der Regierungschef*
highest court of   *der oberste Gerichtshof*
   justice
human rights   *die Menschenrechte*
important   *wichtig*
the left   *die Linke*
leftists   *die Linken*
of legal age   *volljährig*
local elections   *die Kommunalwahlen*
(West German) lower   *der Bundestag*
   house
majority   *die Mehrheit*
member   *das Mitglied*
minister (West   *der Bundesminister*
   Germany)
ministry   *das Ministerium*
ministry of education   *das Ministerium*
   and science   *für Bildung*
   (West Germany)   *und*
                       Wissenschaft
ministry of the   *das Innenministerium*
   interior
   (West Germany)
ministry of   *das Justizministerium*
   justice
   (West Germany)
ministry of labor   *das Arbeitsministerium*
   (West Germany)
motion   *der Antrag*
to make a motion   *einen Antrag*
                   einbringen
(West German)   *die Bundestagswahlen*
   national
   elections

opinion   *die Meinung*
expression of   *die Meinungsäusserung*
   opinion
opposite, opposed   *gegensätzlich*
opposition   *die Opposition*
(political) party   *die Partei*
people   *das Volk*
plebiscite   *die Volksabstimmung*
plenary session   *die Plenarsitzung*
policies   *die Politik*
president of the cabinet   *der Minister-*
   council (of the   *präsident*
   individual Bundesländer)
to propose   *vorlegen*
to protect   *schützen*
public session   *die öffentliche Sitzung*
having a quorum   *beschlussfähig*
referendum   *die Volksabstimmung*
representative   *der Abgeordnete*
to represent   *vertreten*
responsible   *verpflichtet*
the right   *die Rechte*
rightists   *die Rechten*
rights of the people   *die Bürgerrechte*
to rule   *herrschen*
Social Democratic   *die Sozialdemo-*
   Party   *kratische Partei*
                   Deutschlands (SPD)
special arrangement   *die Sonderregelung*
state   *der Staat*
to submit   *vorlegen*
to support   *unterstützen*
together   *zusammen*
(West German) upper house   *der*
                   Bundesrat
voice   *die Stimme*
vote   *die Stimme, die Abstimmung*
to vote (for)   *wählen, abstimmen,*
                stimmen für
vote of confidence   *die Vertrauensfrage*
vote of no   *das Misstrauensvotum*
   confidence
constructive vote of   *das konstruktive*
   no confidence   *Misstrauensvotum*
voter   *der Wähler*
voting right   *das Wahlrecht*
having voting rights   *wahlberechtigt*

Answers to exercises
Die Lösungen zu den Übungen

Chapter 1: At the airport

1. 1. Bus
   2. Hauptbahnhof
   3. fahren

2. 1. Halle   4. Inlandflüge
   2. Auslandsflüge   5. Auslandsflug
   3. Halle   6. Halle

3. 1. Schalter   4. Flugschein
   2. Schlange   5. Auslandsflug
   3. Schalter   6. Reisepass

4. 1. Auslandsflug
   2. Schalter
   3. Flugschein, Reisepass
   4. Platz, Nichtraucherzone
   5. Reihe, Nichtraucherzone
   6. Handgepäck, Aktentasche
   7. Gepäckschein
   8. Bordkarte
   9. Flug, Platz, Reihe, Nichtraucherzone
   10. Fluggepäckschein, abholen

5. 1. Die Dame ist am Schalter.
   2. Sie spricht mit dem Fräulein
   3. Sie gibt dem Fräulein ihren Flugschein.
   4. Die Dame möchte in der Nichtraucherzone sitzen.
   5. Die Dame hat zwei Koffer.
   6. Ja, sie hat Handgepäck.
   7. Sie hat eine Aktentasche.
   8. Ja, die Aktentasche passt unter den Sitz.
   9. Das Fräulein gibt der Dame eine Bordkarte.
   10. Sie fliegt mit Flug 406.
   11. Sie fliegt nach Frankfurt.
   12. Sie hat Platz C.
   13. Der Platz ist in Reihe 22.
   14. Zwei Koffer werden durchgecheckt.
   15. Sie kann ihre Koffer in Frankfurt abholen.

6. 1. *a*   4. *a*
   2. *b*   5. *b*
   3. *c*

7. 1. Abflug
   2. Flug
   3. nach Frankfurt

4. Sicherheitskontrolle
5. Sicherheitskontrolle
6. Ausgang

8. 1. Flug
   2. nach
   3. Sicherheitskontrolle
   4. Ausgang, Halle

9. 1. aufgerufen   3. aus
   2. Flug   4. nach

10. 1. verpasst
    2. Flug
    3. besetzt
    4. Plätze
    5. besetzt
    6. Tarife
    7. bestätigen
    8. Nonstopflug
    9. Zwischenlandung

11. 1. Hallen, Auslandsflüge, Inlandflüge
    2. Fräulein, Schalter, Fluggesellschaft
    3. Flugscheine, Reisepässe
    4. Gepäck
    5. Gepäckscheine, Gepäckscheine
    6. Tasche, Handgepäck, passen
    7. Gang, Nichtraucherzone
    8. besetzt, noch
    9. Bordkarte, Platz, Reihe
    10. Zwischenlandung, umsteigen
    11. Abflug, nach
    12. Ausgang

12. 1. Frau Möller kommt am Flughafen an.
    2. Es gibt zwei Hallen.
    3. Eine Halle ist für Auslandsflüge, die andere für Inlandflüge.
    4. Frau Möller geht sofort zum Schalter.
    5. Das Fräulein möchte den Flugschein und den Reisepass sehen.
    6. Frau Möller hat zwei Koffer.
    7. Das Fräulein klebt die Fluggepäckscheine auf die Flugscheinhülle.
    8. Frau Möller kann ihre Koffer in New York abholen.
    9. Sie nimmt eine Tasche mit an Bord.
    10. Das Handgepäck muss unter den Sitz passen.
    11. Nein, Frau Möller hat keinen reservierten Platz.

12. Das ist kein Problem, weil der Flug nicht voll besetzt ist.
13. Frau Möller hat Platz C, Reihe 22.
14. Sie muss zum Ausgang 18 gehen.
15. Es ist kein Nonstopflug.

13.
1. Flug
2. nach
3. Zwischenlandung
4. umsteigen
5. Platz
6. Reihe
7. Nichtraucherzone

Chapter 2: On the airplane

1.
1. Kabinenpersonal
2. Flugbegleiter
3. Vorne, Erste Klasse
4. grösseren Kabine
5. Cockpits
6. Besatzung
7. startet
8. landet

2.
1. Besatzung
2. begrüssen
3. starten
4. Flugzeit
5. beträgt
6. Flughöhe
7. Geschwindigkeit
8. pro Stunde

3.
1. Die Schwimmwesten sind unter den Sitzen.
2. Bei einem Luftdruckabfall fallen die Sauerstoffmasken automatisch herab.
3. Die Notausgänge sind über den Tragflächen.

4.
1. Starts
2. Landung
3. angeschnallt
4. Sicherheitsgurte (Gurte)
5. angeschnallt
6. Turbulenz
7. schaukelt

5.
1. Nichtraucherzone, Gang, Toiletten
2. Schild "Nicht rauchen," eingeschaltet
3. Schild "Nicht rauchen," Landung

6.
1. Gang
2. Sitz
3. Gepäckablage
4. passen
5. Starts
6. Landung
7. Rückenlehne
8. senkrecht

7.
1. Mahlzeit
2. Frühstück
3. in Stereo
4. Kanäle
5. Film
6. Gebühr
7. Kopfhörer
8. Decken
9. Kopfkissen

8.
1. Decke
2. Kopfkissen

9.
1. Kabinen, Erste-Klasse, Kabine, Economy
2. Flugbegleiter
3. Sauerstoffmasken
4. Handgepäck, Gepäckablage
5. Starts, Landung
6. Schild "Nicht rauchen"
7. Rückenlehnen
8. Sicherheitsgurte
9. Getränke, Mahlzeit
10. Kopfhörer, Gebühr

10.
1. e
2. i
3. f
4. b
5. a
6. j
7. c
8. l
9. h
10. m

11.
1. Die Flugbegleiter und die Besatzung begrüssen die Passagiere.
2. Es gibt zwei Kabinen.
3. Die Passagiere müssen die Sicherheitsgurte, die Sauerstoffmasken und die Schwimmwesten benutzen können.
4. Die Passagiere müssen ihr Handgepäck unter den Sitz stellen oder in die Gepäckablage legen.
5. Im Flugzeug darf man in der Nichtraucherzone, in den Gängen und in den Toiletten nicht rauchen.
6. Die Passagiere müssen ihre Rückenlehnen senkrecht stellen. Sie dürfen nicht rauchen. Sie müssen die Sicherheitsgurte anlegen.
7. Man weiss nie, wann das Flugzeug einer Turbulenz begegnet.
8. Die Flugbegleiter servieren Getränke und eine Mahlzeit.
9. Sie bringen den Passagieren auch Decken und Kopfkissen.
10. Der Flugkapitän sagt die Flugzeit, die Flughöhe, die Flugroute und die Geschwindigkeit durch.

Chapter 3: Passport control and customs

1.
1. Reisepass
2. ist
3. bleiben
4. (any appropriate length of time)
5. übernachten
6. geschäftlich
7. Vergnügen
8. Vergnügen

2. 1. verzollen, grünen Zeichen, etwas, roten
Zeichen
2. verzollt
3. Zollerklärung
4. persönlichen Sachen

Chapter 4: At the train station

1. 1. Fahrkarte
2. Rückfahrkarte
3. einfache Fahrkarte

2. 1. Fahrkarte
2. einfache Fahrkarte
3. Rückfahrkarte

3. 1. Fahrkartenschalter
2. Schalter

4. 1. Schalter
2. Fahrkarte
3. Rückfahrkarte
4. einfache Fahrkarte
5. einfache Fahrkarte
6. Intercity-Zug
7. Fahrkarte

5. 1. Der Zug nach Braunschweig soll um
14.10 Uhr abfahren.
2. Er wird nicht pünktlich abfahren.
3. Er wird um 15.00 Uhr abfahren.
4. Ja, der Zug hat Verspätung.
5. Der Zug fährt mit fünfzig Minuten Verspätung ab.
6. Die Fahrgäste warten in der Wartehalle
auf den Zug.

6. 1. Verspätung   3. Verspätung
2. fünfzig   4. Wartehalle

7. 1. Gepäck
2. Gepäckträger
3. Koffer
4. Gepäckaufbewahrung
5. Gepäckschein
6. abholen

8. 1. Gepäck
2. Gepäckträger
3. Gepäckträger
4. Gepäckaufbewahrung
5. Gepäckaufbewahrung
6. abgeben
7. Gepäckschein
8. zurückbekommen
9. Gepäckschein

9. 1. Gleis
2. Platzreservierung
3. Abteil, Wagen

10. 1. Bahnsteig
2. Abteilen

11. 1. Schaffner
2. Schlafwagen
3. Speisewagen

12. 1. T   5. F
2. F   6. F
3. F   7. T
4. F   8. F

13. 1. Frau Meyer kommt mit der Taxe zum
Bahnhof.
2. Sie hat vier Koffer bei sich.
3. Frau Meyer ruft einen Gepäckträger.
4. Nein, der Zug fährt nicht pünktlich ab.
5. Der Zug fährt mit 30 Minuten Verspätung
(mit einer Verspätung von einer halben
Stunde) ab.
6. Sie gibt ihr Gepäck bei der Gepäckaufbewahrung ab.
7. Sie kauft die Fahrkarte am Schalter.
8. Nein, sie will eine Rückfahrkarte kaufen.
9. Sie fährt Erster Klasse.
10. Mit dem Gepäckschein bekommt sie ihr
Gepäck zurück.
11. Der Gepäckträger bringt das Gepäck zum
Bahnsteig.
12. Sie suchen Wagen 7.
13. Frau Meyer hat Platz 113.
14. Sie hat kein Bett reservieren lassen, weil
es kein Nachtzug ist.
15. Frau Meyer fragt den Schaffner, wo der
Speisewagen ist.

14. 1. *b*   4. *f*
2. *d*   5. *a*
3. *e*   6. *c*

Chapter 5: The automobile

1. 1. miete
2. Tagestarif, Wochentarif
3. kostet, Wochentarif
4. Kilometergeld
5. Benzin
6. Führerschein
7. Versicherung

2. 1. mieten
2. Auto

3. Tag
4. Woche
5. Tagestarif
6. Wochentarif
7. Kilometer
8. Kilometer
9. inbegriffen
10. Vollkaskoversicherung
11. Führerschein
12. Anzahlung
13. Kreditkarte
14. Kreditkarte
15. unterschreiben

3. 1. *b*   6. *b*
    2. *a*   7. *b*
    3. *b*   8. *b*
    4. *a*   9. *c*
    5. *c*   10. *b*

4. 1. schaltet (den Gang einlegt)
    2. Blinker
    3. Handschuhfach
    4. Kofferraum

5. 1. den Zündschlüssel in die Zündung stecken
    2. den Motor anlassen
    3. den ersten Gang einlegen

6. 1. Tank, Tankstelle
    2. Tank, Liter
    3. Kühlwasser
    4. Ölstand
    5. Windschutzscheibe
    6. Batterie, Bremsflüssigkeit

7. 1. Panne   3. Abschleppwagen
    2. liegen   4. abschleppen

8. 1. vibriert   4. Ersatzteile
    2. Wasser   5. reparieren
    3. Abschleppwagen

Chapter 6: Asking for directions

1. 1. verirrt   10. geradeaus
    2. Strasse   11. Strasse
    3. Kreuzung   12. Kreuzung
    4. weit   13. geradeaus
    5. weit   14. biege
    6. Nähe   15. Ecke
    7. zu Fuss   16. drei
    8. zurückgehen   17. rechts
    9. biegen   18. Kreuzung

2. 1. weit   3. Bus nehmen
    2. zu Fuss gehen 4. Bushaltestelle

5. Ecke   7. nehmen
6. Haltestelle   8. aussteigen

3. 1. Vorort
    2. Bundesstrasse
    3. Verkehr
    4. Hauptverkehrszeit
    5. Autobahn
    6. Fahrstreifen
    7. Fahrstreifen, Ausfahrt
    8. Einbahnstrasse
    9. Ampel

5. 1. *d*   4. *c*
    2. *f*   5. *a*
    3. *b*   6. *e*

6. 1. Kreuzung   4. nach
    2. weiter   5. nach
    3. weiter

Chapter 7: Making a telephone call

1. 1. telefonieren   5. durchwählen
    2. Telefonnummer   6. ab
    3. Telefonbuch   7. Amtszeichen
    4. Ortsgespräch   8. Wählscheibe

2. 1. Ferngespräch
    2. Vermittlung
    3. Vorwahl
    4. R-Gespräch
    5. Personengespräch
    6. verbinden

3. 1. Telefonzelle   6. werfe
    2. Zelle   7. Amtszeichen
    3. Kleingeld   8. Nummer
    4. abnehmen   9. Wählscheibe
    5. nehme

4. 1. (Make up last name.)
    2. Herrn, Frau, Fräulein (make up name)
    3. Moment
    4. Herr, Frau, Fräulein (made-up name)
    5. Nachricht
    6. hinterlassen

5. 1. Amtszeichen
    2. funktioniert
    3. besetzt
    4. verwählt
    5. später durchzukommen
    6. unterbrochen
    7. Vermittlung, Durchwahlnummer

6. 1. Die Leitung war besetzt.
    2. Niemand nahm den Hörer ab.

3. Die Vermittlung hat sie falsch verbunden.
4. Sie ist unterbrochen worden.

7. 4, 1, 5, 3, 6, 7, 2

8.
1. Betrieb
2. Leitung
3. Vermittlung
4. Nachricht hinterlassen
5. verwählt

9.
1. Frau Siebuhr führt ein Ferngespräch.
2. Sie braucht nicht ins Telefonbuch zu schauen, weil sie die Telefonnummer ihrer Freundin weiss.
3. Sie hat auch die Vorwahl.
4. Sie nimmt den Hörer ab.
5. Die Vermittlung hebt ab.
6. Sie kann nicht mit ihrer Freundin sprechen, weil die Leitung besetzt ist.
7. Niemand nimmt den Hörer ab.
8. Ja, beim dritten Anruf hebt jemand ab.
9. Es ist nicht ihre Freundin.
10. Die Vermittlung hat sie falsch verbunden.
11. Ja, beim vierten Mal nimmt die Freundin den Hörer ab.
12. Ja, sie sprechen ein wenig miteinander.
13. Sie können ihr Gespräch nicht zu Ende führen, weil die Leitung tot ist.

Chapter 9: At the hotel

1.
1. Einzelzimmer
2. Doppelzimmer
3. Doppelbett, Betten
4. Hof
5. Seeblick
6. Vollpension oder Halbpension
7. Bedienung, Mehrwertsteuer
8. Heizung
9. Bad
10. reservieren lassen, Bestätigung
11. Portier
12. belegt, Verfügung
13. Meldeschein, Reisepass
14. Hotelpage
15. Kreditkarte

2.
1. Zimmer
2. reservieren lassen, vorbestellt
3. belegt
4. Verfügung
5. Doppelbett
6. zwei Betten
7. Doppelbett
8. Seeblick

9. Strasse
10. Strasse
11. Zimmer
12. Bedienung
13. Bedienung
14. Mehrwertsteuer
15. (optional)
16. geheizt
17. Bad
18. füllen
19. unterschreiben
20. Pass
21. Hotelpage

3.
1.	Zimmermädchen	6.	Decke
2.	Wäsche-Service	7.	Badetuch
3.	waschen, bügeln	8.	Seife
4.	reinigen lassen	9.	Kleiderbügel
5.	Steckdose	10.	Toilettenpapier

4.
1. das Waschbecken
2. die Toilette
3. die Decke
4. das Bett
5. die Dusche
6. das Handtuch
7. die Steckdose
8. das Toilettenpapier
9. der Kleiderbügel
10. der Schrank

5.
1. Glühbirne, Lichtschalter
2. Wasserhahn
3. verstopft
4. heisses Wasser

6.
1. das Waschbecken
2. der Wasserhahn
3. das Licht
4. die Glühbirne
5. der Lichtschalter

7.
1. Rechnung
2. (your name)
3. noch etwas bestellt
4. telefoniert
5. Rechnung
6. Rechnung
7. bestellt
8. angerechnet
9. Kreditkarten
10. Karte

8.
1. Empfang
2. ausfüllen, Pass
3. Einzelzimmer, Doppelzimmer
4. Bedienung, Mehrwertsteuer

5. Strasse, Zimmer, Hof
6. bestellen, Bestätigung
7. voll belegt
8. Hotelpage
9. Zimmermädchen
10. Handtücher, Seife, Toilettenpapier
11. geheizt
12. Decke, Bett
13. Kleiderbügel
14. Wäsche-Service
15. bestellen
16. verlassen
17. Rezeption
18. Kreditkarte

9. 1. Nein, das Zimmer ist nicht zur Strasse hin. Es ist mit Seeblick.
   2. Ja, es hat einen Balkon.
   3. Im Zimmer steht ein Doppelbett.
   4. Es ist ein Doppelzimmer.
   5. Ja, das Zimmer hat ein Bad.
   6. Im Badezimmer ist eine Dusche.
   7. Im Winter ist das Zimmer geheizt.

10. 1. Die Dame und der Herr stehen an der Rezeption.
    2. Sie kommen an.
    3. Sie sprechen mit dem Portier.
    4. Der Herr füllt den Meldeschein aus.
    5. Der Hotelpage hat den Schlüssel.
    6. Die Dame hat eine Kreditkarte in der Hand.

11. 1. Es ist ein Einzelzimmer.
    2. Auf dem Bett liegen ein Kopfkissen und eine Decke.
    3. Das Zimmermädchen arbeitet im Zimmer.
    4. Sie macht das Zimmer.
    5. Im Schrank hängen Kleiderbügel.
    6. Ja, das Zimmer hat ein Bad.
    7. Ja, es gibt eine Dusche.
    8. Zwei Handtücher hängen da.
    9. Eine Rolle Toilettenpapier ist im Badezimmer.

Chapter 10: At the bank

1. 1. Geld
   2. D-Mark
   3. Provision
   4. Bank
   5. Wechselkurs

2. 1. wechseln
   2. Reiseschecks
   3. steht
   4. Kasse

3. 1. bar
   2. Bargeld
   3. Scheck einlösen

4. 1. Kleingeld
   2. Mark
   3. Schein wechseln

5. 1. Dollar
   2. Wechselkurs
   3. steht bei
   4. Kasse
   5. scheine
   6. mark
   7. wechseln
   8. scheine
   9. Kleingeld
   10. scheine

6. 1. Sparkonto
   2. einzahlen
   3. Geld
   4. Sparbuch
   5. spare
   6. hebe
   7. Ersparnisse

7. 1. Kontostand
   2. neue
   3. einlösen, Konto
   4. unterschreiben
   5. Scheck

8. 1. Raten
   2. in bar
   3. Anzahlung
   4. Darlehen aufnehmen
   5. Zinssatz
   6. Raten
   7. Fälligkeitstag

9. 1. b
   2. m
   3. u
   4. l
   5. a
   6. d
   7. g
   8. j
   9. r
   10. c
   11. q
   12. f
   13. s
   14. p
   15. h

10. 1. wechseln
    2. einzahlen
    3. einlösen
    4. unterschreiben
    5. aufnehmen
    6. bezahlen
    7. wechseln
    8. abheben
    9. kaufen
    10. eröffnen

11. 1. in
    2. zur
    3. in
    4. mit
    5. auf, in

Chapter 11: At the post office

1. 1. Briefkasten
   2. Postamt
   3. Postgebühr
   4. Briefmarken
   5. Briefmarken
   6. Post

2. 1. Postamt
   2. Porto
   3. Luftpost
   4. per Luftpost
   5. Briefmarke
   6. 50-Pfennig
   7. Einschreiben

3.   1. Die Gebühr ist . . .
      2. Ich sende die Postkarte per Luftpost.
      3. Der Empfänger ist . . .
      4. Die Postleitzahl ist . . .
      5. Der Absender ist Frank Weiss.
      6. Auf dem Briefumschlag sind . . . Briefmarken.

4.   1. Paket, Päckchen
      2. Waage
      3. versichern
      4. Zollerklärung ausfüllen
      5. zerbrechlich
      6. Flugzeug
      7. Postgebühr

5.   1. Postamt   3. Briefträger
      2. Briefträger   4. Post

Chapter 12: At the hairdresser

1.   1. Haarschnitt
      2. Nachschnitt
      3. Shampoo
      4. Bart, Koteletten
      5. kürzer schneiden
      6. Schneiden
      7. Schere, Rasiermesser
      8. rasiere

2.   1. *c*   4. *b*
      2. *e*   5. *d*
      3. *a*   6. *f*

3.   1. oben   3. an den Seiten
      2. im Nacken   4. hinten

4.   1. Waschen   4. Färben
      2. legen   5. Lackieren
      3. Haarschnitt

Chapter 13: At the clothing store

1.   1. Das sind Schuhe.
      2. Ja, sie haben Gummisohlen.
      3. Die Absätze sind flach.
      4. Ja, die Schuhe haben Schnürsenkel.

2.   1. Schuhe   6. passen
      2. Grösse   7. Zehen
      3. Grösse   8. klein
      4. Absätze   9. grösser
      5. Absätze

3.   (Answers may vary.)

4.   1. möchten   9. Ärmel
      2. Kunstfasern   10. gestreiftes
      3. Wolle   11. kariertes
      4. Flanell   12. gestreiftes
      5. bügelfreies   13. Anzug
      6. Grösse   14. Krawatte
      7. Grösse   15. passt
      8. Ärmel

5.   1. *c*   3. *c*
      2. *d*   4. *d*

6.   1. karierten
      2. Reissverschluss
      3. Schnürsenkel
      4. Gürtel
      5. Regenmantel
      6. Unterhosen, Unterhemden
      7. Mass nehmen
      8. pflegeleichtes
      9. passt
      10. klein

7.   (Answers may vary.)

8.   1. *a*   4. *b*
      2. *a*   5. *a*
      3. *b*

9.   1. Slips, Unterrock, Büstenhalter
      2. Mischgewebe
      3. passt, karierten
      4. Mass

10.   1. gestreifte
      2. kariertes
      3. gepunktetes

Chapter 14: At the dry cleaner

1.   1. einlaufen, Reinigung, reinigen
      2. schmutzig, bügeln
      3. gestärkt
      4. Knopf, lose, annähen
      5. stopfen
      6. annähen
      7. Fleck

2.   1. waschen   5. Kaffeefleck
      2. bügeln   6. entfernen
      3. gestärkt   7. einlaufen
      4. entfernen   8. reinigen lassen

Chapter 15: In the restaurant

1.   1. reservieren lassen (bestellt), Tisch
    2. gutes Restaurant
    3. Kneipen
    4. Garten (Biergarten)

2.   1. reservieren lassen
    2. Tisch
    3. bestellt (reservieren lassen)
    4. Ecktisch
    5. Fenster

3.   1. Kellner   3. Speisekarte
    2. wünschen   4. Speisekarte

4.   1. Es ist ein gutbürgerliches Restaurant.
    2. Vier Peronen sitzen am Tisch.
    3. Der Tisch ist am Fenster.
    4. Der Kellner serviert.
    5. Der Kellner hat die Speisekarten in der Hand.

5.   1. Menüs   4. Weinkarte
    2. Gericht   5. empfehlen
    3. Hauptgericht

6.   1. gegrillt
    2. im eigenen Saft
    3. gebraten
    4. Ragout (Schmorfleisch)
    5. gebraten
    6. geschmort (geschwenkt)

7.   1. im Ofen gebraten
    2. Brust
    3. Hähnchenkeulen

8.   1. gekocht   4. gebraten
    2. gedämpft   5. paniert
    3. geschwenkt   6. fritiert

9.   1. Salzstreuer, Pfeffermühle
    2. Zucker
    3. Messer, Gabel, Suppenlöffel, Teelöffel
    4. versalzen (salzig)
    5. zäh

10.   1. der Suppenlöffel   6. die Untertasse
    2. der Teelöffel   7. der Salzstreuer
    3. die Tischdecke   8. die Serviette
    4. das Glas   9. das Messer
    5. der Teller   10. die Gabel

11.   1. Zahlen   4. Kreditkarten
    2. Bedienung   5. Quittung
    3. Trinkgeld

12.   1. Restaurant   5. Kellner
    2. Ecke   6. Menüs
    3. bestellt   7. Hauptgericht
    4. Bier

13.   1. Ein Besteck fehlte.
    2. Alle tranken Bier.
    3. Thomas bestellte eine kalte Platte.
    4. Die fünf Freunde wollten das Vanilleeis mit heissen Himbeeren und die Erdbeeren mit Schlagsahne probieren.
    5. Um vier Uhr waren die fünf im Café Wittmann.
    6. Ja, die Bedienung war inbegriffen.
    7. Sie gaben noch ein kleines Trinkgeld dazu, weil die Bedienung freundlich war.

Chapter 16: Shopping for food

1.   1. Bäcker
    2. Schlachter (Metzger)
    3. Milchgeschäft
    4. Fischgeschäft

2.   1. beim Bäcker (in der Bäckerei)
    2. beim Schlachter
    3. im Fischgeschäft
    4. im Milchgeschäft
    5. beim Schlachter
    6. in der Konditorei
    7. im Lebensmittelgeschäft
    8. im Lebensmittelgeschäft
    9. in der Konditorei
    10. in der Lebensmittelabteilung des Kaufhauses

(All items mentioned can be purchased in the food department of a department store.)

3.   1. kosten   4. Geben Sie mir
    2. frisch   5. 1,90 DM
    3. gut aus   6. Plastiktüte

4.   1. *a*   4. *a*
    2. *c*   5. *b*
    3. *b*   6. *c*

5.   1. tiefgekühlt   3. Tüte
    2. einwickeln   4. Waschmittel

6.   1. Kopf   8. Karton
    2. Kilo (Pfund)   9. Flasche
    3. Paket   10. Scheiben
    4. Dose   11. Dutzend
    5. Bund   12. Tüte
    6. Flasche   13. Gramm
    7. Strauss

Chapter 17: At home

1.
1. Abfluss
2. Stöpsel
3. Wasserhahn
4. Spüle
5. Spülmittel
6. Schwammtuch
7. Abtropfsieb
8. trockne
9. Geschirrtuch
10. Geschirrspülmaschine

2.
1. der Kessel   3. die Kuchenform
2. die Röstpfanne   4. die Bratpfanne

3.
1. das Tranchiermesser
2. das Schälmesser
3. der Quirl
4. der Durchschlag
5. der Korkenzieher
6. der Dosenöffner

4.
1. schneiden, braten 3. braten
2. kochen   4. Kochen

5.
1. backen (Kuchen), braten (Fleisch)
2. braten
3. schwenken
4. kochen
5. braten
6. auslassen

6.
1. Ja, in der Küche ist eine Geschirrspül-maschine.
2. Es gibt einen Wasserhahn.
3. Ja, im Abtropfsieb liegt Geschirr.
4. Ja, es gibt eine Speisekammer.
5. Ja, in der Speisekammer sind Lebens-mittel.
6. Es ist ein Gasherd.
7. Der Herd hat vier Brenner.
8. Ja, im Tiefkühlfach sind Eiswürfel.

7.
1. Waschbecken, Seife, Handtuch
2. Seifenschale
3. Badewanne, Dusche
4. Badetuch
5. Handtuchhalter
6. Spiegel
7. Zahnpaste, Badezimmerschrank
8. Badekappe
9. Toilette
10. Bademantel

8.
1. der Bademantel
2. der Waschlappen

3. die Toilette
4. der Badezimmerschrank
5. die Badewanne
6. die Dusche
7. das Badetuch
8. der Spiegel
9. das Toilettenpapier
10. die Seife
11. der Handtuchhalter
12. die Badekappe
13. die Seifenschale
14. die Badezimmermatte
15. das Waschbecken

9.
1. Zuckerdose
2. Butterdose
3. Salzstreuer
4. Pfefferstreuer, Pfeffermühle
5. Sossenschüssel

10.
1. Salatschüssel   4. Sossenschüssel
2. Suppenschüssel   5. Ofen
3. Servierteller

11.
1. der Teelöffel
2. der Suppenlöffel
3. das Messer
4. die Gabel
5. der Teller
6. die Untertasse
7. die Tasse
8. das Wasserglas
9. das Weinglas
10. der Salzstreuer
11. der Pfefferstreuer
12. die Tischdecke
13. die Serviette

12.
1. Gardinen
2. Bücherregal
3. Sessel, Kamin
4. Holzrahmen
5. Tisch, Sofa
6. fern, Radiosendung
7. Teppich, Teppichboden
8. Sessel, Sofa
9. Zeitung, Schallplatten, Kassetten
10. Gäste

13.
1. Nachttisch, Lampe, Wecker
2. Doppelbett
3. Kopfkissen, Kopfkissenbezug
4. Bettlaken, Decke, Tagesdecke
5. Schubladen
6. Kleiderbügel

14.
1. das Bettlaken
2. der Kopfkissenbezug

3. das Kopfkissen
4. die Decke
5. die Tagesdecke
6. die Daunendecke

15.
1. Ich gehe um . . . Uhr ins Bett.
2. Ja, ich stelle den Wecker.
   Nein, ich stelle den Wecker nicht.
3. Ich schlafe . . . Stunden.
4. Ja, ich schlafe sofort ein.
   Ich wälze mich unruhig hin und her.
5. Ich stehe um . . . Uhr auf.
6. Ja, ich mache sofort das Bett.
   Nein, ich mache nicht sofort das Bett.

16.
1. Wäsche		7.	Waschmaschine
2. Waschmaschine		8.	Staub wischen
3. bügeln		9.	absaugen
4. Bügelbrett		10.	Waschmaschine
5. Bügeleisen		11.	polieren
6. absaugen			

17.
1. *b*		4.	*c*
2. *d*		5.	*f*
3. *a*			

18.
1. Abfälle
2. Mülleimer

19.
1. Lampenstecker
2. Stecker
3. Steckdose

20.
1. ausgeschaltet		4.	Sicherung
2. Sicherung		5.	Elektriker
3. Sicherungskasten			

21.
1. läuft		4.	Klempner
2. Stöpsel		5.	Rohre
3. verstopft			

Chapter 18: At the doctor's office

1.
1. Rachen
2. Schüttelfrost
3. Lymphdrüsen
4. Husten
5. Schleim
6. asiatische Grippe

2.
1. Arztpraxis
2. Grippe
3. Influenza
4. Symptome
5. Hals
6. Schleim

7. Mund
8. Rachen
9. Lymphdrüsen
10. tief einatmen
11. Brust
12. huste
13. Fieber
14. allergisch
15. Ärmel
16. Penizillinspritze
17. verschreibe
18. Tabletten

3.
1. erkältet, asiatischen Grippe, Fieber
2. Schüttelfrost
3. Mund, untersuchen
4. Spritze, Ärmel

4.
1. Kreislaufstörungen
2. Allergie
3. Kinderlähmung, TBC, geimpft
4. Asthma
5. lebenswichtige Organe
6. Blutgruppe
7. psychische Störungen (Krankheiten)
8. Herz, Nieren, Leber
9. Windpocken (Masern, Mumps)
10. Bronchien
11. Blutdruck
12. Blut
13. Elektrokardiogramm
14. übergeben, Durchfall

5. 2, 4, 5, 6, 8, 10, 11, 12

6.
1. Bein		4.	richten
2. röntgen		5.	legen
3. Orthopäde		6.	Krücken

7.
1. Pflaster
2. nähen

8.
1. der Finger		5.	der Knöchel
2. der Ellbogen		6.	die Hüfte
3. das Handgelenk		7.	die Schulter
4. das Bein			

Chapter 19: At the hospital

1.
1. Der Patient kommt in einem Unfallwagen ins Krankenhaus.
2. Nein, der Patient kann nicht laufen.
3. Der Patient liegt auf einer Tragbahre.
4. Eine Krankenschwester fühlt sofort seinen Puls.

5. Ein Assistenzarzt untersucht den Patienten.
6. Er wird auf der Unfallstation untersucht.
7. Der Patient hat Bauchschmerzen.
8. Der Arzt will röntgen.
9. Sie bringen den Patienten zur Radiologie.

2.
1. Formular
2. Formular
3. Krankenkasse

3.
1. Krankenbahre
2. Krankenbahre, Rollstuhl
3. Unfallstation
4. Puls, Blutdruck
5. röntgen

4.
1. operiert
2. Eingriff
3. Operationssaal (OP-Saal)
4. Beruhigungsmittel
5. fahrbaren Trage
6. Tisch
7. Anästhesistin
8. Chirurg
9. Operation
10. entfernt

5.
1. operieren
2. die Operation
3. den Blinddarm entfernen
4. die Blinddarmentzündung

6.
1. Beobachtungsraum
2. Sauerstoff
3. Ernährung
4. Prognose

7.
1. schwanger
2. Entbindung
3. Wehen
4. Entbindungssaal
5. Geburtshelfer

8.
1. Bauchschmerzen
2. Krankenwagen
3. Tragbahre
4. Unfallstation
5. Puls, Blutdruck messen
6. Symptome
7. Radiologie, Röntgenbilder
8. Eingriff
9. Beruhigungsmittel
10. OP-Tisch
11. Anästhesistin
12. Chirurg, Blinddarm
13. nähte

14. Beobachtungsraum
15. Sauerstoffschläuche
16. intravenöse
17. Prognose

Chapter 20: At the theatre and the movies

1.
1. Theater
2. Komödie
3. Schauspieler
4. Heldin
5. Akte, Szenen
6. Vorhang
7. Pause
8. auf der Bühne erscheint
9. Vorstellung
10. pfeifen

2.
1. eine Tragödie
2. eine Schauspielerin
3. pfeifen
4. der Vorhang hebt sich

3.
1. Theaterkasse   9. Plätze
2. Gibt es noch   10. Reihe
3. Vorstellung   11. kosten
4. ausverkauft   12. Karten
5. Karten   13. Reihe
6. Parkett   14. beginnt
7. ersten Rang   15. hebt sich
8. zweiten Rang

4.
1. Jutta war an der Theaterkasse.
2. Nein, sie gehen heute abend nicht ins Theater.
3. Es gab keine Karten mehr für die Vorstellung von heute abend.
4. Nein, die morgige Vorstellung war nicht ausverkauft. Es gab noch Karten.
5. Jutta hat zwei Karten für die morgige Vorstellung bekommen.
6. Nein, sie sitzen nicht im Parkett.
7. Weil es keine Karten mehr für das Parkett gab.
8. Sie werden im ersten Rang sitzen. Sie haben zwei Plätze in der ersten Reihe.
9. Sie sitzt nicht gern im zweiten Rang oder auf dem Heuboden, weil man von dort nicht gut sieht.
10. Sie sitzt am liebsten im Parkett oder im ersten Rang.

5.
1. Man kann die Theaterkarten an der Theaterkasse kaufen.
2. Die Platzanweiserin zeigt den Zuschauern ihre Plätze.

3. Im Theater kann man den Mantel an der Garderobe abgeben.
4. Der Vorhang hebt sich, wenn die Vorstellung beginnt.
5. Im Theater sieht man vom Parkett am besten.

6.
1. Kino, Film, gezeigt
2. gedreht
3. synchronisiert
4. Karten
5. Leinwand

Chapter 21: Sports

1.
1. Alpines Skilaufen ist Abfahrtslauf und Slalom.
2. Die fortgeschrittenen Skiläufer können von steilen Pisten abfahren.
3. Die Skifahrer hoffen auf Pulverschnee.
4. Es ist schwer, auf granuliertem Schnee und auf Harschschnee Ski zu laufen.
5. Die Pflugstellung und der Parallelschwung sind zwei Skitechniken.
6. Die Skiausrüstung können wir am Skiort mieten.
7. Ich muss die Bindungen einstellen lassen.
8. Die Stöcke helfen, das Gleichgewicht zu halten.
9. Man braucht einen Skianzug, eine Skibrille, eine Skimütze und Handschuhe.
10. Ich kann meine Stiefel am Skibügel tragen.

2.
1. fortgeschrittenen
2. Anfänger
3. Pisten
4. Rennform
5. Harschschnee, granulierten Schnee
6. Skiausrüstung
7. Skiunterricht, Skilehrer
8. Skipass
9. präparieren
10. Bindungen, eingestellt

3.
1. Langläufer
2. Loipen
3. Langlauftouren
4. Bremsen, Halten
5. Skianzug, Kniehosen, Wollsocken
6. schmaler, leichter

4.
1. Es gibt elf Spieler in einer Fussballmannschaft.
2. Zwei Mannschaften spielen in einem Fussballspiel.
3. Die Spieler spielen auf dem Fussballfeld.
4. Der Torwart hütet das Tor.
5. Der Torwart will den Ball fangen.
6. Der Spieler schiesst den Ball (schiesst einen Pass) nach vorne (zur Seite, nach rechts, nach links).
7. Der Schiedsrichter pfeift ein Foul.
8. Auf der Anzeigetafel steht der Spielstand.

5.
1. Mannschaften   5. Tor
2. Fussballfeld   6. fängt
3. elf   7. Halbzeit
4. schiesst   8. Unentschieden

6.
1. Doppel   5. Netzball
2. Tennisschläger   6. Aufschlag
3. Tennisplatz   7. Punkt
4. Netz

Chapter 22: The beach

1.
1. ruhig   3. Ebbe
2. Flut, Ebbe   4. Flut

2.
1. *d*   4. *c*
2. *e*   5. *b*
3. *a*

3.
1. Strandkorb, Sonnenöl
2. spazieren, sonne
3. Strandkorb, Strandtuch
4. Schutzfaktor
5. Luftmatratze
6. Rettungsschwimmer

4.
1. ja   4. ja
2. nein   5. nein
3. nein   6. nein

Chapter 23: Camping

1.
1. Campingplätze   5. Duschen
2. campen   6. Toiletten
3. Campingwagen   7. Waschräume
4. Sanitäranlagen

2.
1. Feuer
2. Butangasflasche
3. Klappmöbel
5. Streichhölzer
6. Rucksack
7. Kerzen
8. Taschenmesser
9. Batterien

10. Verbandskasten
11. Schlafsack, Hängematte, Luftmatratze, Zelt, Campingwagen

3. 1. Kerzen, Taschenlampe
2. Gaskocher, Feuer
3. Rucksack, Wasserkanister

4. 1. Ja, es ist ein Campingplatz.
2. Ja, die Campingwagen sind neben den Zelten geparkt.
3. Das Mädchen schlägt einen Hering in den Boden.
4. Sie stellt ein Zelt auf.
5. Sie schlägt mit einem Hammer auf den Hering.
6. Sie bindet die Zeltleine an dem Hering fest.
7. Der Mann bereitet eine Mahlzeit zu.
8. Er kocht auf einem Gaskocher.
9. Das Mädchen schläft in einem Schlafsack.
10. Neben ihr liegt ein Rucksack.

5. 1. der Gaskocher, der Gasbrenner
2. die Streichhölzer
3. das Taschenmesser
4. die Batterien
5. die Kerzen
6. die Hängematte
7. der Schlafsack
8. die Luftmatratze
9. der Rucksack
10. der Verbandskasten

Chapter 24: The weather

1. 1. schönes Wetter, scheint
2. kalt, schneit
3. klar, sonnigen
4. bewölkt
5. kühl
6. nebelig
7. blitzt, donnert
8. nieselt
9. Schneesturm
10. unbeständig

2. 1. regnet   4. Sonne
2. blitzt, donnert   5. schön
3. schneit

3. 1. (Answers may vary)
Es kann kühl oder warm sein. Es kann bewölkt oder sonnig sein.
2. Die Sonne scheint. Es ist nicht bewölkt.

3. Es donnert und blitzt. Es regnet. Es ist schlechtes Wetter.
4. Es regnet nicht. Es ist sonnig und klar. Es ist schönes Wetter.

4. 1. regnerisch, regnen
2. stürmisch
3. windig
4. bewölkt
5. sonnig
6. nebelig
7. donnern (es donnert)
8. blitzen (es blitzt)

5. 1. Sturm   3. unbeständig
2. drückend   4. sonnigen

6. 1. F   4. F
2. T   5. F
3. T

7. (1) 1. Nein, es ist nicht sonnig. Es ist unterschiedlich bewölkt.
2. Nein, es regnet nicht überall. Es gibt nur strichweise Schauer.
3. Im Süden gibt es Gewitter.
4. An der Küste gibt es böige Winde.
5. Im Südwesten ist es wärmer als 19°C.
6. Der Wind kommt aus dem Westen.
7. Die Höchsttemperatur wird 19°C sein.
8. Die Tiefsttemperatur wird 15°C sein.
9. Der Luftdruck ist 735 Millibar.

(2) 1. Nachmittags wird es schneien.
2. Nein, es wird wechselnd bewölkt sein.
3. Im Norden wird die Höchsttemperatur zwei Grad sein.
4. Im Süden wird die Tiefsttemperatur minus sieben Grad sein.
5. Morgen wird es etwas wärmer sein.

8. 1. strichweise Schauer
2. unterschiedliche Bewölkung
3. Winde aus überwiegend westlichen Richtungen
4. wechselnd bewölkt
5. Höchsttemperatur neunzehn Grad
6. Tiefsttemperatur minus zwei Grad

Chapter 25: Education

1. 1. f   3. b
2. e   4. d

5. *a*   7. *g*
6. *c*   8. *i*

2.
1. Kindergarten   5. Lehrer
2. Schüler   6. Lehrerin
3. Schülerinnen   7. Lesebuch
4. Grundschule   8. Tafel

3.
1. Nach der Grundschule besuchen die Schüler das Gymnasium, die Realschule oder die Hauptschule.
2. Diese Schüler sind Gymnasiasten, Realschüler oder Hauptschüler.
3. Die Schüler tragen ihre Bücher in Schultaschen.
4. Die Fächer stehen auf dem Stundenplan.
5. Die Schüler machen sich Notizen.
6. Sie schreiben ihre Notizen in ein Schulheft.
7. Sie schreiben mit einem Kugelschreiber oder Füllfederhalter (Füller).
8. Die Schüler möchten die Prüfungen und Klassenarbeiten bestehen.
9. Sie möchten gute Noten bekommen.
10. Nach Weihnachten gibt es ein Zeugnis.

4.
1. *a*   4. *a*
2. *b*   5. *a*
3. *b*

5.
1. sehr gut
2. gut
3. befriedigend
4. ungenügend; mangelhaft
5. gut

6.
1. Schultasche   4. Mittlere Reife
2. gute Noten   5. Hauptschule
3. Gymnasiast

7.
1. immatrikulieren
2. Vorlesungsbeginn
3. Bafög; Stipendium
4. Präsident
5. promovieren
6. Abitur
7. Vorlesung
8. Gasthörer
9. Examen machen
10. Seminar

8.
1. Abitur
2. studiert
3. philosophischen
4. einschreiben
5. Vorlesungsbeginn
6. Vorlesung

9.
1. Ja, die Studenten müssen sich immatrikulieren.
2. Das Abitur (Die Hochschulreife sind) ist die Voraussetzung für das Studium an der Universität.
3. Ja, in den Vereinigten Staaten sind die Studiengebühren sehr hoch.
4. Anfang September ist in den Vereinigten Staaten Vorlesungsbeginn.
5. Ja, man kann eine Vorlesung als Gasthörer besuchen.
6. Es gibt mehr Professoren.

10.
1. medizinische Fakultät
2. philosophische Fakultät
3. juristische Fakultät
4. naturwissenschaftliche Fakultät
5. wirtschaftswissenschaftliche Fakultät

Chapter 26: The state and politics

1.
1. Die Bundesrepublik Deutschland ist ein föderalistischer Staat.
2. Die Bundesrepublik besteht aus zehn Ländern.
3. Die Länderregierungen bestimmen die Mitglieder des Bundesrates.
4. Die Wähler bestimmen die Abgeordneten zum Bundestag.
5. Der Regierungschef eines Bundeslandes ist der Ministerpräsident.
6. Der Regierungschef der Bundesrepublik ist der Bundeskanzler.
7. Die Bundesminister sitzen im Kabinett.
8. Der Bundeskanzler leitet das Kabinett.
9. Ein wichtiges Ministerium ist das Auswärtige Amt (das Innenministerium, das Finanzministerium, das Justizministerium).
10. Im Bundestag sind die Sozialdemokratische Partei, die Christlich-Demokratische Union (in Bayern die Christlich-Soziale Union), die Freie Demokratische Partei und die Grünen vertreten.

2.
1. das Ministerium für Bildung und Wissenschaft
2. das Auswärtige Amt
3. das Arbeitsministerium
4. das Innenministerium
5. das Finanzministerium

3.
1. In den demokratischen Ländern ist das Volk wahlberechtigt.
2. Die Bürger eines demokratischen Landes können wählen.

3. Ja, in den Vereinigten Staaten und in der Bundesrepublik existieren Pressefreiheit und freie Meinungsäusserung.
4. Die Regierung schützt die Menschenrechte.
5. Nein, unter einer Diktatur existiert keine Pressefreiheit.

4.
1. wahlberechtigt
2. volljährig
3. Bürgerrechte
4. Pressefreiheit, freie Meinungsäusserung
5. Diktatur
6. Demonstrationen
7. Linken
8. Rechten

5.
1. Volksabstimmung
2. Verfassungsänderung

3. Mehrheit
4. Opposition
5. beraten
6. Ausschuss
7. Koalition

6.
1. Sie werden einen Antrag einbringen.
2. Sie unterstützen die Gesetzesvorlage.
3. Sie beraten über die Gesetzesvorlage.
4. Sie stimmen ab.
5. Sie waren dafür.

7.
1. beschlussfähig sein
2. Volksabstimmung
3. Vertrauensfrage
4. einbringen, unterstützen, beraten
5. Opposition

Glossary: German—English
Wörterverzeichnis: Deutsch—Englisch

abbiegen   to turn off (a road)
das Abblendlicht   low beams
abdecken   to clear the table
der Abend   evening
die Abenddämmerung   dusk
abends   evenings
abfahren   to leave (trains); to go down, ski down
die Abfahrt   departure
der Abfahrtslauf   downhill skiing
die Abfälle   garbage
abfliegen   to leave (planes)
der Abflug   departure (planes)
der Abfluss   drain
abgeben   to leave, to check
der Abgeordnete   representative (in legislature)
abheben   to pick up (receiver); to withdraw, to take out (money)
abholen   to pick up (call for)
abhorchen   to examine with a stethoscope, auscultate
das Abitur (das Abi)   diploma from Gymnasium
ablaufen   to drain, run off
abnehmen   to pick up (phone)
abräumen   to clear the table
der Absatz   heel (of a shoe)
absaugen   to vacuum-clean
abschicken   to send off, mail
abschleppen   to tow
der Abschleppwagen   tow truck
absenden   to send off, mail
der Absender   sender
abseits   off-trail
abspielen   to play (records, tapes)
abstellen   to park
abstimmen   to vote
die Abstimmung   vote
das Abteil   compartment
abtrocknen   to dry
sich abtrocknen   to dry oneself
abtropfen   to strain
das Abtropfsieb   drainboard
abwaschen   to wash (dishes)
die Adresse   address
der Akt   act
die Aktentasche   briefcase
die Allergie   allergy
allergisch   allergic
die Alpinskier   Alpine skis
die Ampel   traffic light
das Amt   bureau; operator (telephone)

das Amtszeichen   dial tone
analysieren   to analyze
die Anästhesie   anesthesia
der (die) Anästhesist(in)   anesthetist
ändern   to change, amend
andrehen   to turn on
der Anfänger   beginner
angenehm   pleasant
angeschnallt bleiben   to remain seated with seat belts fastened
der Anglistikprofessor   teacher of English
anhalten   to stop
der Anhänger   trailer
(sich etwas) anhören   to listen to
ankommen   to arrive
die Ankunft   arrival
anlassen   to start (a car)
der Anlasser   starter
annähen   to sew on
anrechnen   to charge
die Anrichte   buffet, sideboard, credenza
der Anruf   telephone call
anrufen   to make a call
anschalten   to turn on (light)
der Anschluss   connection
anschnallen   to fasten
die Anschrift   address
anspringen   to start (of a car engine)
ansteckend   contagious
die Antibiotika   antibiotics
der Antrag   motion
die Anzahlung   down payment, deposit
die Anzeigetafel   scoreboard
(sich etwas) anziehen   to put (something) on
der Anzug   (man's) suit
anzünden   to light (ignite)
die Appendizitis   appendicitis
applaudieren   to applaud
der April   April
arbeiten   to work
das Arbeitsministerium   ministry of labor
der Arm   arm
das Armaturenbrett   dashboard
der Ärmel   sleeve
die Arthritis   arthritis
der Arzt   doctor (m.)
die Ärztin   doctor (f.)
die Arztpraxis   doctor's office
der Assistenzarzt   intern
das Asthma   asthma
atmen   to breathe
auf der Durchreise sein   to be passing through

aufdrehen   to turn on
die Auffahrt   entrance (Autobahn)
aufgeben   to check (baggage)
sich aufklären   to clear up (weather)
auflegen   to hang up (telephone)
die Aufnahme   admission
aufnehmen   to admit (to a hospital)
aufrufen   to announce (a flight ready for
                departure)
der Aufschlag   serve (tennis)
der Aufschläger   server
der Aufschnitt   cold cuts
aufsetzen   to put on (hat)
aufstehen   to get up
aufstellen   to set up; to pitch (a tent)
aufteilen   to divide
der August   August
aus   from, arriving from
auschecken   to check out
die Ausfahrt   exit (Autobahn)
ausführen   to execute, carry out
ausfüllen   to fill out
der Ausgang   gate (airport), exit
der Auslandsflug   international flight
auslassen   to melt (butter)
ausreichend   passing (grade)
der Ausschuss   committee
ausserhalb   outside of; out
die Aussichten   outlook (weather)
aussteigen   to get off (a bus, etc.)
ausstellen   to issue (ticket)
austragen   to deliver
ausverkauft   sold out
das auswärtige Amt   foreign ministry
die Autobahn   turnpike
autokratisch   autocratic
das Automatikgetriebe   automatic transmission

die Backe   cheek
der Bäcker   baker
die Bäckerei   bake shop
der Backofen   baking oven
der Badeanzug   bathing suit
die Badehose   bathing trunks
die Badekappe   bathing cap, shower cap
der Bademantel   beach robe, bathrobe
baden   to bathe
das Badetuch   bath towel
die Badewanne   bathtub
das Badezimmer   bathroom
die Badezimmermatte   bath mat
der Badezimmerschrank   medicine cabinet
das Bafög   state aid (for university students)
die Bahnfahrt   train trip
der Bahnhof   railroad station
der Bahnsteig   platform
die Bahre   stretcher
der Balkon   balcony

der Ball   ball
die Bank   bank
der (die) Bankangestellte   teller, bank employee
der Bankschalter   counter at bank
in bar zahlen   to pay cash
das Bargeld   cash
der Bart   beard
die Batterie   battery
die Bauchschmerzen   stomach pains
die Baumwolle   cotton
bedecken   to cover
die Bedienung   service
das Bedienungsgeld   service charge
sich befassen (mit)   to occupy oneself (with)
befestigen   to secure, fasten
sich befinden   to be (located)
befolgen   to follow
befriedigend   satisfactory (grade)
begegnen   to encounter
beginnen   to begin
begrüssen   to greet, welcome
das Bein   leg
bekannt   well known
bekanntmachen,   to make known,
    bekanntgeben   announce
beklecksen   to stain
die Bekleidung   clothing
bekommen   to get
benutzen   to use
das Benzin   gasoline
der Benzinkanister   gasoline canister
der Beobachtungsraum   recovery room
sich beraten (über)   to deliberate (about)
bereit   ready
die Berge   mountains
das Beruhigungsmittel   tranquilizer
berühren   to touch
die Besatzung   crew
beschaffen   to get, procure
beschlussfähig   having a quorum
die Beschwerden   complaints
der Besen   broom
besetzt   busy (telephone); occupied, full
das Besetztzeichen   busy signal
bestanden   passed (a test)
bestätigen   to endorse
die Bestätigung   confirmation
das Besteck   flatware (silverware)
bestehen   to pass (a test)
bestehen aus   to consist of
bestellen   to reserve, order
bestimmen   determine
besuchen   to attend (school)
betätigen   to operate
betragen   to amount to
Betreten verboten!   No admittance!
betreuen   to take care of
der Betrieb   operation

ausser Betrieb   out of order
die Betriebswirt-   business administration
  schaftslehre   studies
das Bett   bed
das Bett beziehen   to make the bed (put on
                     fresh sheets)
ins Bett gehen   to go to bed
das Bett machen   to make the bed
das Bettlaken   (bed) sheet
bewacht   guarded
bewölkt   cloudy
die Bewölkung   cloudiness
bezahlen   to pay (for)
der Biergarten   beer garden
das Bild   picture
bilden   to form
der Bilderrahmen   picture frame
die Bildung, das Bildungswesen   education
die Bindungen   bindings
die Blase   bladder
mit Blick auf   facing
der Blinddarm   appendix
die Blinddarmentzündung   appendicitis
die akute Blinddarmentzündung   appendicitis
                                    attack
der Blinker   directional signal
der Blitz   lightning
blitzen   to lighten
die Bluse   blouse
das Blut   blood
der Blutdruck   blood pressure
die Blutgruppe   blood type
die Blutprobe   blood sample
das Boot   boat
die Bordkarte   boarding pass
braten   to fry; to roast
der Braten   roast
die Bratpfanne   frying pan
brauchen   to need
braun sein   to be tanned
braun werden   to tan
breit   wide
bremsen   to brake
die Bremsflüssigkeit   brake fluid
das Bremspedal   brake pedal
die Bremstechnik   braking technique
der Brenner   burner
das Brett   board
der Brief   letter
der Briefkasten   mailbox
die Briefmarke   stamp
der Briefumschlag   envelope
das Brötchen   roll
der Bruch   break, fracture
  geschlossener Bruch   simple fracture
  offener Bruch   compound fracture
die Brust   breast, chest
das Buch   book

das Bücherregal   bookshelf
der Bücherschrank   bookcase
die Büchertasche   bookbag
das Bügelbrett   ironing board
das Bügeleisen   iron
bügelfrei   no-iron
bügeln   to iron
die Bühne   stage
das Bund   bunch (of carrots)
der Bundeskanzler   chancellor (West Germany)
das Bundesland   federal state (West Germany)
der Bundesrat   West German upper house
die Bundesregierung   West German federal
                         government
die Bundesstrasse   highway
der Bundestag   lower house
das Bundesverfassungs-   West German federal
  gericht   constitutional court
der Bürger   citizen
die Bürgerrechte   citizens' rights
die Bushaltestelle   bus stop
der Büstenhalter (BH)   brassiere
das Butangas   butane gas
die Butangasflasche   butane gas bottle
die Butterdose   butter dish

campen   to camp
der Camper   camper (person who camps;
                 camping vehicle or trailer)
der Campingkocher   camping stove
der Campingplatz   campsite
der Campingstuhl   folding chair
der Campingwagen   trailer
der Chirurg   surgeon
der Choke   choke
die Christlich-Demokratische   Christian
  Partei (CDU)   Democratic
                                  Party
das Cockpit   cockpit
der Couchtisch   cocktail table
dafür   for, in favor of (a motion)
dagegen   against (a motion)
die Dämmerung   dusk; dawn
das Darlehen   loan
ein Darlehen aufnehmen   to take out a loan
der Darm   bowels
die Därme   intestines
das Datum   date
dauern   to last; to take time
die Dauerwelle   permanent
die Daunen (Federn)   down (feathers)
die Daunendecke   down quilt, featherbed
die Decke   blanket
(den Tisch) decken   to set the table
der (die) Dekan(in)   dean
die Demonstration   demonstration
das Dessert   dessert
der Dezember   December

der Diabetes   diabetes
der Dickdarm   colon
dickflüssigen Schleim   to be congested,
  haben   stuffed up
der Dienstag   Tuesday
der Diktator   dictator
die Diktatur   dictatorship
das Diplom   diploma (the document)
der Diplomkaufmann   business administration
  (die Diplomkauffrau)   graduate
der (die) Direktor(in)   principal
der Doktorgrad   doctorate
der Donner   thunder
donnern   to thunder
der Donnerstag   Thursday
das Doppel   doubles (tennis)
das Doppelbett   double bed
das Doppelzimmer   double room
die Dose   can
der Dosenöffner   can opener
die Dragées   pills
das Drama   drama
draussen   outside
(einen Film) drehen   to shoot (a film)
drückend   sultry (weather), muggy
die Drüsen   glands
durchchecken   to check through
durchdrücken   to strain
der Durchfall   diarrhea
durchfallen   to fail
durchgebrannt   blown (fuse); burned out (bulb)
durchgebraten   well done (meat)
  gut durchgebraten   well done (meat)
durchgefallen   failed
durchkommen   to get (a phone call) through
auf der Durchreise sein   to be passing through
die Durchsage   announcement
durchsagen   to announce
der Durchschlag   strainer, colander
durchseihen   to strain
durchsieben   to strain, sift
durchwählen   to dial directly
die Durchwahlnummer   extension
der Durst   thirst
durstig   thirsty
die Dusche   shower
(sich) duschen   to shower
das Dutzend   dozen

die Ebbe   low tide
die Ecke   corner
der Ecktisch   table in corner
die Economy-Klasse   economy class
die Eier   eggs
die Eierstöcke   ovaries
die Einbahnstrasse   one-way street
(einen Antrag) einbringen   to make a motion

der Einbruch der Dunkelheit   dusk
einchecken   to check in
eingeschaltet   lit, turned on
der Eingriff   operation
der Einkaufswagen   shopping cart
einlaufen   to shrink
einlösen   to cash
(sich) einreiben   to rub in, apply (e.g., suntan
                       lotion)
einsammeln   to collect
einschalten   to turn on
das Einschreiben   certified or registered mail
sich einschreiben   to register
einsteigen   to get on
einstellen   to adjust
einteilen   to divide
der Eintopf   meal cooked in one pot
die Eintrittskarte   admission ticket
einwerfen   to deposit, drop (into a mailbox)
einwickeln   to wrap
einzahlen   to deposit (money)
das Einzel   singles (tennis)
der Elektriker   electrician
das Elektrokardiogramm   electrocardiogram
  (EKG)
der Ellbogen   elbow
empfangen   to receive (guests)
der Empfänger   receiver
empfehlen   to recommend, suggest, advise
empfindlich   sensitive
das Ende   end, final
(um das) Ende des Monats   (around the) end
                              of the month
(um das) Ende dieses Jahres   (around the) end
                                 of this year
eng   narrow
englisch   rare (meat)
die Entbindung   delivery (childbirth)
der Entbindungssaal   delivery room
entfernen   to remove
entfernt   far
entgegengesetzt   opposite
die Epilepsie   epilepsy
der epileptische Anfall   epileptic fit
die Erdbeeren   strawberries
erfahren   to find out
erhalten   to receive
erhitzen   to heat
erkältet sein   to have a cold
erleichtern   to make easy
die Ernährung   feeding, food
erneuern   to replace
ernst   serious
eröffnen   to open
erreichen   to reach
der Ersatzreifen   spare tire
die Ersatzteile   spare parts

erscheinen   to appear
auf der Bühne erscheinen   appear onstage
ersetzen   to replace
die Ersparnisse   savings
die Erste Klasse   first class
erwarten   to expect
der Esslöffel   tablespoon
das Esszimmer   dining room
das Examen   (final) examination
Examen machen   to graduate

das Fach   subject
die fahrbare Trage   stretcher
die Fahrkarte   ticket (for traveling)
der Fahrplan   schedule, timetable
der Fahrstreifen   lane
die Fakultät   school (of medicine, law, etc.)
im Falle   in case (of)
fallen   to fall
fallend   falling
der Fälligkeitstag   due day
die Falltechnik   technique of falling
falsch verbunden   wrongly connected (phone)
fangen   to catch; to stop (ball)
die Farbe   color
färben   to dye
der Februar   February
fehlen   to be missing
der Feiertag   holiday
das Fenster   window
das Ferngespräch   long-distance call
das Fernlicht   high beams
fernsehen   to watch television
der Fernseher   television set
der Fersenautomat   heel binding
fertig   ready
festbinden   to tie
feucht   humid
die Feuchtigkeit   humidity
der Feudel   mop
das Feuer   fire
das Fieber   fever
der Film   film; movie
das Finanzministerium   finance ministry
der Finger   finger
der Fingernagel   fingernail
der Fisch   fish
das Fischgeschäft   fish store
flach   flat
der Flanell   flannel
eine Flanke schiessen   to make a long pass
(soccer)
die Flasche   bottle
der Flaschenöffner   bottle opener
der Fleck   stain
das Fleisch   meat
der Fleischer   butcher

fliegen   to fly
die Fliesen   tiles
der Flug   flight
  der Nonstopflug   nonstop flight
der Flugbegleiter   flight attendant
der Fluggepäckschein   baggage claim check
die Fluggesellschaft   airline
der Flughafen   airport
die Flughöhe   altitude
der Flugkapitän   captain, pilot
die Fluglinie   airline
der Flugschein   (airline) ticket
die Flugscheinhülle   ticket envelope
die Flugzeit   flying time
das Flugzeug   airplane
die Flut   high tide
föderalistisch   federal
folgen   to follow
der Fön   electric hair drier
das Formular   form
der fortgeschrittene Skiläufer   advanced skier
das Foul   foul
frei   available (unoccupied, free)
die Freie Demokratische   Free Democratic
  Partei (FDP)   Party
die freie Meinungsäusserung   freedom of
                                 speech
sich frei machen   to undress (in doctor's office
                     only)
der Freitag   Friday
frieren   to be cold
frisch   fresh
der Friseur, Frisör   barber, hairdresser (m.)
die Friseuse, Frisöse   barber, hairdresser (f.)
  beim Frisör   at the hairdresser
  zum Frisör   to the hairdresser
fritiert   deep-fried
die Frucht   fruit
früh   early
in der Frühe   in the morning
das Frühjahr   spring
der Frühling   spring
das Frühstück   breakfast
der Führerschein   driver's license
füllen   to fill
der Füller   fountain pen
die Füllfeder   fountain pen
der Füllfederhalter   fountain pen
funktionieren   to work, function
für   for, in favor of
der Fuss   foot
das Fussballfeld   soccer field
die Fussballmannschaft   soccer team
der Fussboden   floor
zu Fuss gehen   to walk
der Fussknöchel   ankle
das Futter   lining

der Gabardine   gabardine
die Gabel   fork
die Gallenblase   gallbladder
am Gang   on the aisle
der Gang   aisle; course (meal); (transmission) gear (ratio)
im ersten Gang   in first gear
die Garderobe   cloakroom
die Gardinen   drapes
der Garten   garden
die Gasflasche   (butane) gas bottle
das Gaspedal   gas pedal
der Gast   guest
der (die) Gasthörer(in)   auditor
die Gaststätte   restaurant
gebacken   baked
gebraten   fried; roasted
gebrochen   broken
die Gebühr   fee, charge, postage fee
der Geburtshelfer   obstetrician
der Geburtstag   birthday
gedämpft   steamed
die Gedärme   intestines
gefährlich   dangerous
gefallen   to like
das Geflügel   poultry
gefroren   frozen
gegen   against
gegensätzlich   opposite
gegliedert   arranged
gegrillt   grilled, roasted
gehackt   chopped
geheizt   heated
geimpft   vaccinated
gekachelt   made of tiles, tiled
gekocht   cooked
das Geld   money
das Gemüse   vegetable
gemütlich   cozy
das Gepäck   baggage, luggage
die Gepäckablage   compartment (above seat in plane)
die Gepäckaufbewahrung   luggage checkroom
der Gepäckschein   ticket stub, baggage claim check
der Gepäckträger   porter
gepunktet   with polka dots
geradeaus   straight ahead
geräuchert   smoked
geräumte Loipen   prepared ski-touring trails
das Gericht   dish, course; court of law
der Gerichtshof   court (of law)
gesamt   entire, all of
geschäftlich   on business
geschehen   to happen
die Geschichte   history; story
das Geschirr   dishes
die Geschirrspülmaschine   dishwasher

das Geschirrtuch   dish towel
die Geschlechtskrankheit   venereal disease
die geschlossene Schneedecke   base (snow)
geschmort   sautéed
geschnitten   cut
geschwenkt   sautéed
die Geschwindigkeit   speed
geschwollen   swollen
das Geschwür   ulcer
der Gesetzentwurf   bill (legislative)
die Gesetzesvorlage   bill (legislative)
gestärkt   starched
gestern   yesterday
gestern morgen   yesterday morning
gestreift   striped
die Getränke   drinks
gewähren   to grant
gewann   won
das Gewebe   fabric
gewinnen   to win
das Gewitter   thunderstorm
die Gezeiten   tides
in Gips legen   to put in a cast
der Gipsverband   plaster cast
das Girokonto   checking account
das Glas   glass
die Glasfaser(n)   fiberglass
glattziehen   to arrange, pull smooth
das Gleichgewicht halten   to keep one's balance
das Gleis   track
gleiten   to glide
die Glühbirne   light bulb
der Grad   degree
das Gramm   gram
der granulierte Schnee   granular snow
die Gräten   fish bones
der graue Star   cataract (in eye)
der Griff   handle
die Grippe   cold
die asiatische Grippe   influenza
grob   coarse
die Grösse   size
die Grundbewegung   basic movement
die Grundschule   elementary school
die Grünen   the Greens (West German political party)
die Gruppen   groups
der Gummi   rubber
die Gummisohle   rubber sole
der Gurt   belt
gut   good (grade)
gutbürgerlich   moderate-priced (classification of restaurants)
der (die) Gymnasiast(in)   pupil at Gymnasium
das Gymnasium   academic high school

das Haar   hair
das Haaröl   hair oil

der Haarschnitt   haircut
der Haarspray   hair spray
der Hagel   hail
hageln   to hail
das Hähnchen   young chicken for roasting, roast chicken
die Hähnchenkeulen   drumsticks (poultry)
die Halbpension   (room with lunch or dinner)
die Halbzeit   period (soccer)
die Halle   terminal
der Hals   neck
die Halsschmerzen   sore throat
das Halstuch   scarf
halten   to stop
die Haltestelle   stop (e.g., bus stop)
der Hammer   hammer
die Hämorrhoiden   hemorrhoids
die Handbremse   hand brake
das Handgelenk   wrist
das Handgepäck   hand luggage, carry-on luggage
das Handrührgerät   hand mixer
die Handschuhe   gloves
das Handschuhfach   glove compartment
die Handtasche   pocket book
das Handtuch   hand towel
der Handtuchhalter   towel rack
die Hängematte   hammock
der Hängeschrank   (kitchen) cabinet
der Harschschnee   crusted snow
die Haube   hood (of car)
häufig   frequently
der Hauptbahnhof   main train station
das Hauptgericht   main dish
die Hauptschule   secondary school (corresponding roughly to junior high)
der (die) Hauptschüler(in)   pupil at Hauptschule
die Hauptverkehrszeit   rush hour
die Hausarbeit   housework
der Hausputz   house cleaning
die Hausschuhe   house slippers
die Haut   skin
der Heiligabend   Christmas Eve
der heilige Abend   Christmas Eve
heiss   hot
die Heizung   heating
der Held, die Heldin   hero(ine)
das Hemd   shirt
herausnehmen   to take out
der Herbst   fall, autumn
der Herd   stove
die Herdplatte   burner (stove)
Herein!   Come in!
hereinkommen   to come in
der Hering   spike (tent), herring
das Herz   heart

der Herzanfall   heart attack
der Herzinfarkt   heart attack
der Heuboden   top balcony
heute   today
hiesig   local
die Himbeeren   raspberries
der Himmel   sky
hinausbringen   to take out
hinten   behind, in the back
(bei niedriger) Hitze   (at low) heat
hoch   high
hochkrempeln   to roll up (sleeves)
die Hochschule   college; (technical) university
die Hochschullehrer   faculty of a Hochschule
die Höchsttemperatur   maximum temperature
zum Hof   facing the courtyard
hoffen   to hope
die Höhe   height
der Hörer   (telephone) reciever
das Hörrohr   stethoscope
die Hose   pants
der Hosenanzug   pantsuit
der Hosenschlitz   fly (pants closing)
der Hotelpage   bellhop
die Hüfte   hip
das Huhn   chicken (stewing)
der Hunger   hunger
hungrig   hungry
die Hupe   (automobile) horn
hupen   to blow the horn
der Husten   cough
husten   to cough
hüten   to guard
eine Hypothek aufnehmen   to assume a mortgage

sich immatrikulieren   to matriculate
impfen   to vaccinate, inoculate
inbegriffen   included
die Influenza   influenza
der Inlandflug   domestic flight
das Innenministerium   ministry of the interior
insgesamt   altogether
die Intensivstation   intensive care
das Internat, die Internatschule   boarding school
intravenös   intravenous

die Jacke   (sports) jacket
das Jackett   (suit) jacket
das Jahr   year
  letztes Jahr   last year
  nächstes Jahr   next year
  vor einem Jahr   a year ago
das Jahrhundert   century
die Jahrhundertwende   turn of the century
der Januar   January
die Jeans   (blue) jeans
der Juli   July

der Juni   June
das Justizministerium   ministry of justice

die Kabine   cabin
das Kabinenpersonal   flight personnel
die Kacheln   tiles
das Kalbfleisch   veal
kalt   cold
Mir ist kalt.   I'm cold.
sich kämmen   to comb one's hair
das Kammgarn   worsted
der Kanal   channel
das Kännchen Kaffee   small pot of coffee
die Karaffe   carafe
der Karfreitag   Good Friday
kariert   checked; plaid
die Karte   ticket
der Karton   carton, box
der Käse   cheese
die Kasse   cashier's window
die Kasserolle   pot (casserole)
die Kassette   cassette
das Kassettentonband   cassette player
der (die) Kassierer(in)   cashier, teller
der Kasten   box
die Katarakt   cataract (in eye)
das Kaufhaus   department store
der Kehrbesen   broom
kehren   to sweep
der Kellner   waiter
die Kellnerin   waitress
das Kennzeichen   license plate
die Kerze   candle
der Kerzenständer   candelabra
der Kiesstrand   pebbly beach
das Kilo(gramm)   kilogram
das Kilometergeld   mileage fee
der Kilometerzähler   odometer (reading in
              kilometers)
der Kindergarten   kindergarten
die Kinderlähmung   poliomyelitis, infantile
              paralysis
das Kino   movies
die Klappmöbel   folding furniture
der Klappsessel   folding chair
der Klappstuhl   folding chair
der Klapptisch   folding table
klar   clear
die Klasse   class
die Klassenarbeit   test
das Klassenzimmer   classroom
kleben   to glue, attach
das Kleid   dress
der Kleiderbügel   hanger
der Kleiderschrank   clothes closet
die Kleidungsstücke   pieces of clothing
das Kleingeld   change
der Klempner   plumber

klingeln   to ring
die Klinik   clinic; hospital
klopfen   to knock
die Kneipe   bar, pub
das Knie   knee
die Kniehosen   knee breeches
die Kniestrümpfe   knee socks
knitterfrei   wrinkle-resistant
knittern   to wrinkle
der Knöchel   ankle
der Knochen   bone
der Knopf   button
die Koalition   coalition
kochen   to cook; to boil
zum Kochen bringen   to bring to a boil
der Kochtopf   pot
der Koffer   suitcase
der Kofferraum   trunk
Kommen Sie herein!   Come in!
die Kommode   bureau
die Kommunalwahlen   local elections
die Komödie   comedy
die Konditorei   pastry shop
das Konto   account
der Kontostand   balance
kontrollieren   to check (tickets)
Konzessionen machen   to concede
der Kopf   head
die Kopfhörer   headphones
das Kopfkissen   pillow
der Kopfkissenbezug   pillowcase
der Kopfsalat   lettuce
der Korb   basket
der Kord   corduroy
der Korkenzieher   corkscrew
das Korsett   girdle
das Kostüm   woman's suit
die Koteletten   sideburns
der Kotflügel   fender
krank   sick
die Krankengeschichte   medical history
das Krankenhaus   hospital
die Krankenkasse   health insurance
der (die) Krankenpfleger(in)   nurse
die Krankenschwester   nurse (f.)
der Krankenwagen   ambulance
die Krankheit   illness, sickness
die psychische Krankheit   mental illness
die Krawatte   tie
der Krebs   cancer
die Kreditkarte   credit card
der Kreisssaal   delivery room
die Kreuzung   intersection
die Krücken   crutches
die Küchenmaschine   "kitchen machine," i.e.,
              a food processor
der Kugelschreiber   ballpoint pen
kühl   cool

der Kühler radiator
der Kühlschrank refrigerator
das Kühlwasser water in the radiator
die Kunstfaser synthetic fiber
kuppeln to (disengage the) clutch
die Kupplung clutch
kurz short
kürzer schneiden to trim (hair)

das Lagerfeuer campfire
die Lampe lamp
das Land West German federal state; country
landen to land
die Landung landing
lang long
die Länge height
der Langlauf cross-country skiing, Nordic skiing
die Langlaufskier cross-country (Nordic) skis
die Langlauftouren cross-country ski trips
die Langstreckenflüge long-distance flights
der Lärm noise
lassen to leave, let
die Lebenshaltungskosten cost of living
die Lebensmittel groceries
die Lebensmittelabteilung food department (in department store)
das Lebensmittelgeschäft grocery store
die lebenswichtigen Organe vital organs
die Leber liver
lecken to drip, leak
das Leder leather
leer empty
leeren to empty
der Leerlauf neutral (car transmission)
legen to place, put, set
die Lehrbücher textbooks
lehren to teach
der (die) Lehrer(in) teacher
der Lehrkörper faculty
die Lehrveranstaltung class, course
leicht light(ly), slight(ly); easy
leiden (an, unter) to suffer
die Leinwand screen
leiten to direct
die Leitung line
das Lenkrad steering wheel
lernen to learn
das Lesebuch reader
lesen to read
leuchten to become lit up
der Leuchtturm lighthouse
das Licht headlight; light
der Lichtschalter light switch
liegen bleiben to stall (car)
der Liegewagen sleeping car
die Linke the (political) left
die Linken leftists

das Loch hole
locker loose-fitting
der Logenplatz box seat
lose loose, unstitched
sich lösen to release
der Luftdruck barometric pressure, air pressure
der Luftdruckabfall reduction in air pressure
die Luftkrankheit airsickness
die Luftmatratze air mattress
die Luftpost airmail
per (mit) Luftpost via airmail
der Luftpostaufkleber airmail sticker
die Lungen lungs

der Magen stomach
die Mahlzeit meal
der Mai May
der Maifeiertag May Day
manchmal sometimes
die Mandeln tonsils
mangelhaft failing (grade), unsatisfactory
die Manschetten cuffs
die Manschettenknöpfe cuff links
der Mantel coat
markierte Loipen marked, machine-made parallel tracks (for cross-country skiing)
der März March
die Maschine machine; airplane
die Masern measles
die Masse measurements
  Mass nehmen to take measurements
der Massschneider custom tailor
die mathematische Fakultät school of mathematics
die Matratze mattress
medium medium (of meat)
die medizinische Fakultät medical school
das Meer sea
die Mehrheit majority
die Mehrwertsteuer value added tax
die Meinung opinion
die Meinungsäusserung expression of opinion
  freie Meinungsäusserung freedom of speech
der Meldeschein registration form
die Menschenrechte human rights
das Menü fixed menu; menu
messen to measure
das Messer knife
der Messerschnitt razor cut
der Metzger butcher
mieten to rent
der Mietvertrag rent contract
das Milchgeschäft dairy store
mindestens at least
das Ministerium ministry

das Ministerium für   ministry of education and
  Bildung und   science
  Wissenschaft
der Ministerpräsident   president of the cabinet
                                    council (in individual
                                    Bundesländer)
die Minute   minute
das Mischgewebe   blended fabric
das Misstrauensvotum   vote of no confidence
das Mitglied   member
mitnehmen   to take along
der Mitspieler   fellow player, team mate
der Mittag   noon
  um zwölf Uhr mittags   at noon
mitteilen   to tell
die Mitternacht   midnight
die mittlere Reife   diploma from Realschule
der Mittwoch   Wednesday
der Mixer   mixer, blender
die Mixgeräte   mixing utensils
der Monat   month
am (zum) Monatsende   towards the end of the
                                    month
der Montag   Monday
morgen   tomorrow
der Morgen   morning
am Morgen   in the morning
gestern morgen   yesterday morning
die Morgendämmerung   dawn
morgen früh   tomorrow morning
morgens   in the morning
der Müll   garbage
der Mülleimer   garbage can
der Mumps   mumps
der Mund   mouth
die Münze   coin
der Münzeinwurf   coin slot
das Musical   musical (comedy)
die Musik in Stereo   stereophonic music

nach   to; after
der Nachmittag   afternoon
nachmittags   in the afternoon
die Nachricht   message
nachschneiden   to trim (hair)
der Nachschnitt   trim
nachsehen   to check
die Nachspeise   dessert
die Nacht   night
der Nachttisch   night table
der Nachtzug   night train
der Nacken   back of the neck
der Nagellack   nail polish
in der Nähe   near; in the vicinity
nähen   to sew
die Nahrung   food
die Nähte   stitches
der Nahverkehrszug   local train

der Namenstag   saint's day
nass   wet
der Nebel   fog
nebelig   foggy
nehmen   to take
eine Taxe (einen Bus) nehmen   **to take a taxi
                                               (bus)**
das Netz   net
der Netzball   net ball
das neue Jahr   new year
das Neujahr   New Year's Day
die nichtöffentliche Sitzung   closed (secret)
                                          session
die Nichtraucherzone   no smoking section
der Niederschlag   precipitation
niedrig   low
die Nieren   kidneys
nieseln   to drizzle
noch einmal   again
der Notausgang   emergency exit
die Note   grade, mark
der Notfall   emergency
sich Notizen machen   to take notes
notwendig   necessary
der November   November
null   zero
das Nylon   nylon

oben   on top
der Ober   waiter
der Oberschenkel   thigh
der oberste Gerichtshof   highest court of justice
das Obst   fruit
die Obsttortenbodenform   pie pan
der Ofen   stove
öffentlich   public
die öffentliche Sitzung   public (open) session
öffnen   to open
das Ohr   ear
die Ohrenschmerzen   earache
der Oktober   October
das Öl   oil
ölen   to lubricate
der Ölstand   oil level
die Operation   operation
eine Operation durchführen   to operate
der Operationssaal   operating room
der Operationstisch   operating table
operieren   to operate
in Ordnung   in order, all right, OK
der Ort   place
der Orthopäde   orthopedist
örtlich   local; scattered (showers)
das Ortsgespräch   local telephone call
der Ostermontag   Easter Monday
das Ostern   Easter
der Ostersonntag   Easter Sunday
die Ovarien   ovaries

das Paar　pair
das Päckchen　package
das Paket　package
paniert　breaded
die Panne　breakdown
das Parallelfahren,　parallel turn (skiing)
　der Parallelschwung
parken　to park
das Parkett　orchestra (seating section of
　　　　　　theater)
der Parkplatz　parking lot
die Partei　(political) party
der Passagier　passenger
passen　to go with, match, fit; to pass (soccer)
passieren　to happen
einen Pass schiessen　to pass (soccer)
die Passkontrolle　passport control
der (die) Patient(in)　patient
die Pause　intermission
das Penizillin　penicillin
die Penizillinspritze　penicillin injection
Pentothal　sodium pentothal
der Personalausweis　identification card
die persönlichen Sachen　personal effects
die Pfandflasche　deposit bottle
die Pfanne　pan
der Pfeffer　pepper
die Pfeffermühle　pepper mill
der Pfefferstreuer　pepper shaker
pfeifen　to whistle
das Pflaster　adhesive bandage
(das, die) Pfingsten　Pentecost
pflegeleicht　easy-care (fabric)
die Pflugstellung　snow-plow turn
das Pfund　pound
die philosophische Fakultät　school of
　　　　　　　　　philosophy
die Pillen　pills
der Pilot　pilot
die Piste　ski slope; path
über die Pisten schwingen　to ski down-hill
　　　　　　　　making large
　　　　　　　　turns
die Plastiktüte　plastic bag
der Platten　flat tire
der Plattenspieler　turntable
der Platz　seat
Platz nehmen　to take a seat
der (die) Platzanweiser(in)　usher
die Platznummer　seat number
die Platzreservierung　seat reservation
plaudern　to chat
die Plenarsitzung　plenary session
polieren　to polish
das Polio　poliomyelitis
die Politik　policies, politics
die Polypen　polyps
der Portier　receptionist (m.)

das Porto　postage
poschiert　poached
die Post　mail
das Postamt　post office
das Postfach　post office box
die Postgebühr　postage
die Postkarte　postcard
die Postleitzahl　zip code
präparieren　to sharpen and wax (skis)
präparierte Loipen　prepared ski-touring trails
der Präsident　president
der Preisunterschied　difference in prices
die Pressefreiheit　freedom of the press
die Probe　sample
probieren　to try; to taste
der (die) Professor(in)　professor
die Prognose　prognosis
das Programm　program
promovieren　to obtain a doctorate
die Provision　charge when cashing traveller's
　　　　　　checks
die Prüfung　test, examination
eine Prüfung ablegen　to take a test
der Psychiater　psychiatrist
der Pulli　pullover sweater
der Pullover　pullover sweater
der Puls　puls
das Pult　desk
der Pulverschnee　powder snow
der Punkt　point
das Pünktchen　polka dot
pünktlich　on time
putzen　to clean
der Putzlappen　polishing cloth

der Quirl　whisk, beater
die Quittung　receipt

der Rachen　(inside of) throat
das Radio　radio
die Radiologie　radiology
die Radiosendung　radio program
die Radkappe　hubcap, wheel covering
die Radlager　wheel bearings
das Ragout　stew
der Rahmen　frame
der erste Rang　mezzanine
der zweite Rang　balcony
der Ranzen　schoolbag for children
der Rasierapparat　electric razor; safety razor
(sich) rasieren　to shave
das Rasiermesser　razor (open blade)
der Rasierschaum　shaving cream
die Rasierseife　shaving soap
der Rastplatz　rest or picnic area
die Raststätte　rest stop
die Rasur　shave

auf Raten kaufen   to purchase on the
                      installment plan
in Raten zahlen   to pay off in installments
die monatliche Rate   monthly payment
rauchen   to smoke
die Raucherzone   smoking section
rauh   rough
die Realschule   commercial-vocational high
                    school
der (die) Realschüler(in)   pupil at Realschule
die Rechnung   bill
rechts   right
der Rechtsanwalt   lawyer (m.)
die Rechtsanwältin   lawyer (f.)
rechts um die Ecke   (to the) right around the
                       corner
die rechtswissenschaftliche Fakultät   law
                                          school
die Rechte   rights; the (political) right
die Rechten   (political) rightists
die Regel   menstrual period
der Regen   rain
der Regenmantel   raincoat
der Regenschauer   rain shower
die Regierung   government
regnen   to rain
regnerisch   rainy
reichen   to pass, to reach, to hand
der Reifen   tire
die Reihe   row
reinigen   to dry-clean
reinigen lassen   to have dry-cleaned
die Reinigung   dry cleaner's shop, dry cleaning
die Reise   trip
reisen   to travel
der Reisepass   passport
die Reiseschecks   traveler's checks
der Reissverschluss   zipper
der Rektor   principal
die Rennform   race type
die Reparaturen   repairs
reparieren   to repair; to mend
reservieren   to reserve
reserviert   reserved
das Restaurant   restaurant
der Rettungsschwimmer   life guard
die Rezeption   reception (desk)
das R-Gespräch   collect (telephone) call
richten   to set (bone)
richtig   proper; right
die Richtung   direction
die Richtungsänderung   change in direction
der Rock   skirt
das Roggenbrot   rye bread
die Rohre   pipes, plumbing
die Rolle   roll; role, part
das Rollo   shade
der Rollstuhl   wheelchair

röntgen   to take x-rays
Röntgenaufnahmen machen   to take x-rays
das Röntgenbild   x-ray
die Röstpfanne   baking pan
rosa   rare (meat)
der Rotwein   red wine
der Rücken   back
die Rückenlehne   back rest
die Rückfahrkarte   round trip ticket
der Rucksack   knapsack; backpack
der Rückspiegel   rearview mirror
der Rückwärtsgang   reverse (gear)
rufen   to call
die Rufnummer   telephone
ruhig   calm
ruhigstellen   to immobilize (bone)

die Sachen   things
der Sacko   (man's) suit jacket
der Saft   juice
die Sahne   cream
die Saison   season
der Salat   salad
die Salatschüssel   salad bowl
der Salatteller   salad dish
das Salz   salt
salzig   salty
der Salzstreuer   saltshaker
der Samstag   Saturday
der Sand   sand
die Sandalen   sandals
der Sandstrand   sandy beach
die Sanitäranlagen   sanitary facilities
sanitäre Anlagen   sanitary facilities
der Satz   set (tennis)
der Sauerstoff   oxygen
die Sauerstoffmaske   oxygen mask
die Sauerstoffschläuche   oxygen tubes
das Sauerstoffzelt   oxygen tent
der Schaffner   conductor
der Schal   scarf
schälen   to pare, peel
die Schallplatte   record
das Schälmesser   paring knife
schalten   to shift (gears)
der Schalter   counter; window
der Schalterbeamte   ticket seller
der Schalthebel   gearshift lever
der scharnierte Vorderbacken   hinged toepiece
                                   (skis)
schauen   to look
der Schauer   shower (rain)
schauerartige Niederschläge   showerlike
                                 precipitation,
                                 rain showers
schaukeln   to bounce
das Schauspiel   (theater) play
der (die) Schauspieler(in)   actor

der Scheck   check
das Scheckheft   checkbook
die Scheibe   slice
der Scheibenwischer   windshield wiper
der Schein   bill (money)
scheinen   to shine
die Schere   scissors
schicken   to send
schieben   to push
der Schiedsrichter   referee
schienen   to splint
das Schild   tag (identification)
das Schild "Nicht rauchen"   no smoking sign
der Schlachter   butcher
schlafen   to sleep
der Schlafsack   sleeping bag
der Schlafwagen   sleeping car
das Schlafzimmer   bedroom
schlagen   to hit, hammer, beat
die Schlagsahne   whipped cream
die Schlange   line, queue
der Schleim   mucus, phlegm
dickflüssigen Schleim haben   to be congested,
                            stuffed up
der Schlepplift   ski tow
schliessen   to close
der Schlüssel   key
schmal   narrow
schmecken   to taste (good)
die Schmerzen   pains
schmerzhaft   painful
schmieren   to grease
die Schminke   makeup, cosmetics
sich schminken   to put on makeup
das Schmorfleisch   stewed meat
schmutzig   dirty
der Schnee   snow
der Schneefall   snowfall
der Schneesturm   snowstorm
schneiden   to cut, carve
der Schneider   tailor
schneien   to snow
der Schnitt   cut, incision
das Schnitzel   cutlet
schnorcheln   to scuba-dive
der Schnurrbart   mustache
der Schnürsenkel   shoelace
die Schöpfkelle   ladle
der Schrank   closet
die Schublade   drawer
die Schuhe   shoes
der Schulabschluss   graduation
die Schulbücher   schoolbooks
die Schule   school
der (die) Schüler(in)   pupil
die Schulferien   vacation (schoolchildren)
das Schulheft   notebook
das Schuljahr   grade (year of school)

der Schulleiter   principal
die Schultasche   bookbag
die Schulter   shoulder
der Schüttelfrost   chills and fever
schützen   to protect
der Schutzfaktor   sunscreen
schwach   weak; light (winds)
der Schwamm   sponge
das Schwammtuch   dishrag, sponge cloth
schwanger   pregnant
die Schwangerschaft   pregnancy
das Schweinefleisch   pork
schwenken   to sauté
schwer   heavy; difficult
die Schwierigkeiten   difficulties
das Schwimmbad   swimming pool
schwimmen   to swim
die Schwimmweste   life jacket
schwindelig   dizzy
die Schwindsucht   tuberculosis
die See   sea
das Seebad   seaside resort
der Seeblick   sea view
das Segelboot   sailboat
die Seide   silk
die Seife   soap
die Seifenschale   soap dish
die Seite   side
an den Seiten   on the sides
die Sekunde   second
der Semesterbeginn   beginning of the term
das Seminar   seminar
ein Seminar leiten   to conduct a seminar
senkrecht   vertical(ly)
der September   September
der, das Service   service
der Wäsche-Service   laundry service
der Zimmer-Service   room service
der Servierteller   serving plate
die Serviette   napkin
der Sessel   armchair
der Sessellift   chair lift
die Shorts   shorts
die Sicherheit   security
der Sicherheitsgurt   seat belt
die Sicherheitskontrolle   security check
die Sicherheitsvorschrift   safety regulation
die Sicherung   fuse
der Sicherungskasten   fuse box
der Sitz   seat
der Sitzgurt   seat belt
der Sitzplatz   seat
der Skianzug   ski suit
die Skiausrüstung   skiing equipment
die Skibrille   ski goggles
der Skibügel   ski tree
die Skier   skis
das Skifahren   skiing

der Skifahrer   skier
die Skigymnastik   skiing warm-up exercises
das Skilaufen   skiing
der Skiläufer   skier
der Skilehrer   ski instructor
die Skimütze   ski hat
der Skiort   ski resort
der Skipass   ski-lift ticket
die Skistöcke   ski poles
der Skiunterricht   skiing lessons
der Slalom   slalom
der Slip   panties
das Sofa   couch, sofa
die Sohle   sole (shoe)
der Sommer   summer
den Sommer verbringen   to spend the summer
die Sonderregelung   special arrangement
der Sonnabend   Saturday
die Sonne   sun
das Sonnenbad   sunbath
der Sonnenbrand   sunburn
die Sonnenbrille   sunglasses·
das Sonnenöl   suntan lotion
sonnig   sunny
der Sonntag   Sunday
die Sossenschüssel   gravy boat
die Sozialdemokratische   Social Democratic
    Partei Deutschlands   Party
    (SPD)
die Spannung   voltage
das Sparbuch   bankbook, passbook
sparen   to save
das Sparkonto   savings account
später   later
der Speck   bacon
die Speise   food
die Speisekammer   pantry
die Speisekarte   menu
der Speisewagen   dining car
der Spezialist   specialist
der Spiegel   mirror
spielen   to play
eine Rolle spielen   to act, to play a part
der Spieler   player
das Spielfeld   playing field
der Spielstand   score
der Spirituskocher   camping stove
die Spitze   lace
die Springform   cake pan
die Spritze   injection
die Spucktüte   airsickness bag
die Spüle   (kitchen) sink
das Spülmittel   liquid detergent (for washing
                    dishes)
der Staat   state
stark   strong
die Stärke   starch
der Start   start (airplane)

startbereit   ready for takeoff
starten   to start
der Stau   traffic jam
der Staub   dust
staubsaugen   to vacuum-clean
der Staubsauger   vacuum cleaner
das Staubtuch   dustcloth
Staub wischen   to dust
das Steak   steak
die Steckdose   (electric) outlet
der Stecker   plug
stehen   to stand, lie
die Stehlampe   floor lamp
steigen   to rise
steil   steep
stellen   to put; to place; to set (clock)
stellenweise   sporadically; here and there
die Steppdecke   comforter, down quilt
in Stereo   stereophonically
die Stereomusik   stereophonic music
die Stiefel   boots
der Stiel   handle
die Stimme   voice; vote
stimmen für   to vote for
das Stipendium   stipend; scholarship
die Stöcke   (ski) poles
stopfen   to darn
der Stöpsel   plug; stopper
die Störungen   disturbances
    psychische Störungen   psychiatric
                        disturbances
die Stossstange   bumper
der Strand   beach, shore
steiniger Strand   pebbly beach
der Strandkorb   beach chair
das Strandtuch   beach towel
die Strasse   street; block
zur Strasse   facing the street
der Strauss   bouquet (flowers)
das Streichholz   match
der Strom   electricity (electric current)
die Strömung   current
die Strümpfe   socks; stockings
die Strumpfhose   panty hose
das Stück   piece; play
das Stück Seife   bar of soap
der (die) Student(in)   student
das Studentenwohnheim   dormitory
die Studiengebühr   tuition
studieren   to study, to attend a university; to
                major in
der Stuhl(gang)   stool (bowel movement)
die Stuhlprobe   stool sample
die Stunde   hour
pro Stunde   per hour
der Stundenplan   schedule (of classes)
der Sturm   storm
stürmisch   stormy

der Süden   south
der Supermarkt   supermarket
die Suppe   soup
der Suppenlöffel   soupspoon
die Suppenschüssel   soup bowl, tureen
die Suppentasse   soup cup
der Suppenteller   soup bowl
das Surfbrett   surfboard
Sylvester   New Year's Eve
die Symptome   symptoms
synchronisieren   to dub
die Szene   scene

der Tabak   tobacco
das Tablett   tray
die Tablette   tablet
das Tachometer   tachometer
die Tafel   chalkboard
der Tag   day
der Tagesanbruch   dawn
die Tagesdecke   bedspread
die Tageskarte   menu (changes every day)
der Tagestarif   charge by the day
die Tankstelle   gas station
der Tarif   fare
die Tasche   bag
die Tasche am Sitz   seat pocket
die Taschenlampe   flashlight
das Taschenmesser   penknife
die Tasse   cup
die Taxe   taxi
die technische   technical college, college of
   Hochschule   engineering
der Teelöffel   teaspoon
der, das Teil   part; compartment
im hinteren Teil   in the rear compartment (of
     plane)
im vorderen Teil   in the front compartment
der Telefonanruf   telephone call
das Telefonbuch   telephone book
telefonieren   to call up, telephone
die Telefonnummer   telephone number
die Telefonzelle   telephone booth
der Teller   plate
die Temperatur   temperature
der Tennisball   tennis ball
der Tennisplatz   tennis court
der Tennisschläger   tennis racket
das Tennisturnier   tennis tournament
der Teppich   carpet
der Teppichboden   wall-to-wall carpeting
teuer   expensive
das Theater   theater
die Theaterkasse   ticket window, box office
die theologische Fakultät   school of theology
die Thermosflasche   thermos bottle
tiefgekühlt   frozen
das Tiefkühlfach   freezer compartment

der Tiefkühlschrank   freezer
die Tiefkühltruhe   freezer
die Tiefsttemperatur   minimum temperature
der Tisch   table
die Tischdecke   tablecloth
die Tischlampe   table lamp
die Toilette   toilet
das Toilettenpapier   toilet paper
tönen   to color
die Töpfe   pots
das Tor   goal (soccer)
ein torloses Unentschieden   no-score game
ein Tor schiessen   to make (shoot) a goal; to
     score a point
der Torwart   goaltender (soccer)
tot   dead
die Tragbahre   stretcher
tragen   to wear; carry
die Tragetasche   shopping bag
die Tragfläche   wing (carrying surface) of
     (plane)
die Tragödie   tragedy
tranchieren   to carve
das Tranchiermesser   carving knife
der Transitpassagier   through passenger
die Traube   bunch (grapes); one grape
(Sport) treiben   to participate in (sports)
sich treiben lassen   to float
treten   to kick, to step on
das Trinkgeld   tip
das Trinkwasser   drinking water
die Tuberkulose (TBC)   tuberculosis
das Tuch   cloth; rag
die unerwartete Turbulenz   unexpected
     turbulence
die Tüte   bag

übel   nauseous
sich übergeben   to vomit
überhitzen   to overheat
übermorgen   day after tomorrow
übernachten   to lodge; stay overnight (short
     time)
überwiegend   predominant
die Uhr   watch; o'clock
umsteigen   to change (trains, etc.)
unbeständig   unstable
unbewacht   unguarded
unentschieden   tied (game)
der Unfall   accident
die Unfallstation   emergency room
der Unfallwagen   ambulance
ungenügend   inadequate, failing (grade)
die Uni   university
die Universität   university
sich unruhig hin und herwälzen   to toss and
     turn
unter   under, underneath

unterbrechen to cut off (phone call), interrupt
unterbrochen cut off (past participle)
sich unterhalten to converse
die Unterhaltskosten cost of living, living expenses
unternehmen to undertake
der Unterricht, die Unterrichtsstunde lesson
Unterricht geben to give a lesson
unterrichten to teach
unterschiedlich variable
unterschreiben to sign
die Unterschrift signature
unterstützen to support; to approve
untersuchen to examine; to analyze
die Untertasse saucer
der Urin urine
der Urlaub vacation (adults)
Urlaub machen to vacation
die Urlaubsreise vacation trip
den Urlaub verbringen to spend one's vacation
die Uterusexstirpation hysterectomy

das Varieté variety show
der Verband bandage
der Verbandskasten first aid kit
verbinden to bandage; to connect, put through
die Verbindung connection
verboten forbidden
verbrannt burned
verbrennen to burn
verbringen spend (time)
die Verfassung constitution
die Verfassungsänderung constitutional amendment
vergessen to forget
zum Vergnügen for pleasure
verirrt lost
verkaufen to sell
der Verkehr traffic
das Verkehrslicht traffic light
verlangen to ask for
verlassen to leave; to get off, vacate
die Verletzungen injuries
verloren lost
die Vermittlung switchboard (office)
verpassen to miss
verpflichtet sein to be responsible
verrenken to sprain, twist
versalzen too salty
verschieden different
verschreiben to prescribe
versichern to insure
sich verspäten to be late
verspätet late
die Verspätung delay
versprechen to promise
verstauchen to sprain
verstopft constipated; clogged, stopped up

die Verstopfung constipation
versuchen to try
die Vertrauensfrage vote of confidence
vertreten to represent
sich verwählen to dial wrong number, misdial
verzollen to declare; to pay duty
vibrieren to vibrate
das Visum visa
das Volk people
die Volksabstimmung plebiscite, referendum
voll belegt filled up (hotel)
volljährig of legal age
die Vollkaskoversicherung (full) insurance coverage
die Vollpension room and board (lunch and dinner)
voraussagen to predict
die Voraussetzung requirement, prerequisite
vorbereiten to prepare
vorbestellen to reserve
vor einem Jahr a year ago
vorgestern day before yesterday
der Vorhang curtain
die Vorlesung lecture
eine Vorlesung halten to lecture
der Vorlesungsbeginn beginning of classes (university)
vorne in front
nach vorne forward
der Vorort outskirts, suburb
die Vorspeise appetizer
die Vorstellung performance, show
die Vorwahl area code
vorwärmen to preheat
vorziehen to prefer

die Waage scale
wachsen to wax, to grow
der Wagen car
der Wagenheber jack
wahlberechtigt having voting rights
wählen to vote; to dial (a telephone number)
der Wähler voter
die Wählscheibe dial (on telephone)
wandern to wander; to hike
die Wanderung hike
die Wange cheek
warm warm
die Warmhalteplatte heating tray
die Wartehalle waiting room
warten to wait
das Waschbecken wash basin; (bathroom) sink
die Wäsche laundry, wash, dirty wash
waschen to wash
sich waschen to wash oneself
der Waschlappen washcloth
die Waschmaschine washing machine
das Waschmittel detergent (for dishwasher and washing machine)

das Waschpulver   detergent (for washing machine)
die Waschräume   washrooms
was für ein, eine   what kind of
das Wasser   water
heisses Wasser   hot water
der Wasserhahn   faucet
der Wasserkanister   canteen (water canister)
der Wechselkurs   rate of exchange
wechseln   to change; exchange
wechselnd   changing
die Wechselstube   exchange bureau
der Wecker   alarm clock
weder . . . noch   neither . . . nor
weh tun   to hurt
die Wehen   labor (childbirth); labor pains
die, das Weihnachten   Christmas
der Erste Weihnachtstag   December 25
der Zweite Weihnachtstag   December 26
der Wein   wine
offener Wein   carafe wine
das Weinglas   wine glass
die Weinkarte   wine list
die Weintrauben   grapes
der Weisswein   white wine
weit   far; wide
weiter   ahead, farther on
die Welle   wave
die Wellen brechen sich   the waves break
auf den Wellen reiten   to ride the waves
wenden   to make a U turn; to turn
die Wendetechnik   turning technique (skiing)
werfen   to throw
der Werktag   weekday (workday)
das Wetter   weather
der Wetterbericht   weather report
die Wettervorhersage   weather prediction
der Whisky   whiskey
wichtig   important
wiegen   to weigh
wie lange   how long
der Wind   wind
wind- und wasserdicht   wind- and waterproof
windig   windy
die Windpocken   chickenpox
die Windschutzscheibe   windshield
windsurfen   to windsurf
der Windsurfer   windsurfer
der Winter   winter
die wirtschaftswissen-   school of business
   schaftliche Fakultät   (economics)
wischen   to wipe, to dust, to wash (floor)
die Woche   week
das Wochenende   weekend
der Wochentag   weekday
der Wochentarif   charge by the week
das Wohnmobil   trailer
die Wohnwand   wall unit
das Wohnzimmer   living room
der Wohnzimmerschrank   wall unit

die Wolke   cloud
wolkig   cloudy
die Wollsocken   wool socks
die Wunde   wound
die Wundsalbe   salve (to clean wound)
wünschen   to wish
würfeln   to dice

zäh   tough
zahlen   to pay
Zahlen, bitte.   Bill, please.
die Zahlungsanweisung   money order
sich die Zähne putzen   to brush one's teeth
die Zahnpaste   toothpaste
das Zeichen   sign
zeigen   to show; to present
die Zeitschrift   magazine
die Zeitung   newspaper
das Zelt   tent
   ein Zelt aufstellen   to pitch a tent
die Zeltleine   tent rope
die Zeltstange   tent pole
zerbrechlich   fragile
das Zeugnis   report card
ziehen   to pull
die Zigaretten   cigarettes
das Zimmer   room
   Zimmer frei   rooms available
das Zimmer machen   to make up the room
das Zimmermädchen   maid
ein Zimmer mit Einzelbetten   twin-bedded room
der Zimmerschlüssel   room key
die Zinsen   interest
der Zinssatz   interest rate
der Zoll   duty
die Zollabfertigung   customs
die Zollerklärung   customs declaration
der Zöllner   customs agent
die Zone   zone
zubereiten   to prepare
der Zucker   sugar
die Zuckerdose   sugar bowl
die Zuckerkrankheit   diabetes
der Zug   train
zuhören   to audit (a class)
die Zündkerzen   spark plugs
der Zündschlüssel   ignition key
die Zündung   ignition
zurückbekommen   to get back
zurückbringen   to bring back
zurückgehen   to go back; to walk back
zurückschlagen   to return (ball)
zusammen   together
der Zuschauer   spectator
der Zuschlag   supplement
der Zweig   curriculum; course of study at
      Gymnasium
die Zwischenlandung   stop (airplane)
die Zyste   cyst

Glossary: English—German

Wörterverzeichnis: Englisch—Deutsch

accelerator   *das Gaspedal*
accident   *der Unfall*
account   *das Konto*
to act   *eine Rolle spielen*
act   *der Akt*
actor   *der Schauspieler*
actress   *die Schauspielerin*
address   *die Adresse, die Anschrift*
addressee   *der Empfänger*
adhesive bandage   *das Pflaster*
to adjust   *einstellen*
admission   *die Aufnahme*
admission ticket   *die Eintrittskarte*
to admit (allow entrance)   *aufnehmen*
no admittance   *Betreten verboten*
advanced skier   *der fortgeschrittene Skiläufer*
afternoon   *der Nachmittag*
in the afternoon   *nachmittags*
again   *noch einmal*
against   *gegen; dagegen*
agent (ticket seller)   *der Schalterbeamte*
ahead   *weiter*
airline   *die Fluggesellschaft, die Fluglinie*
airmail   *die Luftpost*
via airmail   *per Luftpost*
airmail sticker   *der Luftpostaufkleber*
air mattress   *die Luftmatratze*
airplane   *das Flugzeug*
airport   *der Flughafen*
air pressure   *der Luftdruck*
air pressure reduction   *der Luftdruckabfall*
airsickness bag   *die Spucktüte*
aisle   *der Gang*
(on the) aisle   *am Gang*
alarm clock   *der Wecker*
allergy   *die Allergie*
Alpine skis   *die Alpinskier*
altogether (total)   *insgesamt*
ambulance   *der Krankenwagen, der Unfallwagen*
to amend   *ändern*
to amount to   *betragen*
to analyze   *untersuchen; analysieren*
anesthesia   *die Anästhesie*
anesthetist   *der (die) Anästhesist(in)*
ankle   *der (Fuss)knöchel*
to announce   *durchsagen; bekanntgeben, bekanntmachen*
to announce (a flight   *aufrufen*
  ready for departure)
announcement   *die Durchsage*
antibiotics   *die Antibiotika*

antiseptic ointment   *die Wundsalbe*
to appear (come) on stage   *auf der Bühne erscheinen*
appendicitis   *die Appendizitis, die Blinddarmentzündung*
appendicitis attack   *die akute Blinddarmentzündung*
appendix   *der Blinddarm*
appetizer   *die Vorspeise*
to applaud   *applaudieren*
to apply (suntan lotion)   *sich einreiben*
to approve (a motion)   *unterstützen*
April   *der April*
area code   *die Vorwahl*
arm   *der Arm*
armchair   *der Sessel*
around the corner   *um die Ecke*
arranged   *gegliedert*
arrival   *die Ankunft*
to arrive   *ankommen*
arriving from (flights)   *aus*
arthritis   *die Arthritis*
asthma   *das Asthma*
to attend (school)   *besuchen*
to attend (university)   *studieren*
audience   *die Zuhörer*
to audit (a class)   *zuhören*
auditor (of a class)   *der (die) Gasthörer(in)*
August   *der August*
auscultate   *abhorchen*
autocratic   *autokratisch*
automatic transmission   *das Automatikgetriebe*
autumn   *der Herbst*

bacon   *der Speck*
back   *der Rücken*
backpack   *der Rucksack*
backrest   *die Rückenlehne*
bag   *die Tüte*
baggage   *das Gepäck*
baggage claim check   *der Fluggepäckschein*
baked   *gebacken*
baker   *der Bäcker*
baking pan   *die Röstpfanne*
(bank) balance   *der Kontostand*
balcony (theater)   *der zweite Rang*
ball   *der Ball*
balcony   *der Balkon*
ball-point pen   *der Kugelschreiber*
bandage   *der Verband*
to bandage   *verbinden*
bank   *die Bank*

bankbook   *das Sparbuch*
barber   *der Friseur, die Friseuse; der Frisör,
          die Frisöse*
bar of soap   *das Stück Seife*
barometric pressure   *der Luftdruck*
base   *die geschlossene Schneedecke*
basic movement   *die Grundbewegung*
basin   *das Becken*
(wash) basin   *das Waschbecken*
basket   *der Korb*
to bathe   *baden*
bathing cap   *die Badekappe*
bathing suit   *der Badeanzug*
bathing trunks   *die Badehose*
bath mat   *die Badezimmermatte*
bathrobe   *der Bademantel*
bathroom   *das Badezimmer*
bath towel   *das Badetuch*
bathtub   *die Badewanne*
battery   *die Batterie*
beach   *der Strand*
beach chair   *der Strandkorb*
beach robe   *der Bademantel*
beach towel   *das Strandtuch*
beard   *der Bart*
bed   *das Bett*
bedroom   *das Schlafzimmer*
bedspread   *die Tagesdecke, die Bettdecke*
beer garden   *der Biergarten*
to begin   *anfangen*
beginner   *der Anfänger*
beginning of classes   *der Vorlesungsbeginn*
beginning of the term   *der Semesterbeginn*
behind   *hinten*
bellhop   *der Hotelpage*
belt   *der Gürtel*
Bill, please!   *Zahlen, bitte!*
bill (money)   *der Schein;* (invoice) *die
          Rechnung;* (in legislature) *der
          Gesetzentwurf, die
          Gesetzesvorlage*
bindings   *die Bindungen*
birthday   *der Geburtstag*
bladder   *die Blase*
blanket   *die Decke*
blended fabric   *das Mischgewebe*
blender   *der Mixer*
block (street)   *die Strasse*
blood   *das Blut*
blood pressure   *der Blutdruck*
blood sample   *die Blutprobe*
blood type   *die Blutgruppe*
blouse   *die Bluse*
blown (fuse)   *durchgebrannt*
to blow the horn   *hupen*
blue jeans   *die Jeans*
boarding pass   *die Bordkarte*
boarding school   *das Internat, die Internatsschule*

boat   *das Boot*
boil   *kochen*
bone   *der Knochen*
book   *das Buch*
bookbag   *der Ranzen, die Büchertasche, die
          Schultasche*
bookcase   *der Bücherschrank*
bookshelf   *das Bücherregal*
boots   *die Stiefel*
bottle   *die Flasche*
bottle opener   *der Flaschenöffner*
bouquet   *der Strauss*
bowels   *der Darm*
box   *der Karton*
box office   *die Theaterkasse*
box seat   *der Logenplatz*
to brake   *bremsen*
brake fluid   *die Bremsflüssigkeit*
brake pedal   *das Bremspedal*
braking   *das Bremsen*
braking technique   *die Bremstechnik*
brassiere   *der Büstenhalter, der BH*
breaded   *paniert*
break   *der Bruch*
breakdown   *die Panne*
breakfast   *das Frühstück*
breast   *die Brust*
to breathe   *atmen*
briefcase   *die Aktentasche*
to bring back   *zurückbringen*
to bring to a boil   *zum Kochen bringen*
broken   *gebrochen*
broom   *der Kehrbesen, der Besen*
to brush one's teeth   *sich die Zähne putzen*
buffet   *die Anrichte*
bumper   *die Stossstange*
bunch   *das Bund* (carrots); *die Traube* (grapes)
bureau   *das Amt* (office); *die Kommode*
          (furniture)
to burn   (*ver*)*brennen*
burned   *verbrannt*
burned out   *ausgebrannt; durchgebrannt* (light
          bulb)
burner   *der Brenner*
on business   *geschäftlich*
business administration   *der Diplomkaufman,*
  graduate   *die Diplomkauffrau*
business studies   *die Betriebswirtschaftslehre*
bus stop   *die Bushaltestelle*
busy (telephone)   *besetzt*
busy signal   *das Besetztzeichen*
butane gas   *das Butangas*
butane gas bottle   *die Gasflasche, die
          Butangasflasche*
butcher   *der Fleischer, der Metzger, der
          Schlachter*
butter dish   *die Butterdose*
button   *der Knopf*

cabin　　*die Kabine*
cabinet　　*der Hängeschrank*
cake pan　　*die Springform*
to call on the telephone　　*telefonieren*
calm　　*ruhig*
to camp　　*campen*
camper (person or　　*der Camper*
　　vehicle or trailer)
campfire　　*das Lagerfeurer*
camping stove　　*der Campingkocher, der*
　　　　　　　Spirituskocher
campsite　　*der Campingplatz*
can　　*die Dose*
cancer　　*der Krebs*
candelabra　　*der Kerzenständer*
candle　　*die Kerze*
can opener　　*der Dosenöffner*
canteen　　*der Wasserkanister*
captain (airplane pilot)　　*der Flugkapitän*
car　　*der Wagen*
carafe　　*die Karaffe*
carpet　　*der Teppich*
to carry　　*tragen*
carry-on luggage　　*das Handgepäck*
carton　　*der Karton*
to carve　　*schneiden; tranchieren*
carving knife　　*das Tranchiermesser*
in case of　　*im Falle*
cash　　*das Bargeld*
to cash (a check)　　*einlösen*
cashier　　*der (die) Kassierer(in)*
cashier's window　　*die Kasse*
casserole　　*die Kasserolle*
cassette　　*die Kassette*
cassette player　　*das Kassettentonband*
cast (plaster)　　*der Gipsverband*
to put in a cast　　*in Gips legen*
cataract (in eye)　　*die Katarakt, der graue Star*
to catch　　*fangen*
century　　*das Jahrhundert*
certified or registered mail　　*das Einschreiben*
chairlift　　*der Sessellift*
chalkboard　　*die Tafel*
chancellor (West Germany)　　*der Bundeskanzler*
channel　　*der Kanal*
change (money)　　*das Kleingeld*
to change　　*ändern; wechseln; umsteigen*
　　　　　　(trains, etc.)
change in direction　　*die Richtungsänderung*
changing　　*wechselnd*
charge　　*die Gebühr; der Tagestarif; der*
　　　　　Wochentarif; die Provision
　　　　　(traveler's checks)
to charge　　*anrechnen*
to chat　　*plaudern*
check　　*der Scheck*
to check　　*aufgeben; abgeben (coat);*
　　　　　nachsehen, kontrollieren

checkbook　　*das Scheckheft*
checking account　　*das Girokonto*
to check in　　*einchecken*
to check out　　*auschecken*
to check through　　*durchchecken*
cheek　　*die Backe, die Wange*
cheese　　*der Käse*
chest (of the body)　　*die Brust*
chicken (stewing)　　*das Huhn*
chicken (roasting)　　*das Hähnchen*
chicken pox　　*die Windpocken*
chills and fever　　*der Schüttelfrost*
choke (car)　　*der Choke*
chopped　　*gehackt*
Christmas　　*(das, die) Weihnachten*
Christmas Eve　　*der Heiligabend, der heilige*
　　　　　　　Abend
cigarettes　　*die Zigaretten*
cinema, theater　　*das Kino*
citizen　　*der Bürger*
citizens' rights　　*die Bürgerrechte*
class (college)　　*die Lehrveranstaltung*
classroom　　*das Klassenzimmer*
to clean　　*putzen*
cleaning rag　　*der Putzlappen*
clear　　*klar*
to clear the table　　*abdecken, abräumen*
to clear up (weather)　　*sich aufklären*
clinic　　*die Klinik*
cloakroom　　*die Garderobe*
clogged　　*verstopft*
to close　　*schliessen*
closed session　　*die nichtöffentliche Sitzung*
closet　　*der Schrank*
cloth　　*das Tuch*
clothing　　*die Bekleidung*
(pieces of) clothing　　*die Kleidungsstücke*
cloud　　*die Wolke*
cloudiness　　*die Bewölkung*
cloudy　　*wolkig, bewölkt*
clutch　　*die Kupplung*
to (disengage the) clutch　　*kuppeln*
coalition　　*die Koalition*
coarse　　*grob*
coat　　*der Mantel*
coat room　　*die Garderobe*
cockpit　　*das Cockpit*
cocktail table　　*der Couchtisch*
coin　　*die Münze, das Geldstück*
coin slot　　*der Münzeinwurf*
colander　　*der Durchschlag*
cold (illness)　　*die Grippe*
cold　　*kalt*
to be cold　　*frieren*
I'm cold　　*mir ist kalt, ich friere*
to have a cold　　*erkältet sein*
cold cuts　　*der Aufschnitt*
to collect　　*einsammeln*

collect call   *das R-Gespräch*
college of engineering   *die technische*
                                Hochschule
colon   *der Dickdarm*
color   *die Farbe*
to color   *tönen*
to comb one's hair   *sich kämmen*
Come in!   *Kommen Sie herein!; Herein!*
to come in   *hereinkommen*
to come onstage   *auf der Bühne*
                          erscheinen
comedy   *die Komödie*
commercial-vocational   *die Realschule*
   high school
commercial, vocational   *die mittlere*
   high school   *Reife (der*
   diploma (graduation)   *Realschulabschluss)*
committee   *der Ausschuss*
compartment   *das Abteil*
overhead compartment   *die Gepäckablage*
   (airplane)
complaints   *die Beschwerden*
compound fracture   *offener Bruch*
to concede   *Konzessionen machen*
to conduct a seminar   *ein Seminar leiten*
conductor   *der Schaffner*
confirmation   *die Bestätigung*
to be congested, stuffed up   *dickflüssigen*
                                     Schleim haben
to connect   *verbinden*
connection   *der Anschluss; die Verbindung*
to consist of   *bestehen aus*
constipated   *verstopft*
constipation   *die Verstopfung*
constitution   *die Verfassung*
constitutional   *die Verfassungsänderung*
   amendment
contagious   *ansteckend*
to converse   *sich unterhalten*
to cook   *kochen*
cooked   *gekocht*
cool   *kühl*
corduroy   *der Kord*
corkscrew   *der Korkenzieher*
corner   *die Ecke*
cost of living   *die Lebenshaltungskosten, die*
                       Unterhaltskosten
cotton   *die Baumwolle*
couch   *das Sofa*
cough   *der Husten*
to cough   *husten*
counter   *der Schalter; der Bankschalter*
course   *der Gang; das Gericht* (food)
course (college)   *die Lehrveranstaltung*
course of study (at Gymnasium)   *der Zweig*
court (of law)   *der Gerichtshof*
to cover   *bedecken*
cozy   *gemütlich*

cream   *die Sahne*
credenza   *die Anrichte*
credit card   *die Kreditkarte*
crew   *die Besatzung*
cross-country skiing   *der Langlauf*
cross-country ski trails   *preparierte Loipen*
crusted snow   *der Harschschnee*
crutches   *die Krücken*
cuff links   *die Manschettenknöpfe*
cuffs   *die Manschetten*
cup   *die Tasse*
current   *die Strömung*
curriculum (at Gymnasium)   *der Zweig*
curtain   *der Vorhang*
customs   *die Zollabfertigung*
customs agent   *der Zöllner*
customs declaration   *die Zollerklärung*
cut   *geschnitten*
to cut   *schneiden*
cutlet   *das Schnitzel*
cut off (phone)   *unterbrochen*
to cut off (phone)   *unterbrechen*
cyst   *die Zyste*

dairy store   *das Milchgeschäft*
dangerous   *gefährlich*
to darn   *stopfen*
dashboard   *das Armaturenbrett*
date   *das Datum*
dawn   *die Morgendämmerung; die*
               Dämmerung; der Tagesanbruch
day   *der Tag*
day after tomorrow   *übermorgen*
day before yesterday   *vorgestern*
dean   *der (die) Dekan(in)*
December   *der Dezember*
December 25th   *der Erste Weihnachtstag*
December 26th   *der Zweite Weihnachtstag*
to declare   *verzollen*
deep fried   *fritiert*
degree   *der Grad*
delay   *die Verspätung*
to deliberate (about)   *sich beraten (über)*
to deliver (mail)   *austragen*
delivery (childbirth)   *die Entbindung*
delivery room   *der Entbindungssaal, der*
                         Kreisssaal
demonstration   *die Demonstration*
department store   *das Kaufhaus*
departure   *die Abfahrt; der Abflug* (plane)
deposit   *die Anzahlung*
to deposit (money)   *einzahlen*
deposit bottle   *die Pfandflasche*
to determine   *bestimmen*
desk   *das Pult*
dessert   *das Dessert, die Nachspeise*
detergent   *das Waschmittel; das*
                   Waschpulver

diabetes   *die Zuckerkrankheit, der Diabetes*
to dial (telephone)   *wählen*
dial (telephone)   *die Wählscheibe*
to dial directly   *durchwählen*
dial tone   *das Amtszeichen*
to dial a wrong number   *sich verwählen*
diarrhea   *der Durchfall*
to dice   *würfeln*
dictator   *der Diktator*
dictatorship   *die Diktatur*
different   *verschieden*
difficult   *schwer*
difficulties   *die Schwierigkeiten*
dining car   *der Speisewagen*
dining room   *das Esszimmer*
diploma   *das Diplom* (the document); *das Abitur* (from Gymnasium); *die mittlere Reife* (from Realschule)
to direct   *leiten*
direction   *die Richtung*
directional signal   *der Blinker*
dirty   *schmutzig*
dirty wash   *die Wäsche*
dish   *das Gericht* (food)
dishes   *das Geschirr*
dishrag   *das Schwammtuch*
dish towel   *das Geschirrtuch*
dishwasher   *die Geschirrspülmaschine*
disturbances   *die Störungen*
to divide   *aufteilen, einteilen, unterteilen*
divided into   *unterteilt*
dizzy   *schwindelig*
doctor   *der Arzt, die Ärztin*
doctorate   *der Doktorgrad*
to obtain a doctorate   *promovieren*
doctor's office   *die Arztpraxis*
domestic flight   *der Inlandflug*
dormitory   *das Studentenwohnheim*
double bed   *das Doppelbett*
double room   *das Doppelzimmer*
doubles (tennis)   *das Doppel*
down (feathers)   *die Daunen*
down comforter   *die Daunendecke*
downhill skiing   *der Abfahrtslauf*
to make the down payment   *die Anzahlung leisten*
dozen   *das Dutzend*
draft (of bill)   *die Gesetzesvorlage, der Gesetzentwurf*
drain   *der Abfluss*
to drain (run off)   *ablaufen*
drainboard   *das Abtropfsieb*
drama   *das Drama*
drapes   *die Gardinen*
drawer   *die Schublade*
dress   *das Kleid*
drinking water   *das Trinkwasser*
drinks   *die Getränke*

to drip   *lecken*
driver's license   *der Führerschein*
to drizzle   *nieseln*
drumsticks   *die Hähnchenkeulen*
to dry   *abtrocknen*
to dry-clean   *reinigen*
dry cleaner   *die Reinigung*
to have dry-cleaned   *reinigen lassen*
to dub   *synchronisieren*
due day   *der Fälligkeitstag*
dusk   *die Abenddämmerung; die Dämmerung; der Einbruch der Dunkelheit*
dust   *der Staub*
to dust   *staub wischen*
dustcloth   *das Staubtuch*
duty   *der Zoll*
to dye   *färben, tönen*

ear   *das Ohr*
earache   *die Ohrenschmerzen*
early   *früh*
Easter   *(das) Ostern*
Easter Monday   *der Ostermontag*
Easter Sunday   *der Ostersonntag*
easy   *leicht*
easy-care (adj.)   *pflegeleicht*
economy class   *die Economy-Klasse*
eggs   *die Eier*
EKG   *das EKG, das Elektrokardiogramm*
elbow   *der Ellbogen*
electric hand mixer   *das Handrührgerät*
electric hair drier   *der Fön*
electrician   *der Elektriker*
electricity (electric current)   *der Strom*
electric or safety razor   *der Rasierapparat*
electrocardiogram   *das Elektrokardiogramm*
elementary school   *die Grundschule*
emergency   *der Notfall*
emergency exit   *der Notausgang*
emergency room   *die Unfallstation*
to empty   *leeren*
to encounter   *begegnen*
end   *das Ende*
(at the) end of the month   *am Monatsende*
to endorse   *bestätigen*
to enter (stage)   *auf der Bühne erscheinen*
entire   *gesamt*
entrance (highway)   *die Einfahrt*
envelope   *der Briefumschlag*
epilepsy   *die Epilepsie*
epileptic fit   *der epileptische Anfall*
evening   *der Abend*
in the evening   *abends*
examination   *das Examen, die Prüfung*
to examine   *untersuchen*
to examine with a stethoscope   *abhorchen*
to exchange   *wechseln*
exchange bureau   *die Wechselstube*

to execute (carry out)   *ausführen*
exit (highway)   *die Ausfahrt*
to expect   *erwarten*
expensive   *teuer*
expression of opinion   *die Meinungsäusserung*
extension   *die Durchwahlnummer*

fabric   *das Gewebe*
facing   *mit Blick auf*
facing the courtyard   *zum Hof*
(view) facing the sea   *der Seeblick*
facing the street   *zur Strasse*
(sanitary) facilities   *die Sanitäranlagen,*
    sanitäre Anlagen
faculty   *der Lehrkörper*
to fail   *durchfallen*
failed   *durchgefallen*
failing (grade)   *mangelhaft; ungenügend*
fall (season)   *der Herbst*
to fall   *fallen*
far   *weit; entfernt*
fare   *der Tarif*
farther on   *weiter*
to fasten   *anschnallen; befestigen;*
    (Sicherheitsgurte) anlegen
faucet   *der Wasserhahn*
in favor   *dafür*
featherbed   *die Daunendecke*
February   *der Februar*
federal   *föderalistisch*
federal constitutional   *das Bundesver-*
    court (West Germany)   *fassungsgericht*
federal government of   *die Bundesregierung*
    West Germany
federal state (West Germany)   *das Bundesland*
fee   *die Gebühr*
fellow player   *der Mitspieler*
fender   *der Kotflügel*
fever   *das Fieber*
fiberglass   *die Glasfaser*
to fill   *füllen*
to fill out   *ausfüllen*
filled up   *voll belegt*
film   *der Film*
final   *das Ende*
finance ministry   *das Finanzministerium*
(state) financial aid (West   *das Bafög*
    Germany)
to find out   *erfahren*
finger   *der Finger*
fingernail   *der Fingernagel*
fire   *das Feuer;* (campfire) *das Lagerfeuer*
first aid kit   *der Verbandskasten*
first class   *die Erste Klasse*
in first gear   *im ersten Gang*
fish   *der Fisch*
fish bones   *die Gräten*
fish store   *das Fischgeschäft*

to fit   *passen*
fixed menu   *das Menü*
flannel   *der Flannell*
flashlight   *die Taschenlampe*
flat   *flach; niedrig* (heels)
flat tire   *der Platten*
flatware   *das Besteck*
flight   *der Flug*
flight attendant   *der (die) Flugbegleiter(in)*
to float   *sich treiben lassen*
floor   *der Fussboden*
floor lamp   *die Stehlampe*
floor mat for bathroom   *die Badezimmermatte*
fly (pants)   *der Hosenschlitz*
to fly   *fliegen*
flying time   *die Flugzeit*
fog   *der Nebel*
foggy   *nebelig*
folding chair   *der Klappstuhl, der Klappsessel*
folding furniture   *die Klappmöbel*
folding table   *der Klapptisch*
to follow   *folgen*
food   *die Nahrung; die Ernährung, die Speise*
food department   *die Lebensmittelabteilung*
for, in favor   *für (dafür)*
forbidden   *verboten*
foreign ministry   *das Auswärtige Amt*
    (West Germany)
to forget   *vergessen*
fork   *die Gabel*
form   *das Formular*
to form   *bilden*
forward   *nach vorne*
foul   *das Foul*
fountain pen   *der Füllfederhalter, der Füller*
fracture   *der Bruch*
fragile   *zerbrechlich*
frame   *der Rahmen*
Free Democratic Party   *die Freie*
    Demokratische
    Partei (FDP)
freedom of the press   *die Pressefreiheit*
freedom of speech   *die freie*
    Meinungsäusserung
freezer   *der Tiefkühlschrank; die Tiefkühltruhe*
freezer compartment   *das Tiefkühlfach*
frequently   *häufig*
fresh   *frisch*
Friday   *der Freitag*
fried   *gebraten*
from (a point of departure)   *aus*
in front   *vorne*
frozen   *tiefgekühlt; gefroren*
fruit   *die Frucht; das Obst*
to fry   *braten*
frying pan   *die Bratpfanne*
full, occupied   *besetzt*
to function   *funktionieren*

furniture   *die Möbel*
fuse   *die Sicherung*
fuse box   *der Sicherungskasten*

gabardine   *der Gabardine*
gallbladder   *die Gallenblase*
garbage   *der Müll; die Abfälle*
garbage can   *der Mülleimer*
garden   *der Garten*
gasoline   *das Benzin*
gasoline canister   *der Benzinkanister*
gas pedal   *das Gaspedal*
gas station   *die Tankstelle*
gate (at airport)   *der Ausgang*
gear   *der Gang*
gearshift lever   *der Schalthebel*
to get   *beschaffen*
to get back   *zurückbekommen*
to get off (a bus, etc.)   *aussteigen*
to get on (a bus etc.)   *einsteigen*
to get through   *durchkommen*
to get up   *aufstehen*
girdle   *das Korsett*
to give a lesson   *Unterricht geben*
glands   *die Drüsen*
glass   *das Glas*
to glide   *gleiten*
glove compartment   *das Handschuhfach*
gloves   *die Handschuhe*
goal (soccer)   *das Tor*
to score (shoot) a goal (soccer)   *ein Tor
                                          schiessen*
goal tender (soccer)   *der Torwart*
to go back   *zurückgehen*
good (grade)   *gut*
Good Friday   *der Karfreitag*
to go to bed   *ins Bett gehen*
government   *die Regierung*
to go with (clothes)   *passen*
grade (year of school)   *das Schuljahr*
grade (mark)   *die Note*
to graduate   *Examen machen*
graduation   *der Schulabschluss*
gram   *das Gramm*
to grant   *gewähren*
granular snow   *der granulierte Schnee*
grape   *die Traube*
grapes   *die Weintrauben*
gravy boat   *die Sossenschüssel*
to grease   *schmieren*
the Greens (West German   *die Grünen*
  political party)
to greet   *begrüssen*
grilled   *gegrillt*
groceries   *die Lebensmittel*
grocery store   *das Lebensmittelgeschäft*
groups   *die Gruppen*
to grow   *wachsen*

to guard   *hüten*
guarded   *bewacht*
guest   *der Gast*

hail   *der Hagel*
to hail   *hageln*
hair   *das Haar*
haircut   *der Haarschnitt*
hairdresser   *der Friseur, der Frisör; die
                    Friseuse, die Frisöse*
hair oil   *das Haaröl*
hair spray   *das Haarspray*
half (soccer)   *die Halbzeit*
hammer   *der Hammer*
to hammer   *schlagen*
hammock   *die Hängematte*
hand beater (mixer)   *der Handmixer*
hand brake   *die Handbremse*
handle   *der Stiel; der Griff*
hand luggage   *das Handgepäck*
hand towel   *das Handtuch*
hanger   *der Kleiderbügel*
to hang up (telephone)   *auflegen*
to happen   *geschehen, passieren*
head   *der Kopf*
head of government   *der Regierungschef*
headlight   *das Licht*
headphones   *die Kopfhörer*
health insurance   *die Krankenkasse*
heart   *das Herz*
heart attack   *der Herzanfall, der Herzinfarkt*
to heat   *erhitzen*
heating   *die Heizung*
heated   *geheizt*
heating tray   *die Warmhalteplatte*
heavy   *schwer*
heel   *der Absatz*
heel binding (skiing)   *der Fersenautomat*
height   *die Höhe; die Länge*
hemorrhoids   *die Hämorrhoiden*
hero(ine)   *der (die) Held(in)*
high   *hoch*
high beams (car)   *das Fernlicht*
high school (academic)   *das Gymnasium*
high school (commercial-   *die Realschule*
  vocational)
high school diploma   *das Abitur (Gymnasium);
                            die Mittlere Reife
                            (Realschule)*
high tide   *die Flut*
highway (West Germany)   *die Bundesstrasse*
hike   *die Wanderung*
to hike   *wandern*
hinged toepiece (skiing)   *der scharnierte
                                Vorderbacken*
hip   *die Hüfte*
history   *die Geschichte*
to hit   *schlagen*

hole   *das Loch*
holiday   *der Feiertag*
hood   *die Haube*
to hope   *hoffen*
horn (automobile)   *die Hupe*
hospital   *die Klinik; das Krankenhaus*
hot   *heiss*
hot water   *heisses Wasser*
hour   *die Stunde*
housecleaning   *der Hausputz*
housework   *die Hausarbeit*
how long   *wie lange*
hubcap   *die Radkappe*
human rights   *die Menschenrechte*
humid   *feucht*
humidity   *die Feuchtigkeit*
hunger   *der Hunger*
hungry   *hungrig*
to hurt   *weh tun*
hysterectomy   *die Uterusexstirpation*

identification card   *der Personalausweis*
ignition   *die Zündung*
ignition key   *der Zündschlüssel*
illness   *die Krankheit*
to immobilize (bone)   *ruhigstellen*
important   *wichtig*
incision   *der Schnitt*
included   *inbegriffen*
infantile paralysis   *die Kinderlähmung, die Polio*
influenza   *die asiatische Grippe; die Influenza*
injection   *die Spritze*
injuries   *die Verletzungen*
to inoculate   *impfen*
insurance coverage (complete, for automobile)   *die Vollkaskoversicherung*
to insure   *versichern*
intensive care facility   *die Intensivstation*
interest   *die Zinsen*
interest rate   *der Zinssatz*
intermission   *die Pause*
intern   *der Assistenzarzt, die Assistenzärztin*
international flight   *der Auslandsflug*
intersection   *die Kreuzung*
intestines   *die Därme, die Gedärme*
intravenous   *intravenös*
intravenous feeding   *die künstliche Ernährung*
iron (for clothes)   *das Bügeleisen*
to iron   *bügeln*
ironing board   *das Bügelbrett*
to issue (a ticket)   *ausstellen*

jack   *der Wagenheber*
January   *der Januar*
juice   *der Saft*
July   *der Juli*

June   *der Juni*
justice ministry   *das Justizministerium*

keep one's balance   *das Gleichgewicht halten*
key   *der Schlüssel*
to kick   *treten*
kidneys   *die Nieren*
kilogram   *das Kilo(gramm)*
kindergarten   *der Kindergarten*
knapsack   *der Rucksack*
knee   *das Knie*
knee breeches   *die Kniehose*
knee socks   *die Kniestrümpfe*
knife   *das Messer*
to knock   *klopfen*

labor (childbirth)   *die Wehen*
labor pains   *die Wehen*
ladle   *die Schöpfkelle*
lamp   *die Lampe*
to land   *landen*
landing   *die Landung*
lane (traffic)   *der Fahrstreifen*
to last   *dauern*
late   *verspätet*
to be late   *sich verspäten*
laundry (items to be washed)   *die Wäsche*
laundry (place for washing)   *die Wäscherei*
laundry service   *der Wäsche-Service*
law school   *die rechtswissenschaftliche Fakultät*
lawyer   *der Rechtsanwalt, die Rechtsanwältin*
to leak   *lecken*
leather   *das Leder*
to leave   *verlassen; abfahren; abfliegen; abgeben (check); lassen*
lecture   *die Vorlesung*
to lecture   *eine Vorlesung halten*
left (political)   *die Linke*
leftists   *die Linken*
leg   *das Bein*
of legal age   *volljährig*
letter   *der Brief*
lettuce   *der Kopfsalat*
license plate   *das Kennzeichen*
lifeguard   *der Rettungsschwimmer*
life jacket   *die Schwimmweste*
light   *das Licht*
light   *leicht; schwach (winds)*
to light   *anzünden*
light bulb   *die Glühbirne*
to lighten   *blitzen*
lighthouse   *der Leuchtturm*
lightning   *der Blitz*
light switch   *der Lichtschalter*
to like   *mögen, gern haben*
line   *die Schlange (queue); die Leitung (telephone line)*

lining   *das Futter*
liquid detergent   *das Spülmittel*
to listen to   *sich etwas anhören*
lit (of an electric sign)   *eingeschaltet*
to become lit up   *leuchten*
liver   *die Leber*
living expenses   *die Unterhaltskosten*
living room   *das Wohnzimmer*
loan   *das Darlehen*
local   *hiesig*
local (telephone) call   *das Ortsgespräch*
local train   *der Nahverkehrszug*
to lodge (overnight)   *übernachten*
long   *lang*
long-distance call   *das Ferngespräch*
long-distance flights   *die Langstreckenflüge*
long-distance   *die Langstreckentouren*
   touring (on cross-country skis)
to look   *schauen*
loose   *lose*
loose-fitting   *locker*
lost   *verirrt; verloren*
low   *niedrig*
low beams (car)   *das Abblendlicht*
lower house   *der Bundestag*
   (West German
   legislature)
on a low flame   *bei niedriger Hitze*
to lubricate   *ölen; schmieren*
luggage   *das Gepäck*
luggage checkroom   *die Gepäckaufbewahrung*
lungs   *die Lungen*
lymph glands   *die Lymphdrüsen*

magazine   *die Zeitschrift*
maid   *das Zimmermädchen*
mail   *die Post*
to mail   *abschicken, absenden*
mailbox   *der Briefkasten*
main dish   *das Hauptgericht*
main train station   *der Hauptbahnhof*
to major in   *studieren*
majority   *die Mehrheit*
to make the bed   *das Bett beziehen, das Bett*
                        machen
to make a (telephone) call   *anrufen*
to make a goal (soccer)   *ein Tor schiessen*
to make a motion   *einen Antrag einbringen*
to make known   *bekanntmachen,*
                     bekanntgeben
makeup (cosmetics)   *die Schminke*
March   *der März*
mark (school)   *die Note*
marked tracks   *markierte Loipen*
   (cross-
   country skiing)
master's degree   *das Examen*

match   *das Streichholz*
to match (go well with)   *passen*
to matriculate   *sich immatrikulieren*
mattress   *die Matratze*
May   *der Mai*
May Day   *der Maifeiertag, der Erste Mai*
maximum temperature   *die Höchsttemperatur*
meal   *die Mahlzeit*
meal cooked in one pot   *der Eintopf*
measles   *die Masern*
to measure   *messen*
measurements   *die Masse*
to take measurements   *Mass nehmen*
meat   *das Fleisch*
medical history   *die Krankengeschichte*
medical school   *die medizinische Fakultät*
medicine cabinet   *der Badezimmerschrank*
medium (meat)   *medium*
to melt (butter)   *auslassen, zerlassen*
to mend   *reparieren*
menstrual period   *die Regel*
mental illness   *die psychische Krankheit*
menu   *die Speisekarte; die Tageskarte; das*
          Menü
message   *die Nachricht*
mezzanine   *der erste Rang*
midnight   *die Mitternacht*
mileage (fee)   *das Kilometergeld*
minimum temperature   *die Tiefsttemperatur*
ministry   *das Ministerium*
ministry of the interior   *das Innenministerium*
   (West Germany)
ministry of justice   *das Justizministerium*
   (West Germany)
ministry of labor   *das Arbeitsministerium*
   (West Germany)
minute   *die Minute*
mirror   *der Spiegel*
misdial   *sich verwählen*
to miss   *verpassen*
to be missing   *fehlen*
mixer   *der Mixer*
mixing utensils   *die Mixgeräte*
Monday   *der Montag*
money   *das Geld*
money order   *die Zahlungsanweisung*
month   *der Monat*
monthly payment   *die monatliche Rate*
mop   *die Feudel*
morning   *der Morgen*
in the morning   *am Morgen, morgens, in der*
                     Frühe
mortgage   *die Hypothek*
to assume a mortgage   *eine Hypothek*
                          aufnehmen
motion   *der Antrag*
to make a motion   *einen Antrag einbringen*
mountains   *die Berge*

movie　　*der Film*
movie theater　　*das Kino*
mucus　　*der Schleim*
mumps　　*der Mumps*
musical　　*das Musical*
mustache　　*der Schnurrbart*

nail polish　　*der Nagellack*
name tag　　*das Schild*
napkin　　*die Serviette*
narrow　　*eng, schmal*
national elections　　*die Bundestagswahlen*
　(West Germany)
nauseous　　*übel*
near　　*in der Nähe von*
necessary　　*notwendig*
neck　　*der Hals; der Nacken*
to need　　*brauchen*
neither . . . nor　　*weder . . . noch*
net　　*das Netz*
net ball　　*der Netzball*
neutral　　*der Leerlauf*
newspaper　　*die Zeitung*
new year　　*das neue Jahr*
New Year's Day　　*das Neujahr*
New Year's Eve　　*Sylvester*
night　　*die Nacht*
night table　　*der Nachttisch, der Nachtschrank*
night train　　*der Nachtzug*
no-iron　　*bügelfrei*
noise　　*der Lärm*
nonstop flight　　*der Nonstopflug*
noon　　*der Mittag*
at noon　　*um 12 Uhr mittags*
Nordic skiing　　*der Langlauf*
Nordic skis　　*die Langlaufskier*
no-score game (soccer)　　*ein torloses Unentschieden*
no smoking section　　*die Nichtraucherzone*
no smoking sign　　*das Schild "nicht Rauchen"*
(school) notebook　　*das Schulheft*
to take notes　　*sich Notizen machen*
November　　*der November*
nurse　　*der (die) Krankenpfleger(in); die Krankenschwester*
nylon　　*das Nylon*

obstetrician　　*der (die) Geburtshelfer(in)*
occupied　　*besetzt*
o'clock　　*Uhr*
October　　*der Oktober*
odometer (reading in　　*der Kilometerzähler* kilometers)
to offer　　*bieten*
oil　　*das Öl*
oil level　　*der Ölstand*
one-way street　　*die Einbahnstrasse*
one-way ticket　　*die einfache Fahrkarte*

on top　　*oben*
to open　　*öffnen*
to operate　　*betätigen*
to operate (surgically)　　*eine Operation durchführen, operieren, einen chirurgischen Eingriff vornehmen*
operating room　　*der Operationssaal*
operating table　　*der Operationstisch*
operation　　*die Operation, der Eingriff*
opinion　　*die Meinung*
opposite　　*gegensätzlich*
opposition (political)　　*die Opposition*
orchestra (section of theater)　　*das Parkett*
to order　　*bestellen*
orthopiedist　　*der Orthopäde*
outlet (electric)　　*die Steckdose*
outlook　　*die Aussichten*
out of order　　*ausser Betrieb*
outside (outside of)　　*draussen; ausserhalb*
outskirts　　*der Vorort*
ovaries　　*die Ovarien, die Eierstöcke*
oven　　*der Ofen, der Backofen*
to overheat　　*überhitzen*
oxygen　　*der Sauerstoff*
oxygen mask　　*die Sauerstoffmaske*
oxygen tent　　*das Sauerstoffzelt*
oxygen tubes　　*die Sauerstoffschläuche*

package　　*das Paket, das Päckchen*
painful　　*schmerzhaft*
pains　　*die Schmerzen*
pair　　*das Paar*
pan　　*die Pfanne*
panties　　*der Slip*
pantry　　*die Speisekammer*
pants　　*die Hose*
pantsuit　　*der Hosenanzug*
panty hose　　*die Strumpfhose*
parallel turn (skiing)　　*das Parallelfahren, der Parallelschwung*
to pare　　*schälen*
paring knife　　*das Schälmesser*
to park　　*abstellen, parken*
parking lot　　*der Parkplatz*
part (role)　　*die Rolle*
to participate (in sports)　　*(Sport) treiben*
party (political)　　*die Partei*
to pass (the ball in soccer)　　*passen*
to pass (test)　　*bestehen*
(to make a long) pass (soccer)　　*eine Flanke schiessen*
passed (test)　　*bestanden*
passenger　　*der Passagier*
passing (grade)　　*ausreichend*
passing through　　*auf der Durchreise*
passport　　*der Reisepass*

passport control   *die Passkontrolle*
pastry shop   *die Konditorei*
patient   *der (die) Patient(in)*
to pay   *zahlen*
to pay cash   *in bar zahlen*
to pay duty   *verzollen*
to pay for   *bezahlen*
to pay off in installments   *in Raten bezahlen*
pebbly beach   *der steinige Strand, der Kiesstrand*
to peel   *schälen*
(fountain) pen   *der Füller*
penicillin   *das Penizillin*
penicillin injection   *die Penizillinspritze*
penknife   *das Taschenmesser*
Pentecost   *das, die Pfingsten*
people   *das Volk*
pepper   *der Pfeffer*
pepper mill   *die Pfeffermühle*
pepper shaker   *der Pfefferstreuer*
performance   *die Vorstellung*
per hour   *pro Stunde*
period (soccer)   *die Halbzeit*
permanent wave (hair)   *die Dauerwelle*
personal effects   *die persönlichen Sachen*
personnel (on plane)   *das Kabinenpersonal*
phlegm   *der Schleim*
to pick up (phone)   *abheben, abnehmen*
to pick up (call for)   *abholen*
picture   *das Bild*
piece   *das Stück*
pieces of clothing   *die Kleidungsstücke*
pie pan   *die Obsttortenbodenform*
pillow   *das Kopfkissen*
pillowcase   *der Kopfkissenbezug*
pills   *die Dragées, die Pillen, die Tabletten*
pilot   *der Pilot*
pipes   *die Rohre*
to pitch (a tent)   *ein Zelt aufstellen*
to place   *stellen; legen*
place setting   *das Set*
plane   *das Flugzeug, die Maschine*
plastic bag   *die Plastiktüte*
plate   *der Teller*
platform   *der Bahnsteig*
to play   *spielen*
to play (records, tapes)   *abspielen*
to play a part (role)   *eine Rolle spielen*
players   *die Spieler*
playing field   *das Spielfeld*
pleasant   *angenehm*
plebiscite   *die Volksabstimmung*
plenary session   *die Plenarsitzung*
plug   *der Stöpsel; der Stecker*
plumber   *der Klempner*
plumbing   *die Rohre*
poached   *poschiert*
pocketbook   *die Handtasche*

pocket knife   *das Taschenmesser*
point   *der Punkt*
(tent) pole   *die Zeltstange*
policies   *die Politik*
poliomyelitis   *die Kinderlähmung, die Polio*
to polish   *polieren*
polishing cloth   *der Putzlappen*
polka dot   *das Pünktchen*
polka dotted   *gepunktet*
polyps   *die Polypen*
pork   *das Schweinefleisch*
porter   *der Gepäckträger*
postage   *das Porto, die Postgebühr*
postcard   *die Postkarte*
post office   *das Postamt*
post office box   *das Postfach*
pot   *die Kasserolle, der Kochtopf*
pots   *die Töpfe*
poultry   *das Geflügel*
pound   *das Pfund*
powder snow   *der Pulverschnee*
precipitation   *der Niederschlag*
to predict   *voraussagen*
predominant   *überwiegend*
to prefer   *vorziehen*
pregnancy   *die Schwangerschaft*
pregnant   *schwanger*
to preheat   *vorwärmen*
to prepare   *vorbereiten; zubereiten*
prerequisite   *die Voraussetzung*
to prescribe   *verschreiben*
to present   *vorstellen, zeigen*
president   *der Präsident*
president of the cabinet council (of the individual Bundesländer)   *der Ministerpräsident*
price difference   *der Preisunterschied*
principal   *der (die) Rektor(in), der (die) Direktor(in), der (die) Schulleiter(in)*
professor   *der (die) Professor(in)*
professor of English   *der (die) Anglistikprofessor(in)*
prognosis   *die Prognose*
program   *das Programm*
to promise   *versprechen*
proper, correct   *richtig*
to protect   *schützen*
psychiatric disturbances   *psychische Störungen*
psychiatrist   *der Psychiater*
pub (tavern)   *die Kneipe*
public   *öffentlich*
public session   *die öffentliche Sitzung*
pullover   *der Pullover, der Pulli*
to pull smooth (sheets)   *glatt ziehen*
pulse   *der Puls*

pupil (student)   *der (die) Schüler(in)*
to push   *schieben*
to put   *legen; stellen*
to put in a cast   *in Gips legen*
to put on (hat)   *aufsetzen*
to put on makeup   *sich schminken*
to put something on   *sich etwas anziehen*
to put through (telephone call)   *verbinden*

having a quorum   *beschlussfähig*

race type (skiing)   *die Rennform*
racket (tennis)   *der Tennisschläger*
radiator (car)   *der Kühler*
radiator water   *das Kühlwasser*
radio   *das Radio*
radio program   *die Radiosendung*
radiology   *die Radiologie*
rag   *das Tuch*
railroad station   *der Bahnhof*
rain   *der Regen*
to rain   *regnen*
raincoat   *der Regenmantel*
rain shower   *der Regenschauer*
rain showers   *schauerartige Niederschläge*
rainy   *regnerisch*
rare (meat)   *rosa, rare, englisch*
raspberries   *die Himbeeren*
razor   *das Rasiermesser* (straight edge); *der Rasierapparat* (safety or electric razor)
razor cut   *der Messerschnitt*
to read   *lesen*
reader   *das Lesebuch*
ready   *bereit; fertig*
ready for takeoff   *startbereit*
rearview mirror   *der Rückspiegel*
receipt   *die Quittung*
to receive   *empfangen*
receiver (telephone)   *der Hörer*
reception desk   *die Rezeption; der Empfang*
receptionist   *der Portier* (m.), *die Empfangsdame* (f.)
recommend   *empfehlen*
record   *die Schallplatte*
record player   *der Plattenspieler*
recovery room   *der Beobachtungsraum*
red wine   *der Rotwein*
reduction in air pressure   *der Luftdruckabfall*
referee   *der Schiedsrichter*
referendum   *die Volksabstimmung*
refrigerator   *der Kühlschrank*
to register   *sich einschreiben*
registration form   *der Meldeschein*
to release   *lösen*
to remain seated with seat belts fastened   *angeschnallt bleiben*

to remove   *entfernen*
to rent   *mieten*
rent contract   *der Mietvertrag*
to repair   *reparieren*
repairs   *die Reparaturen*
to replace   *erneuern; ersetzen*
report card   *das Zeugnis*
to represent   *vertreten*
(elected) representatives   *die Abgeordneten*
requirement   *die Voraussetzung*
to reserve   *vorbestellen, reservieren, bestellen*
reservation for seats   *die Platzreservierung*
to be responsible   *verpflichtet sein*
rest area   *der Rastplatz, die Raststätte*
restaurant   *das Restaurant*
to return (ball)   *zurückschlagen*
reverse   *der Rückwärtsgang*
to ride a sailboard   *windsurfen*
to ride the waves   *auf den Wellen reiten*
right (correct)   *richtig*
(to the) right   *rechts*
(political) right   *die Rechte*
rightists   *die Rechten*
rights   *die Rechte*
rights of the people   *die Bürgerrechte*
to ring   *klingeln*
to rise   *steigen*
roast   *der Braten*
to roast   *braten*
roast chicken   *das Brathähnchen, das Hähnchen*
roasted   *gegrillt*
roasting pan   *die Bratpfanne*
role   *die Rolle*
roll   *das Brötchen*
room   *das Zimmer*
room and board (including lunch and dinner)   *die Vollpension*
room and board (with lunch or dinner)   *die Halbpension*
rooms available   *Zimmer frei*
room service   *der Zimmer-Service*
rough   *rauh*
round-trip ticket   *die Rückfahrkarte*
row   *die Reihe*
rubber   *das Gummi*
to rule   *herrschen*
rush hour   *die Hauptverkehrszeit*
rye bread   *das Roggenbrot*

safety regulation   *die Sicherheitsvorschrift*
sailboat   *das Segelboot*
sailboard   *der Windsurfer*
saint's day   *der Namenstag*
salad   *der Salat*
salad bowl   *die Salatschüssel*

salad dish   *der Salatteller*
salt   *das Salz*
saltshaker   *der Salzstreuer*
salty   *salzig*
salve   *die Wundsalbe*
sand   *der Sand*
sandals   *die Sandalen*
sandy beach   *der Sandstrand*
sanitary facilities   *die Sanitäranlagen; sanitäre*
          Anlagen
satisfactory   *befriedigend*
Saturday   *der Samstag, der Sonnabend*
saucer   *die Untertasse*
to sauté   *schwenken*
sautéed   *geschmort, geschwenkt*
to save   *sparen*
savings   *die Ersparnisse*
savings account   *das Sparkonto*
scale (balance)   *die Waage*
scarf   *der Schal; das Halstuch*
scattered   *örtlich*
scene   *die Szene*
schedule   *der Fahrplan* (timetable); *der*
          Stundenplan (course schedule)
scholarship   *das Stipendium*
school   *die Schule; die Fakultät*
school of business   *die wirtschaftswissen-*
  economics   *schaftliche Fakultät*
school of mathematics   *die mathematische*
                    Fakultät
school of philosophy   *die philosophische*
                    Fakultät
school of theology   *die theologische Fakultät*
schoolbag (children's)   *der Ranzen*
schoolbooks   *die Schulbücher*
scissors   *die Schere*
to score a goal (soccer)   *ein Tor schiessen*
score   *der Spielstand*
scoreboard   *die Anzeigetafel*
to scuba-dive   *schnorcheln*
screen   *die Leinwand*
sea   *die See, das Meer*
sea view   *der Seeblick*
seaside resort   *das Seebad*
season   *die Saison*
seat   *der Sitz; der Platz; der Sitzplatz*
seat belt   *der Sicherheitsgurt*
seat number   *die Platznummer*
seat pocket   *die Tasche am Sitz, die Sitztasche*
seat reservation   *die Platzreservierung*
second   *die Sekunde*
secondary (junior high)   *die Hauptschule*
  school
secret session   *die nichtöffentliche Sitzung*
to secure (make fast)   *befestigen*
security   *die Sicherheit*
security check   *die Sicherheitskontrolle*
to sell   *verkaufen*

seminar   *das Seminar*
sender   *der Absender*
to send off   *absenden*
sensitive   *empfindlich*
September   *der September*
serious   *ernst*
serve (tennis)   *der Aufschlag*
server (tennis)   *der Aufschläger, der Spieler,*
                    der Aufschlag hat
service   *die Bedienung; der, das Service*
service charge   *das Bedienungsgeld*
serving plate   *der Servierteller*
set (tennis)   *der Satz*
to set (bone)   *richten*
to set (clock)   *stellen*
to set (table)   *decken*
to set up   *aufstellen*
to sew   *nähen*
to sew on   *annähen*
(window) shade   *das Rollo*
to sharpen and wax skis   *Skier präparieren*
to shave   *rasieren*
(bed) sheet   *das Bettlaken*
to shift (gears)   *schalten*
to shine   *scheinen*
shirt   *das Hemd*
shoelace   *der Schnürsenkel*
shoes   *die Schuhe*
to shoot a film   *einen Film drehen*
shopping bag   *die Tragetasche*
shopping cart   *der Einkaufswagen*
(sea) shore   *der Strand*
short   *kurz*
shorts   *die Shorts, die kurze Hose*
shoulder   *die Schulter*
show   *die Vorstellung*
to show   *zeigen*
shower   *die Dusche; der Schauer* (rain)
to (take a) shower   *sich duschen*
shower cap   *die Badekappe*
to shrink   *einlaufen*
sick   *krank*
sickness   *die Krankheit*
side   *die Seite*
sideburns   *die Koteletten*
to sift   *durchsieben*
sign   *das Zeichen; das Schild*
to sign   *unterschreiben*
signature   *die Unterschrift*
silk   *die Seide*
silverware   *das Besteck*
simple fracture   *geschlossener Bruch*
singles (tennis)   *das Einzel*
sink (kitchen)   *die Spüle*
sink (bathroom)   *das Waschbecken*
size   *die Grösse*
to ski downhill   *über die Piste schwingen*
skier   *der Skiläufer, der Skifahrer*

ski hat   *die Skimütze*
skiing   *das Skifahren, das Skilaufen*
skiing equipment   *die Skiausrüstung*
skiing lessons   *der Skiunterricht*
skiing warm-up exercises   *die Skigymnastik*
ski instructor   *der Skilehrer*
ski-lift ticket   *der Skipass*
ski poles   *die Skistöcke*
ski resort   *der Skiort, der Wintersportort*
skin   *die Haut*
skirt   *der Rock*
skis   *die Skier*
ski suit   *der Skianzug*
ski tow   *der Schlepplift*
ski tree   *der Skibügel*
sky   *der Himmel*
slalom   *der Slalom*
to sleep   *schlafen*
sleeping bag   *der Schlafsack*
sleeping car   *der Liegewagen, der Schlafwagen*
sleeve   *der Ärmel*
slice   *die Scheibe*
(house) slippers   *die Hausschuhe*
slope (skiing)   *die Piste*
slot for coins   *der Münzeinwurf*
to smoke   *rauchen*
smoked   *geräuchert*
smoking section   *die Raucherzone*
snow   *der Schnee*
to snow   *schneien*
snowfall   *der Schneefall*
snow-plow turn (skiing)   *die Pflugstellung*
snowstorm   *der Schneesturm*
soap   *die Seife*
soap dish   *die Seifenschale*
soccer field   *das Fussballfeld*
soccer team   *die Fussballmannschaft*
socks   *die Strümpfe*
sodium pentothal   *Pentothal*
sofa   *das Sofa*
sold out   *ausverkauft*
sole (shoe)   *die Sohle*
sometimes   *manchmal*
sore throat   *die Halsschmerzen*
soup   *die Suppe*
soup bowl   *der Suppenteller; die Suppenschüssel*
soupspoon   *der Suppenlöffel*
south   *der Süden*
spare parts   *die Ersatzteile*
spare tire   *der Ersatzreifen*
spark plugs   *die Zündkerzen*
special arrangement   *die Sonderregelung*
specialist   *der Spezialist*
spectator   *der Zuschauer*
speed   *die Geschwindigkeit*
to spend the summer   *den Sommer verbringen*
to spend one's vacation   *den Urlaub verbringen*

spike (tent)   *der Hering*
to splint   *schienen*
sponge   *der Schwamm; das Schwammtuch*
sporadically   *stellenweise*
sports jacket   *die Jacke*
to sprain   *verstauchen, verrenken*
spring   *der Frühling, das Frühjahr*
stage   *die Bühne*
stain   *der Fleck*
to stain   *beklecksen*
to stall (car)   *liegen bleiben, abwürgen*
stamp   *die Briefmarke*
to stand   *stehen*
starch   *die Stärke*
starched   *gestärkt*
start (airplane)   *der Start*
to start (of an airplane)   *starten*
to start (a car)   *anlassen*
to start (of a car)   *anspringen*
starter   *der Anlasser*
state   *der Staat; das Land* (West German federal state); *das Bundesland*
state aid (for West German students)   *das Bafög (Bundesausbildungs- förderungsgesetz)*
to stay   *bleiben*
to stay overnight   *übernachten*
steak   *das Steak*
steamed   *gedämpft*
steep   *steil*
steering wheel   *das Lenkrad*
stereophonic music   *die Stereomusik*
stereophonically   *in Stereo*
stethoscope   *das Hörrohr*
stew   *das Ragout*
stewed meat   *das Schmorfleisch*
to stick (on)   *kleben*
stick (shift)   *der Schalthebel*
to stitch   *nähen*
stitches   *die Nähte*
stipend   *das Stipendium*
stitches   *die Nähte*
stockings   *die Strümpfe*
stomach   *der Magen*
stomach pains   *die Bauchschmerzen*
stool (bowel movement)   *der Stuhl(gang)*
stop (bus)   *die Haltestelle*
stop (plane)   *die Zwischenlandung*
to stop   *halten; anhalten*
stopped up (sink, etc.)   *verstopft*
stopper   *der Stöpsel*
storm   *der Sturm*
stormy   *stürmisch*
story   *die Geschichte*
stove   *der Herd*
straight ahead   *geradeaus*
to strain   *abtropfen; durchseihen, durchsieben; durchdrücken*

strainer   *der Durchschlag*
strawberries   *die Erdbeeren*
street   *die Strasse*
stretcher   *die Tragbahre; die fahrbare Trage*
striped   *gestreift*
student   *der (die) Student(in)*
to study   *studieren*
subject (in school or college)   *das Fach*
to submit   *vorlegen*
to suffer (from)   *leiden (an, unter)*
sugar   *der Zucker*
sugar bowl   *die Zuckerdose*
suit (man's)   *der Anzug*
suitcase   *der Koffer*
suit jacket (man's)   *das Jackett*
sultry   *drückend*
summer   *der Sommer*
sun   *die Sonne*
sunbath   *das Sonnenbad*
sunburn   *der Sonnenbrand*
Sunday   *der Sonntag*
sunglasses   *die Sonnenbrille*
sunscreen   *der Schutzfaktor*
suntan lotion   *das Sonnenöl*
sunny   *sonnig*
supermarket   *der Supermarkt*
supplement   *der Zuschlag*
to support   *unterstützen*
surgeon   *der Chirurg*
sweater   *der Pullover*
to sweep   *kehren*
to swim   *schwimmen*
swimming pool   *das Schwimmbad*
switchboard (telephone office)   *die Vermittlung*
swollen   *geschwollen*
symptoms   *die Symptome*
synthetic fabric   *die Kunstfasern*

table   *der Tisch*
tablecloth   *die Tischdecke*
table in corner   *der Ecktisch*
table lamp   *die Tischlampe*
tablespoon   *der Esslöffel*
tablet   *die Tablette*
tachometer   *das Tachometer*
tag   *das Schild*
tailor   *der Schneider, der Massschneider*
to take along   *mitnehmen*
to take care of   *betreuen*
to take notes   *sich Notizen machen*
to take out (money)   *abheben*
to take a seat   *Platz nehmen*
to take a test   *eine Prüfung ablegen*
to tan   *braun werden*
to taste (good)   *schmecken*
to taste (try)   *probieren*
tax   *die Steuer*
value added tax   *die Mehrwertsteuer*

to teach   *lehren, unterrichten*
teacher   *der (die) Lehrer(in)*
teacher of English   *der Anglistikprofessor*
team mate   *der Mitspieler*
teaspoon   *der Teelöffel*
technical college   *die technische Hochschule*
technique for braking   *die Bremstechnik*
technique for falling (skiing)   *die Falltechnik*
technique for turning (skiing)   *die Wendetechnik*
telephone book   *das Telefonbuch*
telephone booth   *die Telefonzelle*
telephone call   *der Telefonanruf, der Anruf*
telephone number   *die Telefonnummer, die Rufnummer*
television set   *der Fernseher*
to tell   *mitteilen*
teller   *der Bankangestellte*
temperature   *die Temperatur; das Fieber*
tennis ball   *der Tennisball*
tennis court   *der Tennisplatz*
tennis racket   *der Tennisschläger*
tennis tournament   *das Tennisturnier*
tent   *das Zelt*
to pitch a tent   *ein Zelt aufstellen*
tent pole   *die Zeltstange*
tent rope   *die Zeltleine*
terminal (airport)   *die Halle*
test   *die Klassenarbeit; die Prüfung*
textbook   *das Lehrbuch, das Schulbuch*
textbooks   *die Lehrbücher*
theater   *das Theater, das Kino* (movie theater)
there is, there are   *es gibt, es befindet sich*
thermos bottle   *die Thermosflasche*
thigh   *der Oberschenkel*
things   *die Sachen*
thirst   *der Durst*
thirsty   *durstig*
throat (inside)   *der Rachen*
through passenger   *der Transitpassagier*
to throw   *werfen*
thunder   *der Donner*
to thunder   *donnern*
thunderstorm   *das Gewitter*
Thursday   *der Donnerstag*
ticket   *die Fahrkarte* (travel); *die Eintrittskarte* (admission)
ticket (plane)   *der Flugschein*
ticket for claiming baggage   *der Gepäckschein*
ticket envelope   *die Flugscheinhülle*
ticket seller   *der Schalterbeamte*
ticket stub   *der Gepäckschein*
ticket window   *die Theaterkasse; der Schalter*
tides   *die Gezeiten*
tie   *die Krawatte*
to tie   *festbinden*
tied (game)   *unentschieden*
tiled   *gekachelt*

tiles　　*die Kacheln, die Fliesen*
on time　　*pünktlich*
tip　　*das Trinkgeld*
tire　　*der Reifen*
tobacco　　*der Tabak*
today　　*heute*
toilet　　*die Toilette*
toilet paper　　*das Toilettenpapier*
tomorrow　　*morgen*
tomorrow morning　　*morgen früh*
tonsils　　*die Mandeln*
toothpaste　　*die Zahnpaste*
top balcony　　*der Heuboden*
to toss and turn　　*sich unruhig hin- und herwälzen*
total　　*die Rechnung*
to touch　　*berühren*
to tow　　*abschleppen*
(hand) towel　　*das Handtuch*
towel rack　　*der Handtuchhalter*
tow truck　　*der Abschleppwagen*
track　　*das Gleis*
traffic　　*der Verkehr*
traffic jam　　*der Stau*
traffic light　　*die Ampel, das Verkehrslicht*
tragedy　　*die Tragödie*
trailer　　*das Wohnmobil, der Anhänger, der Campingwagen, der Camper*
train　　*der Zug*
train trip　　*die Bahnfahrt*
tranquilizer　　*das Beruhigungsmittel*
to travel　　*reisen*
traveler's checks　　*die Reiseschecks*
tray　　*das Tablett*
trim　　*der Nachschnitt*
to trim (hair)　　*nachschneiden, kürzer schneiden*
trip　　*die Reise*
trunk　　*der Kofferraum*
to try　　*versuchen; probieren*
tub　　*die Badewanne*
tuberculosis　　*die Schwindsucht, die Tuberkulose (TBC)*
Tuesday　　*der Dienstag*
tuition　　*die Studiengebühr*
to turn　　*wenden*
to turn left　　*nach links fahren (gehen)*
turn of the century　　*die Jahrhundertwende*
to turn off (from a road, etc.)　　*abbiegen*
to turn on　　*andrehen, aufdrehen, anschalten, einschalten*
turned on　　*eingeschaltet*
turnpike　　*die Autobahn*
to turn right　　*nach rechts fahren (gehen)*
twin-bedded room　　*ein Zimmer mit Einzelbetten*
to twist　　*verrenken*

ulcer　　*das Geschwür*
under　　*unter*
underneath　　*unter*

to undertake　　*unternehmen*
to undress (at a doctor's office)　　*sich frei machen*
unexpected turbulence　　*die unerwartete Turbulenz*
unguarded　　*unbewacht*
university　　*die Universität, die Uni*
unsatisfactory (grade)　　*mangelhaft*
unstable　　*unbeständig*
unstitched　　*lose*
upper house of West German legislature　　*der Bundesrat*
to use　　*benutzen*
usher　　*der (die) Platzanweiser(in)*
to make a U-turn　　*wenden*

to vacate　　*verlassen*
vacation　　*der Urlaub*
vacation (children)　　*die Schulferien*
to vacation　　*Urlaub machen*
vacationer　　*der Urlauber*
vacation trip　　*die Urlaubsreise*
to vaccinate　　*impfen*
vaccinated　　*geimpft*
to vacuum-clean　　*absaugen, staubsaugen*
vacuum cleaner　　*der Staubsauger*
value added tax　　*die Mehrwertsteuer*
variable　　*unterschiedlich*
variety show　　*das Varieté*
veal　　*das Kalbfleisch*
vegetables　　*das Gemüse*
venereal disease　　*die Geschlechtskrankheit*
vertical　　*senkrecht*
very good (grade)　　*sehr gut*
to vibrate　　*vibrieren*
in the vicinity　　*in der Nähe*
visa　　*das Visum*
vital organs　　*die lebenswichtigen Organe*
voice　　*die Stimme*
voltage　　*die Spannung*
to vomit　　*sich übergeben*
vote　　*die Stimme; die Abstimmung*
to vote　　*wählen*
vote of confidence　　*die Vertrauensfrage*
vote of no confidence　　*das Misstrauensvotum*
voter　　*der Wähler*
voting right　　*das Wahlrecht*
having voting rights　　*wahlberechtigt sein*

to wait　　*warten*
waiter　　*der Kellner, der Ober*
waiting room　　*die Wartehalle*
waitress　　*die Kellnerin*
wall unit　　*der Wohnzimmerschrank*
wall-to-wall carpeting　　*der Teppichboden*
to wander　　*wandern*
warm　　*warm*
wash (laundry)　　*die Wäsche*

to wash (floor)   *wischen*
to wash (oneself)   *(sich) waschen*
washcloth   *der Waschlappen*
washing machine   *die Waschmaschine*
washrooms   *die Waschräume*
watch   *die Uhr*
to watch television   *fernsehen*
water canister   *der Wasserkanister*
water glass   *das Wasserglas*
to water ski   *Wasserski laufen*
waves   *die Wellen*
to wax   *wachsen*
weak   *schwach*
to wear   *tragen*
weather   *das Wetter*
weather prediction   *die Wettervorhersage*
weather report   *der Wetterbericht*
Wednesday   *der Mittwoch*
week   *die Woche*
weekday   *der Wochentag*
weekend   *das Wochenende*
to weigh   *wiegen*
to welcome   *begrüssen*
well done (meat)   *durchgebraten*
well known   *bekannt*
what kind of   *was für ein, eine*
At what time?   *Um wieviel Uhr?*
wheel bearings   *die Radlager*
wheelchair   *der Rollstuhl*
wheel covering   *die Radkappe*
whipped cream   *die Schlagsahne*
whisk   *der Quirl*
whiskey   *der Whisky*
to whistle   *pfeifen*
white wine   *der Weisswein*
wide   *breit; weit*
to win   *gewinnen*
wind   *der Wind*
wind- and waterproof   *wind- und wasserfest*
window   *das Fenster; der Schalter* (ticket
          window)

windshield   *die Windschutzscheibe*
windshield wiper   *der Scheibenwischer*
windy   *windig*
wine   *der Wein*
wine glass   *das Weinglas*
wine list   *die Weinkarte*
to wipe   *wischen*
to wish   *wünschen*
to withdraw (money)   *abheben*
woman's suit   *das Kostüm*
wool socks   *die Wollsocken*
work   *das Stück*
to work   *arbeiten; funktionieren*
workday   *der Werktag*
worsted   *das Kammgarn*
wound   *die Wunde*
to wrap   *einwickeln*
to wrinkle   *knittern*
wrinkle-resistant   *knitterfrei*
wrist   *das Handgelenk*
wrong connection   *falsch verbunden*
to dial a wrong number   *sich verwählen*

x-ray   *das Röntgenbild, die Röntgenaufnahme*
to x-ray (take x-rays)   *röntgen,*
                         Röntgenaufnahmen
                         machen

year   *das Jahr*
a year ago   *vor einem Jahr*
last year   *letztes Jahr*
next year   *nächstes Jahr*
yesterday   *gestern*
yesterday morning   *gestern morgen*

zero   *null*
zip code   *die Postleitzahl*
zipper   *der Reissverschluss*
zone   *die Zone*